敗戦・沖縄・天皇

尖閣衝突の遠景

矢吹 晋

花伝社

敗戦・沖縄・天皇——尖閣衝突の遠景◆目次

はじめに――第二次大戦の再認識から隣国との共生へ――

私が本格的に朝河貫一史学の研究に取り組み始めたのは、勤務先の横浜市立大学を定年になった二〇〇四年春以来である。今年でちょうど一〇年目を迎える。この間、研究を進めれば進めるほど、朝河史学の奥行きの深さに圧倒されてきた。すでに朝河三部作（『入来文書』『大化改新』『比較封建制論集』）を訳して、さらに『朝河貫一とその時代』および『日本の発見――朝河貫一と歴史学』を出版した。そうこうしているうちに、日中関係が怪しくなったので、『チャイメリカ』『尖閣問題の核心』『尖閣衝突は沖縄返還に始まる』の尖閣三部作を書いた。私としては、この辺りで尖閣問題は卒業するつもりであった。

ところが、「尖閣衝突は沖縄返還に始まる」のではなく、「尖閣問題は沖縄問題の表象であり、それはサンフランシスコ講和条約に始まる」という命題が私の脳裏で日増しに膨れてきた。そして講和条約における沖縄問題の扱い方を調べているうちに、いわゆる「天皇メッセージ」なるテーマに触れた。そこで繰り広げられている「能動的天皇」論は、朝河史学と一八〇度異なる奇怪なものであった。

朝河史学によれば、明治憲法下の天皇は「受動的主権」(passive sovereignty) であり、能動的主権とは、朝河の定義では専制君主の別名にほかならない。私はそこで改めて、朝河史学にいう「受動的主権」を再考し、昭和天皇の役割はまさに、朝河史学の定義の適例であることを確認した。この観点から、俗流「能動的主権」論を批判したものが本書の中心的内容である。

以下に、本書の観点を箇条書きに整理しておきたい。

天皇制をめぐる考察

第一に、著者は人類史の発展過程に即して進歩を選ぶ点では、共和制論者である。これは学生時代に世界史を学んで以来の揺るぎない信念である。

しかしながら第二に、日本において共和制を実現することは、時期尚早と考えるようになった。契機のひとつは、東京の朝河貫一研究会が『朝河貫一・珠玉のことば』（国際文献印刷社、一九九八年）を編集した際である。朝河の「民主主義はまさに各人の市民的道徳性を要求するがゆえに、知られるかぎり最も高度な、かつ困難な政体です。各人の責任感が生きていないとき、民主主義は偽りの虚飾になる」というアンドルーズ夫妻に宛てた一九四一年二月一六日付の一句（『朝河貫一書簡集』二二九号）は、私が選んだ朝河箴言《しんげん》の一つであった。朝河は「民主主義が最終的には勝利するであろうという信念において動揺したことはない」、「民主主義は戦争自体には勝てないが、いずれ戦争を通じて勝つであろう」、「民主主義はその反対の勢力と戦うことによってのみ、それ自体の活力を養う」と喝破して、ナチスや日本軍国主義の破産を予言していた。私は朝河箴言に共感しつつ、戦後民主主義の衰弱ぶりを憂うばかりであった。

もう一つは、中曽根首相が終戦記念日に靖国を参拝し、隣国の厳しい批判を浴びた前後のことである。これは一九八五年夏のことだが、「侵略戦争の戦犯を神と崇める行為」と受け止めた隣国から強硬な抗議があり、中曽根首相は翌八六年から公式参拝を断念した。

「私は昨年の終戦記念日に、首相として初めて靖国神社の公式参拝を致しました」「その目的は戦争や軍国主義の肯定とは全く正反対のものであり　わが国の国民感情を尊重し、国のため犠牲となった一般戦没者の追悼と国際平和を祈願するためでありました」「しかしながら、戦後四〇年たったとはいえ不幸な歴史の傷痕はいまなおとりわけアジア近隣諸国民の心中深く残されており、侵略戦争の責任を持つ特定の指導者が祀られている靖国神社に公式参拝することにより、貴国〔中国〕をはじめとするアジア近隣諸国の国民感情を結果的に傷つけることは、避けなければならないと考え、今年は靖国神社の公式参拝を行わないという高度の政治決断を致しました」。これは中曽根首相から当時の胡耀邦総書記に宛てられた書簡（一九八六年八月一五日付）の一部である。同年一一月、中曽根首相が訪中し、日中間の亀裂は修復された。

この年の八月一五日、昭和天皇は「このとしの　この日にもまた　靖国の　みやしろのこと　うれひはふかし」と心中を詠まれた。ちなみに戦後の昭和天皇の靖国参拝は、六九年一〇月一九日（靖国百年記念大祭）および七五年一一月二一日（終戦三〇年記念）の二回だけである。いわゆる「A級戦犯合祀問題」発生以後は参拝していない。

昭和天皇の後を襲った今上天皇は、昭和天皇の遺訓を守り、「靖国参拝なし」を堅持している。それだけではない。二〇一三年暮の天皇誕生日においては、「平和憲法の擁護」を明確にアピールされた。昭和天皇から今上天皇へ引き継がれた「平和への意志」は、日本政治の劣化する状況において、何を意味するのか、私は深く考えこまざるをえなかった。

このような秋に横浜市立大学で同僚であった古川隆久教授の『昭和天皇――理性の君主の孤独』（中公新書、二〇一一年）を読み、昭和天皇の実像に実証的に迫ったものと深い感銘を受けた。昭和天皇もまた棺を覆いて、ようやくその実像が浮かび上がったわけだ。そこに描かれた実像は、私が読み続けてきた朝河史学にいう「受動的主権」とほぼ重なるものであった。

朝河史学によれば、象徴天皇とは、「国民・国民性」の別名にほかならない。大化改新から明治維新に至る長い日本史の過程で形成されたものが日本の国民性であり、それを統合する核心として天皇制という統合軸が、いわば結晶のように姿を現した。朝河は、the Imperial institution と表記して、「institution としての天皇」をキーコンセプトとしたが、これは一般に広く用いられている天皇制（the Emperor system）とは相当に異なる朝河独自の概念装置である。

昭和時代になり、特に一九三六年（昭和一一年）の二・二六事件以後一〇年の混乱によって、天皇制も大きく傷ついたが、それは国民性の弱点の反映でもある。民主主義制度に不慣れな国民性が軍部の跳梁跋扈を許し、侵略戦争を許した、という論理である。それゆえ、この種の一時的な失敗によって天皇制自体を葬るのは、日本史の核心に無知な人々の愚行だという認識になる。

昭和一〇年代に突出した国民性の弱点は、遺憾ながら敗戦七〇年近い今日も依然克服されておらず、尖閣衝突に見られるようなナショナリズム感染症を大流行させている。一方で隣国との共生を静かに説く天皇の理性的判断があり、他方に国民の劣情を煽る衆愚政治が蔓延するとき、共和制は時期尚早であり、天皇制による統合は現状において不可欠だと判断せざるをえない。こうして私は、国民性が成熟して天皇制のような統合のシンボルが不要となる日までは、天皇制を護ることが正しいと判断して今日にいたる。

朝河自身は「天皇制の理想的な終焉」を次のように展望した。「果たして今後の摂理示現がさらに一進し、天皇の性質そのものをさえついにアナクロニズムに到ることの有無は、人の浅見をもって揣摩《しま》すべきではない」「もし果たしてそのような到来があるとするならば、その時には、天皇制のきわめて価値のある歴史的使命が演じ終えた時というべきである。長く国民の感謝の対象として記憶に留めるべきであろう」「そのときこそは、天皇制の存在が日本人の進化に貢献した量の深遠無辺なことを国民一般が感得するであろう」「しかも、このような進展が国民史の帰趨であろうと仮に想像するとしても、このような時期は、国民の自由な自治能力の充実したときにのみありうることは明らかであるから、それは遠い未来の現象とならざるをえない」（本書補章「マッカーサー占領行政を叱る」）。

第三に、敗戦以後講和に至るまでの昭和天皇の動静もおよそ妥当なものであり、戦中・戦後の混乱に伴う犠牲をより小さなものとするうえで、功罪を評価すれば、功が罪よりも大きいと評価すべきである。開戦阻止における曖昧さと終戦決断に至る功績との対比は、これまでさまざまに論じられてきたが、歴史の教訓として繰り返し後世に語り伝えられるべきものだ。私は朝河史学を読みつつ、天皇制について以上のように考えるに至った。

中国抜きのサンフランシスコ講和条約

次にサンフランシスコ講和条約について。

サンフランシスコ講和条約についての本書の解釈が他の類書と違いがあるとすれば、私が過去半世紀にわたって中国研究者の視点で、日中関係を観察してきたことによるであろう。

第一に、「先の戦争」は日中戦争から始まったにもかかわらず、敗戦処理はあたかも「日米戦争」の処理のように行われた。これは中国の人々からすれば、到底容認しがたいやり方であった。私はその不満を静かに見てきた。たとえば中国語では、レンゴウコク（軍）とコクレンとは同じ語彙を用いる。ともにキーワードは「リェンホーグオ（連合国）」である。戦勝国がなぜ講和会議への出席を拒まれるのか。その不満が小さいはずはない。

実は英語でも両者は同じなのだ。レンゴウコク（軍）は the United Nations（Powers）であり、コクレンも the United Nations である。

第二に、サンフランシスコ講和会議に「チャイナ」が招かれなかったのは、英国の推す北京政府と米国の推す台北政府との間で、調整がつかなかったことが大きい。むろん、その背後には米ソ冷戦がある。これでは交戦相手国不在の講和会議になり、その欠陥は覆いがたい。

第三に、こうして、北京政府も台北政府もいずれも発言の機会を与えられない状況のもとで、「沖縄処分」が動き出す。米国は約二〇年にわたって、「国連の正式決定なしに、国連の名において」、沖縄の「信託統治」という名の軍事占領を続けてきたが、ベトナム戦争の終結を迫られ、他方で中ソ対立が激化する機会をとらえて、北京政府とのピンポン外交に乗り出し、ようやく沖縄返還が実現した。

第四に、ピンポン外交は、世界に衝撃を与えた。国連では中華民国（台湾）支持派が激減し、中華人民共和国（北京）支持派が多数を制して、中国代表権を獲得した。ここで日本政府は最後まで米国に対する「愚忠」を貫き、交戦相手の中国の人々の反感を買った。

まさにこの時期に、沖縄返還交渉が行われた。ニクソン政権はその最終段階で、「沖縄の施政権（administrative power）」を日本に返還するが（念のために補足しておく。米国はここで施政権＝administrative power を強調しつつ、主権＝sovereignty というキーコンセプトは慎重に避け続けた。それはかつて残存主権＝residual sovereignty なる造語の発明によって、主権問題をすり抜けた小細工に平仄を合わせるためにほかならない）、尖閣諸島の主権（sovereignty）については、米国は「中華民国の請求権（underlying claims）」を認めるとする大決断を行った。戦勝国米国と戦勝国中華民国の立場は強い。尖閣主権の帰属については、米国政府はこの認識を示しつつ、他方で米国は「日中いずれにも与しない」と「中立の立場」を宣言した。これこそが今日の尖閣衝突の具体的な発端であるが、問題の根元をたどれば、米軍による沖縄占領の根拠とされたサンフランシスコ講和条約第三条にさかのぼる。

第五に、尖閣諸島は面積が四平方キロ足らずの無人島である。これは、日清戦争と日中戦争、二つの講和条約が残した小さなトゲにすぎない。しかしながら寸鉄人を刺す、の言葉通りに日中関係を刺し続けている。問題の所在を的確に認識することによってのみ、解決への手続きを探ることができる。なによりも正確な史実を求め、関係者が認識を共有しなければならない。そのためには何が必要か。本書がそれを考える一助になれば、著者として望外の喜びである。

第Ⅰ部　講和条約と沖縄・尖閣問題

第1章　戦後冷戦枠組の成立

出発点は講和条約

私は昨二〇一三年夏に『尖閣衝突は沖縄返還に始まる』という本を書いた。それがニューヨーク州に届いた時、令夫人を亡くして傷心の旧友マーク・セルデン*がメールに書いてきた。「面白い本だと思う、だが、もし〝始まり〟を語るならば、やはりサンフランシスコ条約〝第三条に始まる〟というべきではないか」、と。むろんそうだ、と返信したが、その後「第三条」が脳裏にひっかかって落ち着かない。

＊　マーク・セルデン　Mark Selden（一九三八〜）——一九七一年一〇月二九日、米国上院沖縄返還協定の批准公聴会で証言。ベトナム戦争期に「憂慮するアジア研究者の会」の有力なメンバーとして活躍し、現在はウェブサイト「Japan Focus」編集者を務めている。博士論文は『延安革命』。

マークは、『ジャパン・フォーカス』というウェブサイトで、インタビュー形式で小論を紹介してくれた*だけでなく、その後、『尖閣衝突は沖縄返還に始まる』で用いた英文資料**を整理したところ、それにも大きな関心を示して、みずから「まえがき」を付してウェブサイトに発表してくれた。つまり、これは沖縄返還条約の米国上院における批准に際して行われた公聴会の記録と、交渉の過程を国務省が三〇年後に情報公開したものを尖閣の領有権・施政権問題に限って資料整理を試みたものにすぎないが、このあたりの事情が四〇年も昔に沖縄公聴会で証言した体験をもつマークのような知識人たちにとっても新鮮な知識を含んでいたらしい。当たり前だ。面積が四平方キロにも満たない無人島など世界にはいくつもある。そんな無人島の細部に関わる話に現代人が関わるヒマがないのは、当然なのだ。

＊マーク・セルデン教授による矢吹に対するインタビュー China-Japan Territorial Conflicts and US-Japan-China Relations in Historical and ContemporaryPerspective,（歴史的・現代的視野から見た中日領土問題と米日中関係）*The Asia-Pacific Journal*, Vol. 11, Issue 9, No.2, March 4, 2013. http://japanfocus.org/-Yabuki-Susumu/3906.

＊＊The Origins of *the Senkaku/Diaoyu Dispute between China, Taiwan and Japan*,（中台日における尖閣・釣魚台問題の起源）*The Asia-Pacific Journal*, Vol. 12, Issue 2, No.1, January 13, 2014. http://japanfocus.org/-Mark-Selden/4061.

だが、当時の米国交渉担当者が漏らしたように「ダイナマイトは確かに爆発した」のだ（『尖閣衝突は沖縄返還に始まる』三一―三二ページ）。そして爆発後も、これにて一件落着とはならず、「第三次日中戦争の火蓋か」と鬼面人を脅かす言説も絶えないのが今日の日中関係である。気になることには調べをつけて、安眠したい。こうして私の「講和条約への遡行の旅」が始まった。

国連＝連合国

連合国（the United Nations, UN）という言葉が初めて用いられたのは、一九四一年一二月にルーズベルトが第二次世界大戦の連合国（Allies）に対して使用したものだ。連合国には多数の諸国が含まれるが、中核となる四大国は、中華民国、ソビエト連邦、イギリス、アメリカ合衆国であり（アルファベット表記順）、この四ヵ国が発起した。そして、日独伊の枢軸国と対戦していた二六ヵ国がワシントンＤＣに集まり、「枢軸国への対決」を明らかにした「連合国共同宣言（ワシントン宣言）」を発表したのは、一九四二年一月一日である。この名称 United Nations は、そのまま戦後の国際的な平和組織の名称として、一九四三年八月に作成されたアメリカ国務省案の中で使用され、連合国側の構想の中でキーワードとして定着した。ＵＮ（国際連合）は、日本の敗戦二ヵ月後の一九四五年一〇月二四日に正式に発足した。ちなみに「連合国共同宣言（Declaration by United Nations）」では、一九四二年一月一日にアルカディア会談において署名され、第二次世界大戦の戦争目的を述べ、各国が持てるすべての物的人的資源を枢軸国に対する戦争遂行に充てること、ドイツ・日本・イタリアに対して「各国は単独で休戦または講和をしないこと」をよびかけていた。この宣言は一九四五年三月までに署名国が四七ヵ国にふえた。

日本においては、the United Nations を「国際連合」(国連）と意訳・誤訳し、戦勝国連合の名称として用いる「連合国 the Allied Powers」と区別した。戦後に設立された国際機構に対しては、「the United Nations＝国際連合」と呼ぶ訳語が定着しているために、前身・後身の連続性の含意を往々誤解しやすい。「軍事同盟としての連合国」と戦後の平和指向の「国際機構としての国際連合」とを区別するために訳語を使い分ける知恵を出したのは、わが外務官僚であるとされるが、浅知恵の類ではないか。あえて書くが、これは「敗戦国レッテル」を隠す意図がみえみえの誤訳である。英語では連合国 the Allied Powers = the United Nations と呼ぶ。これが第一次大戦後の国際連盟（the League of the Nations）の機能不全の教訓に学んだ、第二次大戦後の the United Nations（国際連合）に発展したことは一目瞭然、知らぬものはない。中国語では、前者を「連合国軍」、それを構成する主体を連合国（the United Nations の中国語訳）と呼ぶ。第二次大戦の戦勝国連合＝連合国 the United Nations であることは、中国語の表記でも、一目瞭然だ。否応なしに、前身＝後身が明らかな訳語である。

日本では、戦時中の連合国（the Allied Powers あるいは the United Nations）と、戦後の国際組織としての実体とをあたかも本質的に異なるものであるかのごとく扱って久しい。前者は日本を完膚無きまでに打倒した「敵国としての連合国軍」、後者は戦後世界の「平和の守り手としての国際連合」と使い分けた。訳語の恣意的な使い分けは日本人の歴史認識を大きく混乱させ、その後遺症が今日でも人々を惑わせている。

端的な一例をあげる。二〇〇五年に日本政府は、国連安保理事会の常任理事国になろうとして大失敗した。*このポストが連合国＝戦勝国に与えられた「特権ポスト」であることを忘れ、国連分担金をより多く払ってきた敗戦国＝枢軸国＝日本にもその資格ありと主張して大失敗したのだ。国際連合は第二次世界大戦の「連合国」が母体となってスタートした。そのため国連憲章の五三条には、第二次世界大戦で枢軸国側に立った国（特にドイツと日本）が侵略行動を行った場合には、安全保障理事会の議決に基づかずに強制行動がとれるという規定があり、また一〇七条では旧敵国に対する行動については国連憲章に拘束されないという規定がある。

＊　二〇一四年六月、私はウランバートルを訪れ、仲間とともにモンゴル外務省を訪問した際に、ある外交官から、二〇〇五年当時、モンゴルは日本に非常任理事国ポストを譲ったために「モンゴルの安保委入りが二〇年遅れた」という話を聞かされ、日本外交の被害者がここにもいたことを改めて確認した。

この二ヵ条と「敵国」という語を含む七七条については、一九九五年には国際連合総会決議五〇／五二において敵国条項はすでに「死文化（become obsolete）」しているとされ、憲章改正の際には削除するという内容を含む決議案が三ヵ国のみ棄権という圧倒的な賛成多数で採択されている。さらに二〇〇五年九月一五日には国連総会特別首脳会合で採択された「成果文書」には「敵国条項の削除を決意する」という決議も採択されている。

とはいえ国連憲章改正には総会での三分の二以上の賛成および、常任理事国すべてをふくむ安全保障理事会三分の二以上の賛成、そして三分の二以上の加盟国による批准措置が必要である。こうして「敵国条項」は削除されるに至っていない。

この「敵国条項」忘却のエピソードは、われわれの耳目に新しい。じつは、戦後の講和条約締結に際しても、この「隠された（自明の）コンセプト」に気づかないために、あるいはあえて無視したために、日本はいわば戦後の歩み方を間違え、その軌道修正ができないままに今日に至る。

もういちど繰り返す。戦後の講和条約締結に際して、最大の懸案は、連合国間の「盟約」、すなわち「日本との片面講和（a one-party treaty）は許されない」とする連合国宣言の対内約束（これはポツダム宣言に引き継がれた）を「表向き」尊重するかのごとき態度をとりながら、裏ではこれを「骨抜きにする」ことであった、と見てよい。

なぜそのような使い分けを要する事態が生まれたのか。原爆の威力により、状況への認識が変化したからだ。

原爆の実験に成功して日本の敗北見通しが決定的になるまで、英米を中心とするいわゆる自由世界は、日独伊枢軸国に対抗するために、連合国陣営の拡大のための盟約作りに大きな努力を払ってきた。この状況のもとで、最も肝要な条件の一つが第二次大戦の「戦勝国は、自国の領土を増やさない」という自らに課した誓約である。もう一つの誓約が連合国軍は「ぬけがけ」で単独講和（separate treaty）を結ばない、「日独伊枢軸国に対して単独講和を行わない」とする誓約であった。

たとえば、米国のルーズベルト大統領がカイロ会談に中華民国総統蒋介石を招いた時に強く意識していたのは、蒋介石政権が汪精衛政権と野合して、日本帝国との妥協・和平工作を行うことであった。前著『沖縄返還に始まる』（六四―六五ページ）では、汪精衛政権の和平工作にひきずられる蒋介石へのルーズベルトの警戒という見方を書き漏らしたが、米国務省の資料「アメリカ合衆国の対外関係」（FRUS）一九四三年版、カイロ会議特集には、これを示唆する文書がいくつか見られる。すなわち日中戦争打開のために、一九三九年以来極秘で始められた和平工作「桐工作」（一九四〇年六月）

は、米国側によって察知されていた。

＊「桐工作」を推進していた今井武夫大佐は、汪精衛政権の樹立に尽力するともに、蔣介石の重慶政権との和平を追求した。蔣介石夫人宋美齢の弟宋子良（一九〇三〜一九八三）との会談で私的使節による予備会談まで話が進み、これは昭和天皇への上奏も行われた。

ポツダムの約束

ＧＨＱの司令官マッカーサー将軍は、この「ポツダム盟約」に最後まで忠実たらんとした。彼の占領行政を支える精神には、ポツダム宣言が生きていることは、講和担当特使としてダレスが任命された際に、マッカーサーの書いた長文覚書（本書第2章1）において、この宣言から六条、八条、一二条の三ヵ条をわざわざ直接引用して自説を補強していることから明らかだ。彼はポツダム宣言を拳拳服膺《けんけんふくよう》して、占領行政を行う上での彼自身の精神的支えとした。これはマッカーサーにとって自らが拠って立つ政治的基盤であったから、それを職業軍人として尊重したというばかりではない。それは戦争に明け暮れる二〇世紀世界の人々が戦後世界に賭けた夢でもあった。

しかしながら、日独伊枢軸の解体したその日から始まった米ソ冷戦体制への自動メカニズムは、相互に連鎖反応を繰り返しつつ世界を二つに分け、「ベルリンの壁」に象徴される万里の長城を形成した。東アジアにおいては、中国大陸における中華民国の敗北＝中華人民共和国の成立という形で一九四八〜四九年には鋭い緊張状態に陥った。中国大陸の南方を見ると、隣接する北ベトナムに、社会主義政権が成立したのは、日本敗戦直後の一九四五年九月二日である。北方を見ると、隣接する朝鮮半島北部に朝鮮民主主義人民共和国が成立したのは一九四八年九月九日である。そしてこれらの「地図塗り替え」現象の集約点に三八度線の軍事衝突がある。一九五〇年六月二五日、北朝鮮軍が北緯三八度線を越えて南進した。

このような東アジアの新たな国際情勢を迎えて、ポツダム宣言に基づく「帝国日本の解体路線」は、大きな壁に遭遇した。たとえば北緯三八度線における南進のように、日本本土北部にもう一つの戦端が開かれたらどうなるか。ソ連が北海道に進駐し、ポツダム宣言を拠り所として、帝国日本の解体に直接介入する危険性をペンタゴンが警戒せざるをえない事態が発生したのだ。

ソ連参戦への期待から警戒へ

米国の国務・陸・海軍三省調整委員会（SWNCC）が一九四五年八月一三日に承認した「敗北後の日本本土占領軍の国家別配置」（National Composition of Forces to Occupy Japan Proper in the Post-Defeat Period. SWNCC70/5, 1945/8/13）と名付けられた資料がある。この文書は同月一八日付けでトルーマン大統領が承認した覚書として重要だ。これは日本の占領と軍政において他の連合国の責任と分担に関する米国政府の政策である。

この文書によると、最高司令官をはじめ主要な司令官は米国が任命し、米国が軍政において支配的発言権を確保しつつ、英中ソ（ソ連については「もし対日戦に参戦するならば」という条件つき）も、米国とともに「占領軍への実質的な貢献を求められる」べきだと述べている。すなわち一方では、米

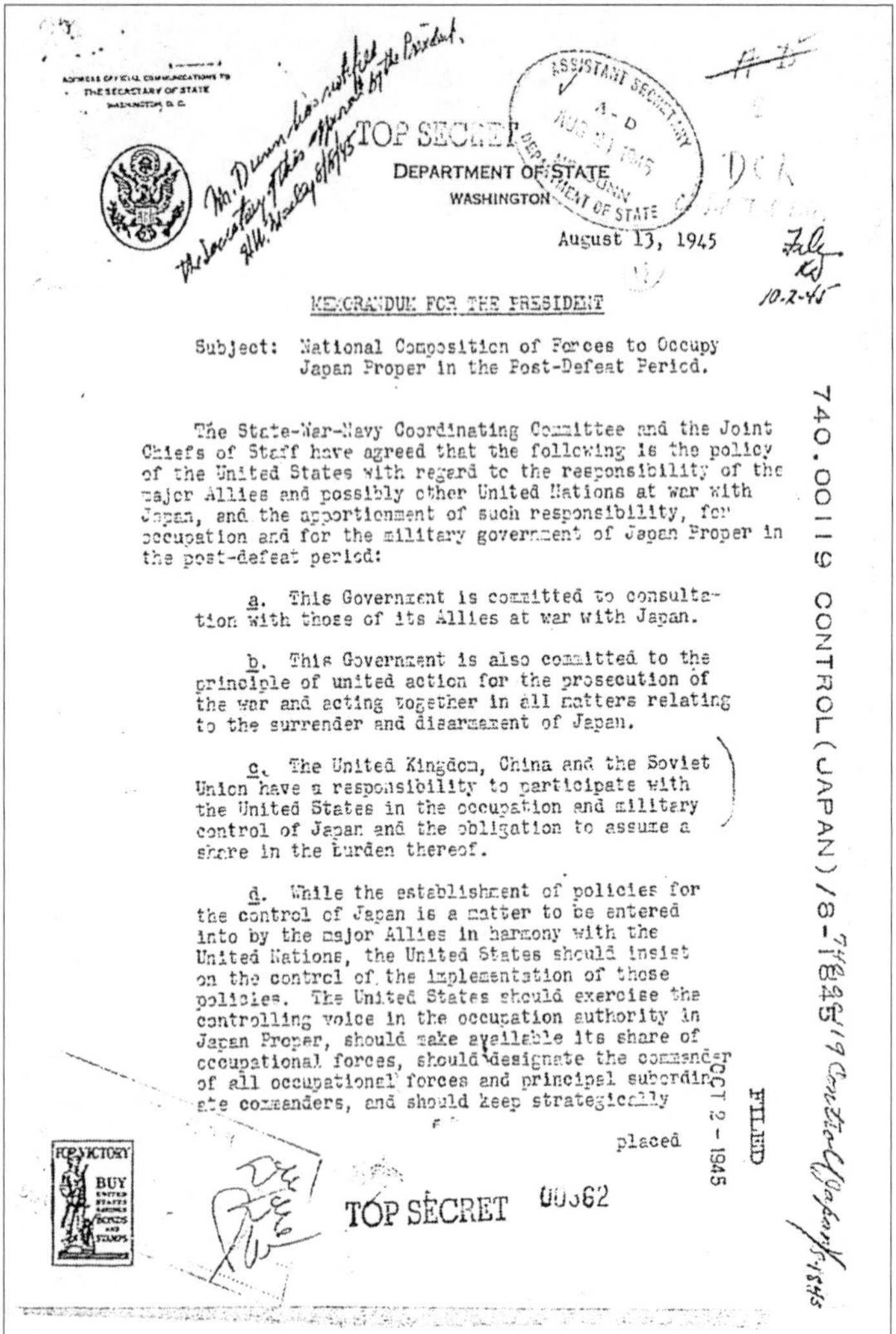
TOP SECRET
DEPARTMENT OF STATE
WASHINGTON

August 13, 1945

MEMORANDUM FOR THE PRESIDENT

Subject: National Composition of Forces to Occupy Japan Proper in the Post-Defeat Period.

The State-War-Navy Coordinating Committee and the Joint Chiefs of Staff have agreed that the following is the policy of the United States with regard to the responsibility of the major Allies and possibly other United Nations at war with Japan, and the apportionment of such responsibility, for occupation and for the military government of Japan Proper in the post-defeat period:

a. This Government is committed to consultation with those of its Allies at war with Japan.

b. This Government is also committed to the principle of united action for the prosecution of the war and acting together in all matters relating to the surrender and disarmament of Japan.

c. The United Kingdom, China and the Soviet Union have a responsibility to participate with the United States in the occupation and military control of Japan and the obligation to assume a share in the burden thereof.

d. While the establishment of policies for the control of Japan is a matter to be entered into by the major Allies in harmony with the United Nations, the United States should insist on the control of the implementation of those policies. The United States should exercise the controlling voice in the occupation authority in Japan Proper, should make available its share of occupational forces, should designate the commander of all occupational forces and principal subordinate commanders, and should keep strategically

placed

TOP SECRET

740.00119 CONTROL (JAPAN)/8-1845

FILED
OCT 2 - 1945

大統領への覚書「日本本土占領軍の国家別配置計画」
（米国 SWNCC70/5、1945 年 8 月 13 日）

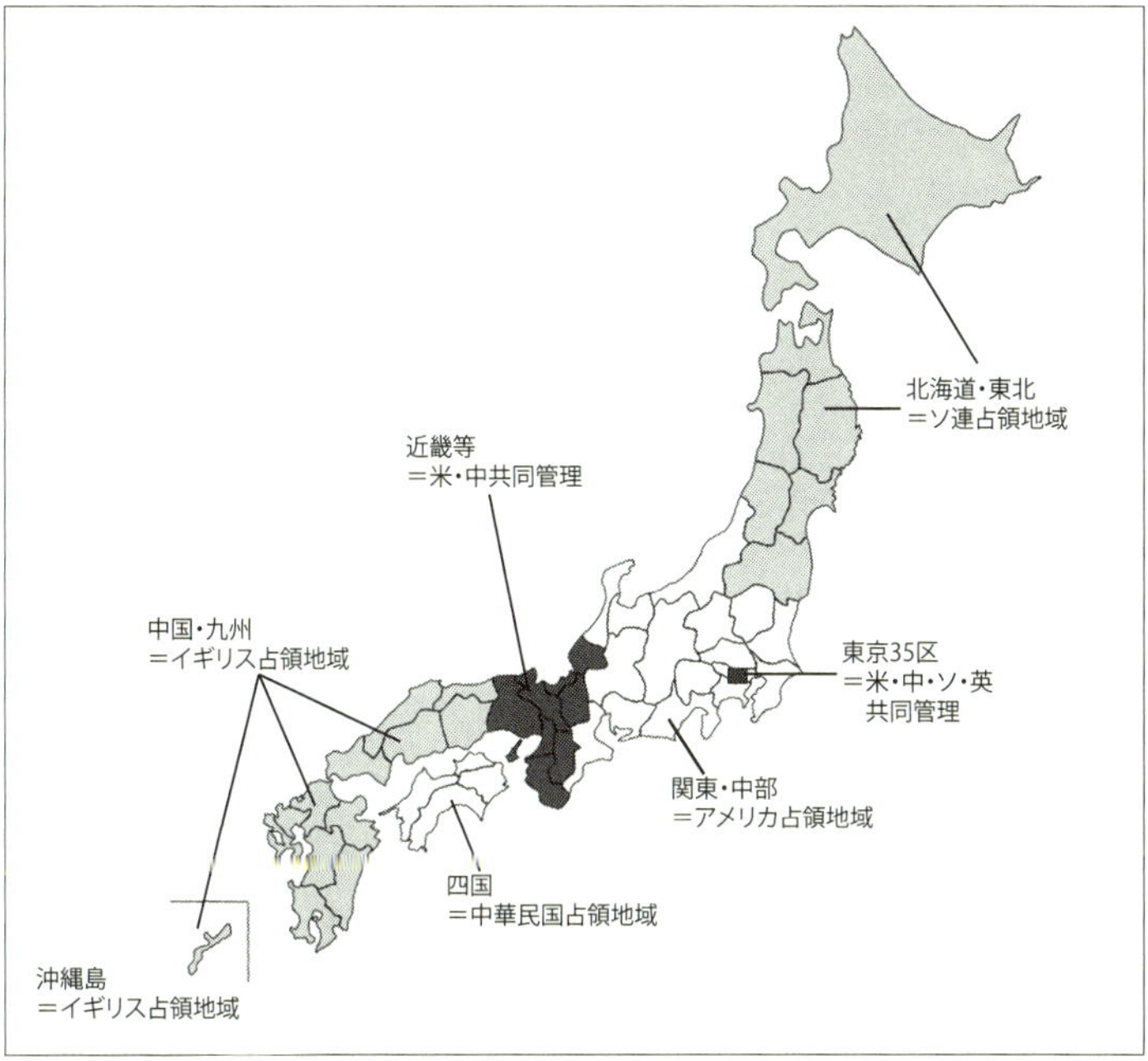

地図　日本本土占領軍の国家別配置計画（米国SWNCC70/5、1945年8月13日）

国の主導権は堅持しつつ、他方で、「他の連合国」との協調的な政策を追求したものである。本文書はその後、極東諮問委員会のような連合国対日占領管理機関の設置をめぐる議論の中で批判を受け、最終的には日本本土の占領は米占領軍が主力となり、分割占領は回避された。

この文書は結局は採用されなかったので忘れられがちだが、戦後日本の占領政策全体を鳥瞰する見取り図としては、重要である。まず、この文書の作成時期を検討して見ると、SWNCC（国務・陸・海軍三省調整委員会）段階で決定は一九四五年八月一三日であり、この日付で承認されている。そしてトルーマン大統領による決裁が八月一八日である。すなわち日本が無条件降伏した八月一五日を挟む一週間に決定されたものだ。

しかしながら、その原案が検討されたのは、少し前の時期であり、ソ連が参戦した八月八日以前であることは、この文書の二個所で「もしソ連が参戦するならば」と仮定として書かれていることから分かる。つまりこの文書が作成されたのは、日本敗戦がいよいよ時間の問題と予想される時点で、ソ連の参戦を期待しつつ、参戦した暁には、米英中の主要な連合国の一員に加えようという提案であることが分かる。

もう一つ、この文書で注目されるのは、国連宣言の誓約である「ぬけがけの単独講和をやらない」という文脈で語られていることだ。米英中の三ヵ国は、モスクワ宣言、カイロ宣言、テヘラン宣言の協議に加わり、ソ連はモスクワ宣言とテヘラン宣言の署名国である事実も指摘していることである。ここには可能な限り連合国の盟友を増やして、日本との戦争を速やかに勝利に導きたい思惑が浮きでている。

この文書はさらに、英中ソという主な同盟国に対しては、「敵国〈日本〉の降伏と武装解除を共同で行う原則を堅持する」ことを米国の義務とすると指摘している。そして「英中ソは、米国の対日占領と軍政に参加する責務とそれに由来する負担を分かち合う義務をもつ」とも明記している。しかしながら、この文書は成立してまもなく反古になる運命にあった。一つはヒロシマ、ナガサキで原爆の威力が実証されたこと、その威力を米国は百万の軍隊に匹敵すると評価した。もう一つは、敗戦国日本から奪う「獅子の分け前」をめぐって、米ソの利益が鋭く対立することになったからである。

朝鮮半島緊張の下で

話を戻すと、日本の敗戦後、朝鮮半島での軍事緊張が高まるなか、ソ連が本州の東北部まで進出するような事態が万一生じた場合に、米国はそれを許し、東北部から引き揚げるべきなのか。「友軍の進駐」が冷戦下では直ちに「敵軍の進駐」に転化する。ありうべきソ連の「解放・侵攻」作戦に対して、誰がどのように日本北部を防衛するのか。

ここでマッカーサー司令部は重大なジレンマに陥った。——日本のこの地域は、「ソ連極東部から近い」のに対して、「米国本土からははるかに遠い」。このような状況のもとでは、米国側からソ連軍部を挑発するような動きは絶対に避けるべきだ。冷戦の東アジアにおける最前線が日々緊張している事実に鑑みて、「ソ連抜きの片面講和」の形での、対日講和を構想すべきではない——。

これが「ある時点まで」マッカーサー司令部の基本的な立場であり、米本国の統合参謀本部（JCS）もこれを支持していたと解してよい。つまり、「ソ連抜きの片面講和を避ける」ことは、単に「連合国としての盟約」堅持を意味するばかりではなく、「未来のさらなる対ソ緊張を避ける」という意味でも、ペンタゴンにとって真剣な決断を要する難しい課題なのであった。

日本国内でも当然ながら、全く異なる文脈で、全面・片面論争は激化していた。現に日本を占領支配しつづけているアメリカ側陣営との片面講和論（a one-party treaty）が一方にあるのは見やすい道理だが、他方には第二次世界大戦当時の日本の交戦国、擬似交戦国であり、かつ連合国の一員でもある中国・ソ連も含める全面講和（an overall peace treaty）論こそが戦後日本の平和にとって必須とする主張は、戦勝国連合の権威からしても、日本の平和を守る上での現実的選択としても、当初は有力な選択肢と見られていた。マッカーサーの有名な一言、「日本よアジアのスイスたれ」は、戦争に疲れた日本人の心に深く沁み込んでいた。

しかしながら朝鮮戦争前後から、全面講和論は、その足下が崩れていく。南北朝鮮の内戦に介入した「国連」軍とは名ばかり、事実上米軍である姿が日に日に明らかになる。これと闘う北朝鮮軍の背後に中国人民解放軍がいて、さらに側面からソ連赤軍が支える構図が日々明確になる。いまや対日戦を闘った連合国軍の分裂は明白である。

片面講和では、平和憲法のもとで「再軍備を許されない」日本の安全保障は、アメリカとの二国間軍事同盟への依拠によって成り立つ。すなわちこれは「在日米軍」の駐留を維持する立場である。朝鮮半島における済州島蜂起（一九四八年四月三日）など、三八度線で一時的に境界線を引いたばかりの南北朝鮮の緊張は、ついに一九五〇年六月、北朝鮮軍による南進攻撃の現実を迎える。

対日講和を担当したダレスが初めて日本を訪問した時、キナ臭い朝鮮情勢を視察してから東京に向かった経緯は、ダレスの手になる講和案の方向性を物語るに十分であった。

マッカーサーの課題が「軍国日本の解体」であったのとは対照的に、ダレスの課題は「軍国日本の再建」であり、日本に対して再軍備を強く迫った。しかし、当時の吉田茂首相以下、日本国民の圧倒的大多数は、平和憲法をようやく受け入れたばかりであり、その憲法のカナメに位置づけられた第九条と明らかに矛盾する再軍備に対しては、大きな抵抗感覚を感じていた。

結果的には、「ダレスの再軍備要求」と「吉田茂流の反対・慎重」論との間をとって、「警察予備隊五万人部隊の創設」で妥協が成り、この「弱々しい武力」の誕生によって、一方では「戦力なき軍隊」のキャッチコピーによって平和憲法との矛盾をつくろい、他方では日本再軍備への第一歩とした。

枢軸国と連合国の対立の構図が崩壊して新たに生まれた東の計画経済諸国と西の自由経済諸国の対峙という冷戦構造のもとで、「国際的中立の立場」をどこまで追求できるか。一方では、その現実的根拠を疑う声も少なくなかったが、他方、敗戦で疲れ果てて軍国主義を憎む大方の日本国民は、むしろマッカーサーの唱える「東洋のスイスたれ」という呼びかけに惹かれた。平和憲法を堅持し、冷戦構造のもとで中立を堅持し、その基盤としては国連の諸機関に依拠する――これが全面講和論の骨子だが、多分に理想主義的色彩を帯びていた。現実の国際政治においては、国連自体が平和への理念と地政学的現実との狭間で揺れ続けた。

東大総長の南原繁がソ連などを含む全面講和論を掲げ、日本共産党・労働者農民党は全面講和愛国運動協議会を結成、社会党も全面講和の立場をとった。南原は一九四九年一二月にワシントンで開かれた「占領地教育」会議でも、自由主義陣営と共産主義陣営との戦争の可能性に言及しながら、日本は「厳正なる中立」を保つべきと全面講和論を主張した。一九五〇年四月一五日には南原繁、出隆、末川博、上原専禄、大内兵衛、戒能通孝、丸山真男、清水幾太郎、都留重人らが平和問題懇談会を結成し、全面講和論を展開した。たとえば雑誌『世界』一九五〇年三月号には談話や声明が掲げられ、五一年一〇月号は「講和問題」を特集した。こうした全面講和論に対して、現実主義の立場に立つ吉田茂首相が「(スイスの亜流のごとき)『永世中立』とか『全面講和』などということは、云うべくして到底行われないこと」で、「それを南原総長などが政治家の領域に立ち入ってかれこれ言う事は曲学阿世の徒に他ならない」と批判したエピソードは、当時は人口に膾炙した。

保守派の小泉信三は「米ソ対立という厳しい国際情勢下において、真空状態をつくらないことが平和擁護のためにもっとも肝要」として、全面講和論はむしろ「占領の継続を主張することになる」と批判して、ダレス流の片面講和論を擁護した。

冷戦構造

この論争は朝鮮戦争の前夜まで活発に行われたが、ひとたび三八度線を境界として現実の南北戦争が始まるや、国連機関による日本の防衛といった構想は一夜にして壊滅の運命を免れなかった。国連軍自体が「連合国の理念」としての大同団結というよりは、事実上米軍プラスαの部隊にすぎないことは、火を見るよりも明らかであった。

こうして朝鮮戦争勃発以後、厳しい緊張にさらされた東アジアの冷戦構造の現実によって、ヨーロッパの東西対峙と連動して、戦後世界は真っ二つに引き裂かれ、「米国を中心とする国連軍」の大義名分を支える国連と、拒否権によってこれに抵抗する「ソ連共産主義陣営」との対決の場と化し、いわば事実上「二つの国連」に分裂した。国連という機関自体は存続したものの、重要問題は安全保障理事会に委ねられ、そこでは重要案件の議事はいつも拒否権によって挫折するワンパターンが繰り返されることになる。

まさにこの時期に登場したのが冷戦外交の旗手ダレスであった。ジョン・フォスター・ダレス（一八八八〜一九五九）は、弁護士を経て上院議員（共和党）となった。一九四五年には法律家として国連憲章の起草に参加した（特に信託条項）。一九五〇年国務省顧問となり、五一年対日講和をまとめあげる。一九五三〜五九年、アイゼンハワー大統領のもとで国務長官を務め、冷戦外交を推進した。弟のアレン・ウェルシュ・ダレス（一八九三〜一九六九）は、外交官、弁護士出身の政治家、一九五三〜六一年アメリカの初代CIA長官を務めた*。

* ジョンとアレンのダレス兄弟は、ヒトラー政権の誕生する二六日前、すなわち一九三三年一月四日、ケルンのシュローダー男爵邸で開かれた秘密会議の出席者として、後日有名になる。この日、男爵は、ヒトラー、パーペン元首相のほか、ニューヨークの法律事務所「サリヴァン&クロムウェル」の弁護士ダレス兄弟を招いたが、目的はヒトラーをドイツ首相に就任させるために必要な資金の融資話であった。ここで巨額の政治資金を約束されたヒトラーが、ようやく選挙に勝つことができたことで、この秘密会議は歴史に名を残した。

ポツダム宣言の骨抜き——日本の武装解除から再軍備へ

さて朝鮮戦争前夜、すなわち一九五〇年四月六日にトルーマン大統領から国務省顧問に任命され、対日講和締結の重責を担うことになったダレスは、徹頭徹尾「ポツダム宣言の骨抜き」に知恵をしぼった。これはその後の事態に照らして明らかな事実である。ダレスはなぜそのような姿勢で登場したのか。ポツダム宣言の核心は「軍国主義日本の解体」である。旧帝国軍隊を解体し、これを支える財閥という経済組織、これと結びついた政治の人脈構造を解体し、日本国民を軍国主義の軛から解放すること、これがマッカーサーに与えられた課題であり、彼はその課題を見事に実現した。治安維持法に支えられた悪名高い特高警察壊滅は勢いの赴くところ警察機構全体の解体に近いほどに徹底的に行われ、日本の警察機構はほとんどまひするに至った。

しかしながら、歴史の狡智ほど皮肉なものはない。仇敵日本軍国主義を限度を超えてまで破壊しつくしたGHQは、今度はその、解体された日本の無秩序という現実によって復讐される。朝鮮戦争が勃発し、日本本土に戦火が及ぶとすれば、丸裸の日本を守るのは在日米軍しかない。朝鮮戦線への出動といった動員配置を検討すると、当時の在日米軍の戦力だけではとうてい間に合わない。かくて平和憲法を金科玉条として、日本を軍事・政治・経済・社会的、あらゆる側面からその全面的な解体を進めてきた占領行政は一八〇度の大転換を迫られた。このような新事態に直面したからには、もし米軍撤退ならば、ソ連軍の占領を回避するにはそれ以後の日本防衛は、平和憲法によって一度は禁じられた再軍備への回帰路線しかない。

一九四八年三月、封じ込め政策（containment policy）の旗手ジョージ・ケナン*が日本を訪れ、マッカーサーと会談した。

＊　ジョージ・ケナン（一九〇四～二〇〇五）――一九二五年プリンストン大学を卒業後、国務省に入り、ソ連の

専門家としての訓練を受けた。一九三三年に米ソ国交が樹立されると、ソ連事情に通じた外交官の一人としてモスクワに派遣され、一九四六年まで三回、約七年をモスクワ大使館で働き、一九四六年二月、代理大使としてモスクワ大使館に在勤中、国務省宛に長文電報を送り、独自のソ連論を展開した。これはトルーマン政権の注目するところとなり、マーシャル国務長官により政策企画室長に抜擢された。一九四七年春に前年の長文電報をもとに、ソ連の対外行動とその対応策を論じたX論文（"The Sources of Soviet Conduct", *Foreign Affairs*, July 1947 issue, under the pseudonym "X"）を発表し、注目を浴びた。ケナンは一九四七〜四八年の二年間マーシャル長官のもとで、米国の対外政策の形成に大きな影響を与えたといわれる。

ケナンとマッカーサーとの対談は一九四八年三月一日、三月五日、三月二一日の三回にわたって行われた。ケナンはこれに基づいて、日本再軍備論をまず提起し、ついで三月二五日対日講和草案を執筆した。*

＊ ⑴一九四八年三月一日会談の記録は、Memoranda of Conversations with General of the Army Douglas MacArthur, Top Secret, General MacArthur's Remarks at Lunch, March 1, 1948. ⑵三月五日会談の記録は、Top Secret, Conversation between General of the Army MacArthur and Mr. George F. Kennan, March 5, 1948. ⑶三月二一日会談の記録は、Top Secret, Conversation between General of the Army MacArthur, Under Secretary of the Army Draper, and Mr. George F. Kennan, March 21, 1948.（Amended March 23, 1948）. ⑷三月二一日ケナンの再軍備提案は、Conversation between General of the Army MacArthur, Under Secretary of the Army Draper, and Mr. George F. Kennan, March 21, 1948（Amended March 23, 1948）. ⑸三月二五日ケナンの講和提案は、Report by the Director of the Policy Planning Staff（Kennan）, Top Secret, PPS 28, March 25, 1948, Recommendations with Respect to U.S. Policy toward Japan. ⑹三月二五日ケナンの講和修正提案は、Explanatory Notes by Mr. George F. Kennan, March 25, 1948, Top Secret. いずれも *FRUS*, 1948, Japan

所収。

ただし米国の戦略は、まずは経済復興という迂回作戦からスタートした。辣腕の銀行家ドッジの出番である。トルーマン大統領は一九四八年一二月、銀行家ドッジをGHQの財政顧問に任命して、日本経済の復興措置に着手した。「財閥なき、地主なき」日本経済の復興である。翌一九四九年に中国大陸に共産党による政権が樹立するや、アメリカはいよいよ共産主義の亡霊に怯え、日本経済の復活を強く期待するようになった。米国には日本の防衛をいつまでも続ける余裕はない。復活した日本経済は自力で国防に取り組むべきだ。

ドッジを日本に派遣して、まず経済の復興、再編成措置に取り組む。それらが緒につくころを見計らい、ドッジ派遣に次ぐ第二の措置が、一年半後のダレス派遣である。ダレスの派遣まで、米国の対日政策は、日本の「武装解除の徹底」一本槍であった。「無責任な日本軍国主義」が諸悪の根源とされ、蛇蝎のごとく批判された。

その後、一八〇度方向の異なる再軍備路線にワシントンが大転換したのであるから、日本国内の混乱は、尋常ではない。一方の「軍国主義解体」と他方の「再軍備」路線により、相反する方向に引き裂かれた。前者は第二次大戦の「戦後処理」の課題であり、後者は「ポスト戦後処理期」の新たな課題にほかならない。

それは帰するところ、一つはマッカーサー解任によって占領行政の終焉を内外に打ち出し、他方のダレス外交は、東アジア世界におけるソ連封じ込めの展開である。ダレスはサンフランシスコ講和条約に知恵をしぼることによって、部分的勝戦国連合をひとつにまとめあげ、冷戦外交の覇者となった。

なぜ中国が講和条約からはずれたか

一九五一年（昭和二六年）前半に日米協議により、講和の骨格をまとめ、これをもとにして、七月二〇日、米英共同草案をまとめることに成功したダレスは、日本を含む全五〇ヵ国にサンフランシスコ講和会議への招請状を発送した。①講和会議に招かれたが出席しなかった国は、インド、ビルマ（現、ミャンマー）、ユーゴスラビア（当時）である。②出席したが調印しなかった国は、ソビエト連邦（当時）とその衛星国ポーランド、チェコスロバキア（当時）である。③そもそも招待されなかった国は、二つの中国に分裂して、その正統性を争う中華民国と中華人民共和国であった。いずれが中国を代表する政権としてよりふさわしいか、結着がつけられないことが、招請外しの理由とされた。

日本から見て第二次大戦とは、一九三一年九月一八日の柳条湖事件（一九三一年九月一八日関東軍高級参謀の板垣征四郎大佐と作戦主任参謀石原莞爾中佐らが柳条湖の満鉄線路を爆破して、これを中国軍の犯行によるものとした事件）、すなわち満洲事変に始まった。火の粉は華北に飛び、一九三七年七月の盧溝橋事件に拡大した。

この経緯からして最初の交戦国・中国を排除する対日講和には、そもそも無理があると見るべきだが、実際にはサンフランシスコ講和の翌年に日本は中華民国との講和を結び一つの形式を整え、ソ連との講和は一九五六年一〇月に実現した。これによって日本はようやく主な戦勝国との講和が整い、同年一二月に国連総会は日本の加盟を可決した。その後、最も近隣の韓国とは一九六五年六月に日韓基本条約で正常化した。しかしながら、中国を代表する立場の中華民国は、台湾地区で余命を保つ形であり、中国大陸を支配する中華人民共和国との講和は、一九七二年九月の日中国交回復まで実現しなかった。

サンフランシスコ講和会議において、二つの中国を招請することは、なぜ困難であったのか。最も端的な事実を挙げておく。それは新生の中華人民共和国を英国が一九五〇年一月、すなわち政権樹立後わずか二ヵ月で承認したことである。その直接的な要因は、中国軍が英国の植民地香港に迫ったからと見るのが通説である。老練な英国は、新中国承認と引き換えに植民地香港の現状維持を約束させ、人民解放軍の香港進駐を阻んだ。それから一九九七年七月の香港返還まで約五〇年、香港の延命を図った。

こうして対日講和を考える場合に、英国から見た「中国（China）」とは、中華人民共和国（北京）であった。これに対して、日中戦争期に中華民国を支援してきた米国は、中華人民共和国の承認を拒み、中華民国（台北）との外交関係を維持し続けた。それゆえ、米国から見た「中国（China）」とは中華民国（台北）にほかならない。同じくChinaといいながら、その対象は台北か、北京か、異なっていた。いずれか一方を招くのか、両者を招くのか。結局は両者を招かなかった。このような戦後処理のあり方は、現実の国際政治のなかでやむなく選択した道であるとはいえ、さまざまの後遺症を残し、その後遺症は、折に触れて爆発する。尖閣紛争は典型的な一例なのである。

なお、念のために付記しておくが、一九五二年四月の日華条約においては、パラセル諸島やスプラトリー諸島についての放棄は明記されているが、尖閣に関する記述は一切ない（資料1参照）。当時は日本も中華民国もこの無人島の存在を忘れていた。

ここまで著者は全面講和に対して実際に日本が結んだ講和を「片面講和」と書いてきた。というのは、一般に広く用いられている「単独講和」は、実際の内容にそぐわないからだ。サンフランシスコ講和条約は決して、日本が米国とだけ単独に結んだのではなく、五〇ヵ国が調印している。これを単独講和と呼ぶのは、実体に合わない。にもかかわらず、この言い方が流布したのは、誤訳「国連」に酷似する、もう一つの意図的な誤訳によるものと私は理解している。日米交渉が講和のすべてだと日本国民に思い込ませるための作為である。全面講和（an overall peace treaty）のツイになる英文 a one-party treaty を「単独講和」と訳すのは、無理がある。「単独」よりは「片面」がはるかにふさわしい。にもかかわらず、講和論争以来の半世紀、日米単独講和ならざる片面講和を指して「単独講和」と呼ぶ習慣を日本人は誰も疑わない。骨の髄から洗脳されているのではないか。

一九四五年の世界

国連の公式ホームページに「一九四五年の世界」（The World in 1945）とタイトルを付した世界地図がある。この地図は、一九四五年一〇月二四日に国連が創設された時点での国連の描く自画像とし

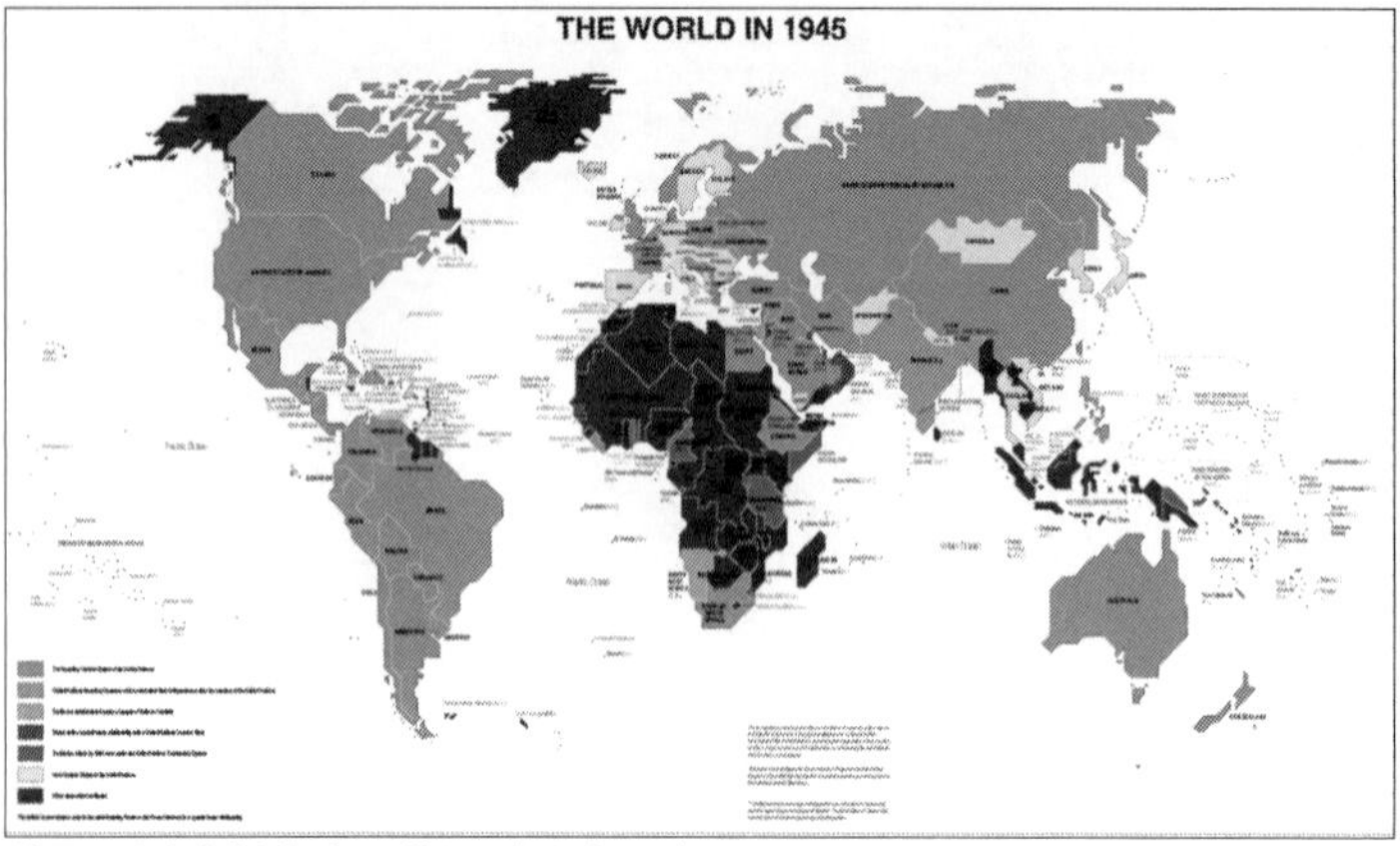

地図　国連創設時の世界（国連HP）

て、極めて興味深い図柄で、七色でグループ分けして示されている。これを表１に示した。

第一グループは「国連の創設国」である。一九四五年の創設メンバーは四九ヵ国である。このうちチェコとユーゴは、冷戦の終焉後にいくつかの国に解体した。

第二グループは「国連の創設後」に独立して「創設メンバー」の資格を得た国である。この定義だけを聞いて、「創設後に独立して創設メンバーの資格をもつ国」を問われて直ちに答えられる読者は、少ないのではないか。

通常の解説書には、「五〇ヵ国の署名をもって発足した」と書いてあるが、これは正しくない。このグループに属するインドとフィリピンの二ヵ国は、一九四五年六月二六日に署名しているけれども、独立時期は、フィリピン四六年七月四日、インド四七年八月一五日である。この間の事情を、この地図は区別しているのが面白い。すなわち、「イギリスから独立したインド」と「アメリカから独立したフィリピン」は共に、第二次大戦後の「独立の約束」と引

表1　国連創設時の世界

分類	国数	国名
1 国連の創設国	49	〔アジア〕中華民国 〔中東〕イラク、イラン、サウジアラビア、シリア、トルコ、レバノン 〔欧州〕イギリス、ウクライナ（ウクライナ・ソビエト社会主義共和国）、オランダ、ギリシャ、チェコスロバキア、デンマーク、ノルウェー、フランス、ベラルーシ（白ロシア・ソビエト社会主義共和国）、ベルギー、ポーランド、ユーゴスラビア、ルクセンブルク、ロシア（ソビエト社会主義連邦共和国） 〔アフリカ〕エジプト、エチオピア、リベリア、南アフリカ共和国 〔北米〕アメリカ合衆国、カナダ 〔中米〕ウルグアイ、キューバ、グアテマラ、コスタリカ、ドミニカ共和国、ニカラグア、ハイチ、パナマ、ベネズエラ、メキシコ 〔南米〕アルゼンチン、エクアドル、エルサルバドル、コロンビア、チリ、パラグアイ、ブラジル、ペルー、ボリビア、ホンジュラス 〔大洋州〕オーストラリア、ニュージーランド
2 国連の創設後に独立し、「創設国」の資格をもつ国	2	〔アジア〕インド、フィリピン
3 旧国際連盟の委任統治地域		太平洋諸島信託地域（マリアナ諸島、マーシャル諸島、カロリン諸島を含む）（米）、ナウル（豪）、ニューギニア信託地域（豪）、西サモア（ニュージーランド）、南西アフリカ（南ア）など
4 国連加盟国と特別な条約関係をもつ国	9	〔アジア〕ブータン、シッキム、モルディブ諸島 〔中東〕マスカットオマーン、トルーシャルステイト（アラブ連邦首長国の旧称）、バーレーン、クウェート、トランスヨルダン（ヨルダンの旧称） 〔大洋州〕トンガ
5 1949年までに国連信託統治制になった国	10	〔中東〕パレスチナ（英） 〔アフリカ〕ソマリランド（伊）、タンガニーカ（英）、ルワンダ（ベルギー）、ブルンジ（ベルギー）、カメルーン（仏）、カメルーン（英）、ナイジェリア（英）、トーゴ（仏）、トーゴ（英）
6 国連の非加盟国	20	〔アジア〕日本、朝鮮、モンゴル、ベトナム、タイ、ネパール、アフガニスタン、イエメン 〔欧州〕ドイツ、イタリア、スペイン、オーストリア、ハンガリー、ルーマニア、ブルガリア、アルバニア、アイルランド、スウェーデン、フィンランド、アイスランド
7 その他の従属地域		〔アジア〕ラオス（仏）、カンボジア（仏）、ビルマ（英） 〔アフリカ〕モロッコ（仏）、アルジェリア（仏）、チュニジア（仏）、リビア（英仏）、仏領西アフリカ、仏領赤道アフリカ、スーダン（英）、ベルギー領コンゴ、ウガンダ（英）、ケニア（英）、アンゴラ（ポ）、北ローデシア（英）、南ローデシア（英）、モザンビーク（ポ）、マダガスカル（仏）など。 その他、中米、大洋州の島々。

注）国連ＨＰの地図より作成。

き換えに、反英闘争、反米闘争を一時中止して、連合国軍に協力した。英米はその約束を実行して、インド、フィリピン両国は「栄えある創設メンバー」の資格を得たわけだ。

こうして国連の創設メンバーは四九＋二＝五一ヵ国である。これを単に五〇ヵ国と断定的に説明するのは、当時の国際情勢の機微を無視する言い方である。日本では知識人でさえも、インドとフィリピンが国連創設国メンバーとしての誇りをもつことを知らない。

第三グループは「旧国際連盟の委任統治地域」である。これらは国連体制下では「信託統治地域」と呼ばれることになった。

第四グループは「国連加盟国と特別な条約関係をもつ国」である。この定義も分かりにくいが、これらの諸国は英国と「特別な条約関係をもつ国」である。

第五グループは「一九四九年までに国連信託統治制になった地域」である。

第六グループは「国連の非加盟国」である。このグループは枢軸国あるいはそれに近い諸国であり、国連の創設の際に排除された。まさに国連が勝戦連合国クラブであることを端的に示す。これを明記したのがいわゆる「敵国条項」にほかならない。これを削除する方向での努力は行われているが、いまだに削除するには至っていない。日本政府は、この事実を隠蔽して常任理事国入り工作を画策して、失敗した。

第七の部分は「その他の従属地域」である。

それら従属地域を地図上で数えて見ると、「**表2　従属地域の数**」のごとくである。老眼チラチラ、数え間違いは少なからずあると思われるが、およその傾向はつかめるであろう。第一次大戦から第二次大戦までは、パクス・ブリタニカの世界であり、大英帝国は世界中に六五〜七〇の「従属地域」を所有していた。フランスがこれに次ぐ植民大国である（英仏共有の地域もある）。老植民帝国ポルトガル、スペイン、オランダ群がこれに次ぐ。そして新興のアメリカ、オーストラリア、ニュージーランドは、遅れて出発したにもかかわらず、第一次大戦敗戦あるいは第二次大戦の敗戦で手放したドイツ、イタリア、日本などの委任統治領を継承して、植民地領有国に躍り出た。これが「一九四五年の世界勢力図」である。

表2　従属地域を擁する国

宗主国	従属地域の数
イギリス	65 − 70
フランス	17 − 20
ポルトガル	9
オランダ	6
アメリカ	5
ニュージーランド	4
オーストラリア	3
スペイン	3
ベルギー	1
デンマーク	1
南アフリカ	1

国連創設時の地図は、第二次大戦が終わった時点での世界がどのような構造になっていたかを非常に分かりやすく教えてくれる。これら多くの従属地域がその後「自治あるいは独立」を勝ち取り、信託統治領は一九九四年のパラオ独立をもって存在しなくなった。そのため国連信託統治理事会は、機能を停止した。いまや国連加盟国は、一九三ヵ国である。信託統治地域だけでなく、「その他の従属地域」からも、相次いで独立国が誕生した。にもかかわらず、枢軸国あるいは枢軸系を差別する構造は生き残る。

本書で用いる基本資料について

本書で用いる基本資料について一言説明しておきたい。米国国務省は「アメリカ合衆国の対外関係 *Foreign Relations of United States*（略称ＦＲＵＳ）」という外交資料を実に利用しやすい形で提供している。私は前著『尖閣衝突は沖縄返還に始まる』を書いた時に、初めてこの資料に接して、その史料整理の的確さ、周到さに深い印象を抱いた。第二次大戦後隆盛を極めたパックス・アメリカーナの時代は終わり、パックス・アシアーナに移行する最初の契機が沖縄返還であり、国連における中国代表権問題の解決だと私は想定してきたが、この間の現代史を知る最も重要な史料の一つがＦＲＵＳである。国務省のホームページを開くと、Office of the Historian〈http://history.state.gov/〉というウェブ公文書館があり、ここからUniversity of Wisconsin Digital Collections〈http://digicoll.library.wisc.edu/cgi-bin/FRUS/〉へ導かれる。ここで、たとえば一九四五年を選び、Far East を選ぶと Japan すなわち日本関係の公文書にたどりつく。そこでファイルをダウンロードして、読み進めると、アメリカの外交当局が当時の状況をどのように判断して、アメリカ外交を進めてきたのか、その手の内を手にとるように理解できる。

たとえば「表3　キーワード数」は、こうして作成したものだ。キーワードの登場頻度数を検索したものだが、単にコンピューターが機械的に拾い上げたものであり、脚注も含めて数えている。だから、ここから何事かを語ろうというのではない。しかしながら、年ごとのキーワードの出現数を一瞥しただけで、ワシントンから見た対日外交の課題、あるいは主題が透けて見える。この表を手がかり

表3　国務省資料（*FRUS*）キーワード数

年	Japan（日本）関連頁数	キーワード	Emperor 昭和天皇	Yoshida 吉田茂	Ryukyu 琉球	Okinawa 沖縄	Territory 領土	Residual Sovereignty 残存主権
		関連語彙	institution 天皇制 war criminal 戦犯			base 基地	occupied 日本が占領した領土 Japanese 占領された日本領土	
1943	223		0	0	0	0	29	0
1944	371		65	0	0	1	89	0
1945	35		6	0	0	0	9	0
1946	520		147	8	0	0	32	0
1947	440		6	9	5	8	10	0
1948	432		19	14	19	45	15	0
1949	339		3	18	27	17	13	0
1950	290		4	21	29	19	25	0
1951	701		34	262	32	5	121	1
1952	313		1	101	30	[illegible]	[illegible]	1
1953	201		2	73	31	46	2	3
1954	248		1	172	133	7	11	0
1955	149		0	9	6	4	4	2
1956	91		0	3	5	27	6	6
1957	319		4	3	52	52	21	7
1958	118		0	12	11	37	40	3
1959	140		0	28	3	6	11	10
1960	165		3	36	10	24	0	0

にして、日米関係の真相を読み解いて見よう。意外な真実が浮かび上がるかもしれない。

第2章　全面講和から片面講和へ

1　マッカーサー覚書（一九五〇年六月一四日）――米国主導下での全面講和論

マッカーサーは一九五〇年六月一四日ダレス国務長官顧問に宛てた長文の「講和問題の覚書」(Memorandum by the Supreme Commander for Allied Powers（MacArthur）, *FRUS*, 1950, Vol.VI, pp.1213-1221）を書き、これはおよそ一週間後の二二日までにはダレスの手元に届いた。全文一九ヵ条と「付された対案Ⅲ」から成る。それまでのマッカーサー占領政策は、国家安全保障会議（ＮＳＣ）が決定し、トルーマン大統領が決裁した文書ＮＳＣ13に依拠して行われてきており、そこには、対案Ⅰと対案Ⅱが示されていた。

ここで文書ＮＳＣ13および対案Ⅰと対案Ⅱとはなにか。

ＮＳＣ13の前身は、ジョージ・ケナンが起草した長文の上申書「米国の対日政策に関する提案」（一九四八年三月二五日、ＰＰＳ28）である（*FRUS*, 1948, Vol.VI, pp.691-696)。ケナンはこう書いた。

「米国政府は沖縄に恒久的施設をもつことについて決断すべきだ。それにしたがって琉球の基地の開発を進めるべきだ。国務省は、琉球諸島に対する米国の恒久的な戦略的支配を可能ならしめる国際的認可を確保する問題の研究に直ちに着手すべきである」(p.692)〔傍点、矢吹。以下同じ〕。ケナンはここで沖縄の恒久的(permanently)確保を強調した。

このケナン上申書(Report あるいは Recommendations の標題が付されている)は、NSCに提出されるに際して、NSC13という新たな文書番号を付された。この時に琉球諸島に関する部分は、次のように改められた。「米国政府は、沖縄の施設と長期間保有することをいま決断すべきである。沖縄の基地は、それに応じて拡充されなければならない。諸島の統治に責任をもつ米政府機関は、早急に長期計画を立案、実行し、かつ最終的には住民の自立をはかるべきである。北緯二九度以南の琉球諸島を米国が長期間、戦略的に支配するのに最も相応しい手段について、適当な時期に、国際的な合意が得られるべきである」。

このNSC13にラスクが付した対案Iとは、次の内容であった。「日本との平和条約の締結に際して、国連憲章と矛盾しない集団的安全保障措置を求めるべきである。そのメンバーは極東理事会諸国を含む。日本に対する侵略行為が行われるならば、すべての参加国が日本を防衛するであろう。日本は日本防衛のために必要な基地を米国が利用可能とするであろう」。「国連憲章と矛盾しない集団的安全保障措置」とは、国連(=連合国)の結束を重視する考え方であり、この場合「ソ連抜き」はありえない。これが国務省のリベラルな主張である。

これに対する対案Ⅱとは、「講和後も占領体制を残す」考え方である。「日本が内政において完全な主権を回復し、他国と政治的経済的行為を行う協定を目指すが、ポツダム宣言の安全保障上の課題が達成されていないことに鑑み、平和条約は、連合国が日本の降伏条件として提示した管理機構（たとえばＳＣＡＰ＊、極東委員会＊＊および日本占領軍）からなる現行の法的権威を変えずに残す」ものである。これは国連憲章に違背して、敗戦国への占領継続を事実上無期限に行うことになるが、これが国防総省、すなわちペンタゴンの本音であった。

＊　ＳＣＡＰ＝Supreme Commander of Allied Powers――連合国軍最高司令官。司令官はマッカーサー、五一年の解任後はリッジウェイ。

＊＊　極東委員会（Far Eastern Commission, FEC）――連合国の日本占領のために一九四五年九月に設置が決定され、一二月二七日モスクワの英米ソ三国外相会議で、英、米、ソ、中華民国、オランダ、オーストラリア、ニュージーランド、カナダ、フランス、フィリピン、インドの一一カ国代表で構成された。

マッカーサー自身は、これら二つの対案Ⅰ（国務省系）と対案Ⅱ（国防総省系）をともに排して、対案Ⅲの形で、対日講和条約構想を提起した。マッカーサー対案Ⅲの主な条項は、以下の通りであった。

マッカーサーの「対案Ⅲ」

一項――歴史的に見て軍事占領は三〜五年が一般的だ。対日講和を速やかに実現すべき時期だ。＊講和以後の非武装の日本は「国連機関によってセーフガード」するのがよい。

＊　ここには占領行政への日本人の不満が蓄積されつつあること、このような占領行政を継続するならば、その不満がソ連に対する親近感に転化しかねないことへの危機意識が見える。マッカーサーが人々の「心理psychology」に二度も言及しているのは、特徴的である。

二項――連合国間で講和の方式をめぐって対立してきた。ソ連は関係諸国「外相会談」からスタートせよと主張し、米英等は「極東理事会」扱いを主張してきたが、その前提でも食い違った。手続き問題が解けていない。

三項――ソ連とアジアの衛星国は、「日本を植民地化するために軍事基地を使用している」と米国を非難し、講和を結べないのは「米国務省とペンタゴンとの内部対立のため」、と宣伝している。

四項――つい最近統合参謀本部は立場を確認したが、対日講和条約交渉で難しいのは一つだけだ。それはソ連と中共を調印国に「含める」ことだ。この場合は、条約文言に「安全保障上の留保事項」が必要である。＊

＊　米軍が「ソ連・中共抜きの講和」を危険視しているのは、話が逆ではないかと誤解されそうだが、当時の軍は片面講和（a one-party treaty）がソ連側を挑発する契機を作り、ソ連軍の対抗措置、すなわち北海道侵攻のようなケースも想定していた。

五項――SCAP（連合国軍最高司令官）もCINCFE（連合国軍極東軍司令部）も、占領の長期化（講和の遅延）のもたらす心理的悪影響を危惧している。米国の利益のためには、ソ連・中共を署名国に加えるべきだ。
六項――道徳的に見ても法的に見ても、関係国をすべて集めて講和会議を直ちに開くべきだ。
七項――断固たる動的な指導力を歓迎するのは東洋人の心理である。米国はソ連の攻勢のもとで失われた指導性を取り戻すべきだ。
八項――講和の遅延は日本人に全般的敵対心を生み出しており、ソ連はそれを巧みに宣伝攻勢に用いている。
九項――私は最近になって「ペンタゴンと国務省の対立」に注意を向けるようになったが、講和の前進のため両者間に橋をかけるべきだ。意見の不一致は小さい。
一〇項――国防・国務両省が合意して決定された「NSC13／3文書」における米国の政策は、朝鮮半島の軍事緊張という「事態の進展」〈朝鮮戦争の勃発は一九五〇年六月二五日だが、これに先立って半島の軍事緊張の高まりはさまざまの局面で現れていた〉によってすでに乗り越えられた〈これは国務省は政治的考慮からロンドン外相会談に臨もうとし、国防省は安全保障を考慮し、ソ連のリアクションを恐れ、「ソ連抜きの講和」を語るなと戒めたと読めるもの〉。
一一項――安全保障の「二つの対案」〈すなわち対案I、対案II〉が政府部内で語られている。五月五日のラスク覚書の二つのパラグラフを指す。
一二項――対案Iは、日本防衛よりも米国防衛にアクセントをおいた集団安全保障である。これは米国で影響力をもつ人物の間違った忠告を反映したものだ。米国の安全保障を維持する手段として西太平洋の防衛線を想定し、日本の基地を重視する。この種の米軍基地は日本「植民地化」の動きであり、アジア大陸への脅威とする共産主義者の煽動により、反対するナショナリズム感情がかきたてられた。これは副次的なものとはいえ、日本人の心理に不快感を残す〔軍人マッカーサーが「日本人の心理」により注意を向け、ダレスらは米国の安全を強調し日本を軽視していると、暗に批判〕。

一三項――対案Ⅱは、現在の占領体制を維持しつつ、部分講和を図るものだ。現在の占領体制の維持は、現状維持（status quo）にはならないのだ。日本国内の政治体制の緩和が進んでいるからだ。この案は、国際関係における日本の自立性を高めるが、「米国が日本人を裏切った」と疑われよう。完全な独立の回復とは受け取られない。そのような管理の維持は日本人の目から見て正当性を欠く。統治の自由の回復がカギである。これなくしては共産主義者に煽動の武器を与えるに等しい。

一四項――ポツダム宣言の定めた「安全保障の目標」を確認すべきである。ポツダム宣言（6）項にいわく、日本国民を欺いて世界征服に乗り出す過ちを犯させた勢力を除去する。無責任な軍国主義（irresponsible militarism）が世界から駆逐されるまでは、平和と安全と正義の新秩序も現れないからだ。ポツダム宣言（7）項にいわく、（6）項にいう、「新秩序が確立され戦争能力が失われたことが確認されるまで」「日本国領域内諸地点の占領」が必要だ〔ここで語られた旧日本軍の解体という条件は、すでに満たされているとマッカーサーは判断していた〕。ポツダム宣言（12）項にいわく、日本国国民が自由に表明した意志による平和的傾向の責任ある政府の樹立を求める。この項目並びにすでに記載した条件が達成された場合に占領軍は撤退する。マッカーサーの見るところ、これらの条件は明らかにすでに実現されている。

一五項――日本の政治的中立の道は見えないとする者もあるが、彼らは現実に盲目なのだ。いま日本の再武装へと連合軍の政策を逆転させるものは、オーストラリア、ニュージーランド、インドネシア、フィリピン、そして全アジアから非難されよう。日本はまだ食料不足であり、工業生産の維持に必要な最低限の原材料を確保するのに苦労している。日本は貧しい資源のもとでは再武装はできない。アメリカの援助で軍事力を養うならば、他国からは挑発と受け取られる。日本はアメリカの軍事的同盟国というよりも、ソ連との敵対国になろう。日本に近いソ連と遠いアメリカという地政学からして、米軍による日本防衛は十分か。それゆえ日米軍事同盟よりは中立日本による対ソ自衛を考えるべきではないか。

一六項――ポツダム宣言の条項によれば、現行の占領体制（連合軍総司令官、極東委員会、対日理事会*）は、講和条約の発効とともに、その任務を終えるべきだ。

＊ 対日理事会（Allied Council for Japan ＝ ACJ）――ＳＣＡＰの諮問機関として東京に設置された。一九四五年一二月二七日モスクワの英米ソ三国外相会議で設置が決定され、米、英、ソ、中華民国、オーストラリア、ニュージーランド、インドの七ヵ国で構成された。

一七項――ポツダム宣言の用意した日本の安全保障やその系としての「政治的自由の復活」については、国会の承認だけではなく、日本国民の国民投票（plebiscite）による意思確認も必要だ。

一八項――「ソ連抜きの単独講和」がソ連の法的立場を強めて、ソ連がそれに依拠して対日圧力をかけると、私は考えたことはない。ソ連は政治的便宜と相対的軍事的能力のゆえに、この種の宣伝を続けてきたのであり、従来の約束や法的理由付けを重んじているのではない。ソ連の報復主義の危険とは、挫折に対して憤懣をぶちまける点にある

一九項――米国政府内で「完全に一致できる条約のための行動」とは、以下のものであろう。

最後にマッカーサーは、講和締結における安全保障上の留保事項として、以下のように強調した〔ここで五月五日にラスク氏との会話において引用されたNSC 13／3文書の最初の一節（*FRUS*, p.1189）を掲げ、安全保障に関わる「対案Ⅲ」を提起する。これは既存の対案Ⅰとも、対案Ⅱとも異なるもので、マッカーサー独自の提案である〕。

――世界に「無責任な軍国主義があるかぎり」、日本には「平和、安全保障、正義」への脅威が存在する〔これはポツダム宣言のキーワードの読み替えである。同宣言では、日本の「無責任な軍国主義」を非難したが、マッカーサーはこのキーワードをソ連と中共を指すものとして用いている。これは高度な政治技術と読むべきだ。一方では諸悪の根源としての日本軍国主義を想起させつつ、他方でそれと同類のソ連帝国膨張主義を「無責任な軍国主義」とキーワードを転用してみせた〕。ポツダム宣言にいう安全保障の条件に立脚するならば、非武装の日本の「平和、安全保障、正義」への脅威は存在しなくなった〔ここでも読み替えが行われている。そもそもは「日本に起因する脅威」こそが東アジア世界の秩序攪乱者であった。いまや「日本に与える脅威」が主題であり、それはソ連や中共からもたらされると説いている〕。いいかえれば、占領政策の成功により、日本の無責任な軍国主義は

解体され、すべての降伏条件が満たされる暁には、連合軍は永遠に日本から撤退すべきである。その後の日本の領土は「条約に調印した連合国」によって、米軍を通じて防衛されるべきである。

要するに「連合軍は永遠に日本から撤退すべきである」「その後の日本の領土は、条約に調印した連合国によって、米軍を通じて防衛されるべきである」。これがマッカーサーの考える「対案Ⅲ」の核心であった。ここでマッカーサーが「条約に調印した連合国」というとき、そこにソ連が含まれることは明らかである。彼はポツダム宣言を自らの判断の指針としていた。マッカーサーは「全面講和のもとでの米軍主導での安全保障」を提起したのであった。

このようなマッカーサー構想は、「朝鮮戦争以前の国際情勢認識」であり、これは遺憾ながら、朝鮮戦争勃発と同時に乗り越えられた認識と評すべきであろう。こうしてマッカーサーの占領行政は、この長文報告書をもって終焉し、ダレス外交と代替する運命を免れることはできなかった。

ダレス外交とは、この文脈で、朝鮮戦争とともにスタートし、冷戦体制のもとで、アメリカ帝国主義体制を主導するものとなった。繰り返すが、マッカーサーは全面講和のもとでの、米軍主導による安全保障を提起していた。

2　片面講和・日米安保への大転換――「吉田・ダレス」会談（一九五一年二月）

ダレス特使就任

サンフランシスコ講和条約と日米安保条約は、いわばコインの表裏、メダルの表裏である。いうまでもなく表が講和条約、裏が日米安保だ。両者の関係は明らかだが、往々これを取り違えた議論がまことしやかに論じられ、耳目を集める。これらの倒錯した戦後史理解を糺す必要がある。

講和条約を作成した立役者はダレスである。ダレスは一九五〇年四月六日トルーマン大統領によって国務省顧問に命じられたが、それは対日講和を責任をもってまとめあげるためであった。マッカーサーの厚木飛行場着陸以来、講和問題は日米双方から早期締結の声は少なくなかったが、どのような講和が望ましいか、日米双方の間での懸隔だけでなく、それぞれの内部においても、「日本に厳しい懲罰的なもの」から「国連憲章に代表される一種の理想主義」まで、幅は極度に大きく、とうてい実現に至らなかった。

しかしながら、東アジアの国際情勢は、一九四八〜四九年に地滑りのように大きな変動を起こしていた。中国大陸における国共内戦が国民党の敗北、中国共産党の勝利に終わりそうな兆候が見えてきた。こうした潮流の変化に対応して、「懲罰的な対日講和」案から、「寛大な講和」案へとそのトーンが一変した。懲罰的な対日講和を押しつけた場合に、日本国民の心理がソ連側に傾くことを警戒してのことであった。

東アジアにおける国際情勢の変化を鋭く見つめていたのがアメリカ国務省のジョージ・ケナンたちであった。ケナンはすでに触れたように、一九四八年三月に日本を訪問し、マッカーサーとの意見交換を行っている（三月一日、五日および二一日の対話）。この対話を踏まえてケナンが日本再軍備を初めて提起した。三月二一日の原案はその後二五日に修正された。ケナンの危機意識はいわゆるX論文として『フォーリン・アフェアズ』（一九四七年七月号）に発表され、話題になっていたが、その東アジアにおける対応策が日本再軍備であった。一九四七～四八年のケナンは時代の寵児であり、ジョージ・マーシャル国務長官によって国務省政策企画室長に抜擢され、トルーマン政権首脳部からきわめて重視されていた。

対日講和を急ぐために特使に任命されたダレス（当時共和党上院議員）は、五〇年六月一八～二一日韓国を訪れ緊迫する北緯三八度線の防衛施設を視察した後、日本に乗り込んだ。次節で紹介するように、日本の各界有力者との懇談を重ね、対日講和の基本方向を探った。まさにその最中の六月二五日、北朝鮮軍が三八度線を突破して朝鮮戦争が勃発したのであった。

これに先立つ一九五〇年五月五日、ロンドン外相会議に備えて、国防総省（ペンタゴン）のバーンズ将軍、マクルーダー将軍とラスク国務次官補が協議した覚書（*FRUS*, 1950, Vol.VI, pp.1191-1194）が興味深い。アチソン長官が「〔ロンドンに出てきた〕田舎っぺのおばかさん」を演じないで済むように、備えたものだ。

・ペンタゴンの見解としては、日本との講和問題をフランスのシューマン外相とは話さない。イギリスのベバン外相とのみ話す〔なぜフランスには隠したのか。フランスの口を通じてソ連に漏れることを極度に警戒していた〕。

・"an early peace treaty" とはいわず、単に a "peace treaty" の語を用いる。"early" を言わない〔日本占領からすでに五年近くたってしまっている〕。

・米国防総省はこの時点でソ連、中国（北京）抜きの講和に反対、すなわち全面講和論であった。根拠は大統領が四九年一二月に述べた見解であり、無用なソ連との対立を避けようとしていた。

・ソ連抜きで対日講和を進めると、ソ連の法的立場を強めることになる。このポイントを過小評価するなかれ。

・ヨーロッパでソ連軍と対峙する米軍は、「ソ連に口実を与える片面講和（a one-party treaty）」、すなわち国際法的に見てソ連を有利な立場に立たせることになる事態を避けようとしていた。

イギリスは四九年一〇月に成立した中華人民共和国と国交正常化していた（香港問題のため）。フランスはインドシナ問題をかかえていた。こうして最終的に対日講和条約における「ソ連・共産中国外し」の方針が確定するまでには、さまざまの思惑が内外に交錯していたことがうかがえる。

「吉田・ダレス」会談（一九五一年一月〜二月）

特使としての第一回訪日から半年後、対日講和の方針を固めたダレス特使一行は、一九五一年一月二五日、羽田に到着した。これにより、対日片面講和と日米安保条約の二点セットへの動きが開始された。ダレスは、二月一一日に離日するまで、三度にわたって吉田茂首相と会談するとともに、「吉田ルート」を経由しない会見は一切断った。ちなみに天皇の謁見問題も当初はこれを断り、その後、吉田の勧めを受け入れる形で謁見に応じている。この間、日米事務レベル折衝において、講和と安全保障に関する具体的な問題が協議された。

吉田との第一回会談を前に、一九五一年一月二六日、米国側は、領域・安全保障・再軍備など、会談の中心テーマとなる「議題一覧（Suggested Agenda）」を提示した（巻末資料3、*FRUS*, 1951, Vol. VI, p.816）（なお、それに先立つ五〇年一一月二四日、米国務省が、講和条約の骨子として極東委員会討議資料、いわゆる「七原則*」を発表していた（巻末資料2）。そこでは、琉球、小笠原諸島は、アメリカを施政権者とする国連の信託統治の下に置かれることが提案されていた（*FRUS*, 1950, Vol.VI, pp.1296-1297）。

＊　①全交戦国との講和。②日本の国連加盟について。③領土を本州とその付属島嶼に限定。④非武装日本の安全保障。⑤政治と通商の配置。⑥請求権の放棄。⑦請求権の争いの解決方法。

吉田・ダレス第一回会談は、一九五一年一月二九日午後四時半から約一時間半にわたって総司令部（GHQ）外交局の置かれた三井本館で行われた。米国側からはダレス特使のほか、使節団随員のアリソン公使、ジョンソン陸軍次官補およびシーボルド外交局長が同席したが、日本側は吉田首相が秘書のみを伴って会談に臨んだ。同会談ではおもに自由世界に対する日本の貢献について意見交換を行った（『日本外交主要文書』・年表（一）、三八二―三八三頁、外務省および外交史料館所蔵文書。Memorandum Prepared by the Dulles Mission, *FRUS*, 1951, Vol. VI, pp. 849-855)。

吉田・ダレス第一回会談日本側記録は、「会談後に外務事務当局が吉田首相から聞いた話をもとに作成」されている。それによれば、本会談でダレス特使は、日本が「独立を回復して自由世界の一員となる」以上、自由世界の強化のために「日本がいかなる貢献をなす用意があるか」と述べた。これに対して吉田首相は、あくまで「独立の回復が先決」であり、「再軍備には経済的・対外的に困難がある」と応じた。会談後、両者はマッカーサー司令官を訪問したが、マッカーサーは再軍備問題に関して日本側の立場に立って（マッカーサーは軍国主義の解体を実行した）ダレスの説得に努めたと記録されている。

米側から示された「議題一覧」に対して日本側は、吉田茂首相のイニシャルSYと署名した「わが方見解」（一九五一年一月三〇日）を対置した（資料4、*FRUS*, 1951, Vol.VI, pp.827-830)。これは、いわゆるD作業*に基づき、講和問題に対する日本の基本姿勢を示した文書である。

＊「A作業、B作業、C作業、C作業」とは、当時の外務省条約局長西村熊雄が『安全保障条約論』（時事新書、一九六〇年）でその内容に言及したもので、一九六〇年の日米安全保障条約の改定に先立ち、旧日米安保の成立

過程を外務省側から、その経緯を解説したものである。曲折は大きいが結局は、「朝鮮戦争以後の新事態」を踏まえたD作業（一九五〇年一二月二七日）に始まったと見るべきであり、それ以前の草案はいずれも朝鮮戦争によってその前提条件が破壊されたと見てよい。日本から見ると、日米交渉はA作業から始まった形だが、現実の外交交渉はD作業から始まったのであり、それまでの準備作業に見られる理想論、観念論とD作業の現実論との距離を嘆くのは、意味のあることではないと考える。

日本側「わが方見解」では、沖縄の信託統治について、それをやむをえないとしつつ、信託統治の必要が解消された暁には、日本に返還されること、日本の再軍備は当面困難であることなどが示された。

武装解除から再軍備へ

一月三一日の第二回会談では、日本側の「わが方見解」に対して米国側がコメントするかたちで協議が行われ、米国側は、領土問題や安全保障問題に関する米国の考えを示した。防衛問題については、ダレスは「多くは期待しない」としながらも、日本が自由世界の防衛に貢献することを促し、再軍備を提起した。

これに対して吉田首相が示した「再軍備への消極的な姿勢」は、ダレス使節団の失望を招いた。ダレスから見ると、対日講和は当然ながら、日本の再軍備とセットでなければならなかった。すなわち「ソ連抜きの対日講和」を進めようとする場合に、「ソ連の脅威に対する武装」は不可欠であり、日本に再武装がないとすれば、それはすなわち「アメリカによる日本防衛の肩代わり」にならざるをえない。敗戦国のために「戦勝国アメリカがなぜ肩代わりするのか」。これはとうていアメリカ世論として受け入れられない。

こうしてマッカーサーの徹底的な日本軍国主義解体という現実に、いまや米国自体が自縄自縛に陥った。まことに歴史の皮肉と見るほかあるまい。マッカーサーによる対日占領行政の最大の矛盾はここにある。結果的に、すなわち巨視的に見ると、マッカーサーの課題は、日本軍国主義と闘い、これを敗北させ、武装解除することであり、公職追放や悪名高い特高を含めて旧日本帝国の軍国主義とその政治経済的基盤の解体をもって終わった。

ところが、歴史の舞台は回る。冷戦体制が始まり、日本再軍備が課題となった時に、「老兵は静かに消える」運命にあったと解するほかはない。一人の人間に「武装解除」と「再軍備」というまったく方向の異なる任務を解決することなどできない相談なのだ。対日講和問題の核心はここにあり、それを見極めない議論は空転する。

吉田・ダレス会談で、まず衝突したのもそれであり、ここで吉田は吉田個人の外交的見識を発揮したというよりは、内政に不得手な新米首相として、国内世論の動向をにらみながら、交渉の場についたにすぎまい。講和条約をまとめあげて長期政権を築いた後の吉田のイメージで当時の吉田を語ることほどミスリーディングな誤解はない。

吉田・ダレス会談がほとんどすれ違いに終わった後、両者の溝を埋め、交渉を具体的問題の討議に移行させるために、その後の交渉は「安全保障と再軍備問題」を中心に日米の事務レベル折衝の形で行われたことはよく知られている。

二月一日の第一回事務レベル折衝では、吉田首相の指示に基づいて日本側が提出した安全保障に関する具体案をたたき台として討議が行われ、三日には米国側も対案となる日米協力協定「暫定案」(Provisional Memorandum)を提出した。これを受けて日本側は、二月六日付で日本側の見解を提示した(*FRUS*, 1951, Vol. VI, pp.860-861)。

第四回事務レベル折衝では、米国側から、講和後の日米協力関係について、①講和条約、②米軍の日本駐留を規定した日米安保協定、そして③駐留米軍の地位などを規定した行政協定の三段構えとして取り極める方針が示された(*FRUS*, 1951, Vol.VI, pp. 856-857)。

以上の経緯を経て、一九五一年二月七日に開かれた第三回吉田・ダレス会談では、それまでの交渉によって固められてきた日米枠組みに基づいて、以後、米国が「他の連合国」(どこよりもまず英国)との対日講和交渉を進めることが確認された(*FRUS*, 1951, Vol.VI, pp.863- 866)。

そして二月九日、平和条約の基礎となる「仮覚書」など関連文書を含めた五文書が、井口貞夫外務次官とジョン・M・アリソン*との間で「イニシアル(署名)」され、「吉田・ダレス会談」は終了した。このような経緯を経てまとめられるに至った対日講和草案と付属文書数点の内容は、ダレスがワシントンのアチソン国務長官に宛てた報告(*FRUS*, 1951, Vol.VI, pp.874- 880)から全貌を理解することができる。

* ジョン・M・アリソン John Moore Allison(一九〇五〜一九七八)——アメリカの外交官、駐日大使を歴任。一

九五一年にダレス使節団の首席随員として訪日し、サンフランシスコ講和条約の草案作成に関与した。五二年には極東担当国務次官補に昇格。

日米交渉の後で

ダレスは日本での交渉を終えると、二月一一日離日したが、ワシントンではなく、フィリピン、オーストラリア、ニュージーランドを訪問し、二月二六日に帰国した。その結果をダレスは三月二日付書簡で東京のマッカーサーに報告した。その概要は以下のごとくである。

――フィリピンでは、大統領、外相代理、議会関係者と会談した。フィリピン側の主な関心は対日賠償問題であり、日本占領時代に受けた被害に対して八〇億ドルを要求した。日本にその支払い能力があるとは思えないので、米国がその請求書を保証して欲しいと求め、一九四六年七月に米国から独立したばかりのフィリピンの要求にダレスは辟易したごとくである。貧しいフィリピンから見て米国が日本に対しては経済援助を提供しながら昨日までの植民地フィリピンに冷たい態度が納得できない。ダレスはフィリピン側の賠償要求の正当性は理解しているが、ベルサイユ条約のようにドイツに対する過度の懲罰的賠償は避けるべきだ、日本を貧しいままにしておくと共産主義になるおそれがあると説いた。

オーストラリアのキャンベラでは、首相や主要閣僚らと対話した。オーストラリアとニュージーランドは、太平洋諸島安全保障条約を米国と結ぶことに興味があるので、その話をした。オーストラリアとニュージーランドの両外相は、日本で投獄されている戦犯が判決内容について意見を口にしていることに反発し、また日本の過大な造船能力への憂慮を表明した。講和案には日本の不公正な貿易慣行に対する制限条項が欠如していることにも不満を表明した。これらについて米国が主張しないことには彼らは理解しつつ、この問題では日本側から申し出るのが筋だ、と主張した。

ニュージーランドでは首相、野党の党首らと語り、外交政策における超党派アプローチがオーストラリアより容易に行われると感じた。オーストラリアでは与党が強くないので、政治的勇気を発揮しにくいと思う。ロイター電は対日講和条約は極東委員会で検討されると書いているが、これは私〔ダレス〕の考え方とは違う。関係諸国間の外交ルートで行うことを私は繰り返し表明している。私の見解は極東における米国の立場に好感をもたない通信社によって誤報されている。私と同行していたシーボルド大使が日本に帰任すれば、より詳しい報告をあなた〔マッカーサー〕に行うはずだが、私としても私のスタッフを随時派遣して、緊密な連携を保持するつもりである。最後にあなたのご協力に対して、深い感謝を表明したい。令夫人にもよろしくお伝えください。ダレス

以上の文面からダレスとマッカーサーとの個人的な信頼関係さえもうかがわせる内容と読める。ただし、それは講和条約の内容における両者の路線対立を否定することにはならない。

なお、武装解除された日本に対するソ連と共産中国との影響力の危険性をダレスはフィリピン側に訴えたが、フィリピン大統領の安全保障上の関心は、むしろ「台湾問題」であり、その「最終的地位」、

すなわち中華人民共和国との正統性問題であった。この問題については「隣国としてのフィリピン」にも発言の機会を与えて欲しいと強く嘆願したこともダレスはマッカーサーに報告している。「フィリピン事情について、あなたほどに事態をよく知る者はいないのであるから」と、マッカーサーを持ち上げながら書いているのが面白い。

3 片面講和を主導したダレスと「天皇メッセージ」の意味

パケナム邸での夕食会——「天皇メッセージ」

一九五〇年六月二一日に初来日したダレス訪日団が行った特筆すべき行動の一つは、翌二二日に渋谷区松濤町のパケナム邸で開かれた夕食会である。この夕食会については、青木冨貴子のノンフィクション『昭和天皇とワシントンを結んだ男』(青木冨貴子『昭和天皇とワシントンを結んだ男——パケナム日記が語る日本占領』新潮社、二〇一一年。一一二—一五一ページ)第六章「天皇の伝言——パケナム邸で夕食会」が詳しい。

夕食会に集まった顔ぶれは、渡辺武(大蔵省幹部でSCAPとの連絡役)、海原治(国家警察本部企画課長、のち警察予備隊を創設)、沢田廉三(元外務次官)、松平康昌(宮内庁)のほか、主人役のパケナム、ダレスをパケナム邸に案内するハリー・カーン(『ニューズウィーク』外信部長。ダレスの特別機に同乗して訪日)、そしてダレスの補佐官であったアリソン、すなわち四人の日本人と三人のアメリカ人、そしてイギリス人パケナム（『ニューズウィーク』東京支局長）であった。

この夕食会の料理人が秋山徳蔵（宮内庁大膳寮）であり、夕食会の目的がいわゆる「天皇メッセージ」を伝えることにあったと書いた本はいくつかある。天皇のメッセージは、夕食会の席上、口頭でダレスに伝えられ、のち八月ごろ文書化された。一九五〇年八月一九日付カーンのダレス宛書簡によれば、パケナムが松平に文書化を要請し、松平が応じたとされる。

このエピソードについて書かれた本としては、たとえばジャーナリスト、ロバーツとデイビスの共著『軍隊なき占領――ウォール街が戦後を演出した』（森山尚美訳、新潮社、一九九六年、講談社α文庫、二〇〇三年）もその一冊だ。この本には巻末の資料として「天皇のメッセージ」（講談社α文庫版三三五―三三七ページ。原文はダレス文書、リール一六巻。国会図書館にマイクロフィルムコピーあり）の全文が収められている。なお、宮内庁は一九七九年二月共同通信記者の質問に答えて、「口頭、書面のいかんを問わず、そのような伝言が記された可能性はない」と否定している（『軍隊なき占領』一四六ページ注記）

『軍隊なき占領』巻末掲載の「天皇のメッセージ」の全文は以下のごとくである。

――陛下がつねに希望されているのは、視察や調査の目的で来日するアメリカ側要人が同等レベルの日本人と胸襟を開いて率直に話し合えないかということであります。今回、ダレス氏の主導でそうした先例が作られたことを、陛下はたいへん喜んでおられます。陛下の知るかぎり、これは珍しいことです。／これまで意見を求められてきた人たちは、無責任で、正しい代表ではない人たちであったことを、陛下は遺憾に思っておられます。彼らはアメリカ人の顔色をうかがいながら助言するのがつねであります。なぜなら、アメリカ側の意向に反する見解を述べようものなら、処罰されるのではないかと恐れているからです。信用を重んずる老練な人々であれば、助言が批判と受け取られ、出過ぎたことを言って処罰されるよりは、何も言わぬはうがいいと考えるのです。／こうした結果、日本人の本心を知ろうともせず、狭量で低位のグループの者は、日本人にわかるようなやり方で適合させていこうとはせず、日本の体制を無理やりアメリカ式に変えてしまおうとしています。結果が理想とはほど遠いものになってしまうのは、日本人に目的がきちんと説明されず、したがって理解もされないため、日本人は、アメリカは日本の体制を専横的に変えてしまおうとしていると感じているからです。

過去には、日本はアメリカ以上に、悪意をもった日本人に苦しめられてきたといえましょう。また占領当局の、特に中級以下のレベルの者がそうした人々の助言を受け入れることによって、多くの誤解を引き起こしてきたのではないかと思われます。しかるに、善意ある経験者で、日米双方から信頼されている人々からなる、専門的助言を与える顧問グループが形成され、それらの人々が、処罰されるという心配をせずに、公式または非公式に助言を与えるということは、できないものでしょうか。／この点に関し、陛下は、アメリカと日本の両方のためにもっとも有益な結果をもたらし、かつ友好関係を育む手段となるのは、パージの緩和であろうと考えておられます。パージの廃止を示唆しているわけではありませんが、多くの有能で先見の明がある善意の人々が自由の身になり世のために働くことができるようになるでしょう。現在は沈黙しているが、もし忌憚なく意見を表明するならば、大衆の心に深い影響を与えるような人もたくさんいるのです。そうした人々が自分の考えを公に表明する立場になるならば、基地問題をめぐる最近の誤った論争は、日本側からの自発的提言により避けることができたはずであります。

さてこのメッセージの信憑性の検討は困難である。宮内庁はこの種の資料の公開に一切応じていないからだ。ただしここで問題は、メッセージが真に天皇のものか否かにあるのではあるまい。天皇のメッセージとしてダレス側に伝えられ、それがどのような役割を果したのか、その意味をこそ検討すべきである。そこで、私はここでダレス側がこのメッセージを「どのように受け止めたか」、受け取り側は何を理解したか、その事情を検討することにしよう。

ダレスの訪日報告から読む天皇イメージ

日本訪問を終えて、朝鮮戦争勃発直後の一九五〇年七月三日、国務省顧問ダレスは国務長官マーシャルに宛てて訪日報告書を提出した（*FRUS*, 1950, Vol. VI, pp.1230-1237）。これはダレス訪日団に補佐官として同行してダレスの交渉を支えたジョン・アリソンが起草したものだが、重要な内容なので、国務長官のほか、ジョージ・ケナン（国務省政策企画課）、ディーン・ラスク（極東担当国務次官補）、ジュサップ（特命大使）、ハミルトン（極東委員会米国代表）、そしてフィアリー（国務省北東アジア課長）にも転送された記録である。

――〔「天皇メッセージ」に関して〕重要な最後のインタビューは代理人〔パケナムであろう〕から届いた。ある晩、アメリカ人ジャーナリストを通じて、四人の日本人とのディナーに招待された。彼らは自由に語ることを奨励されており、実際にそうであった。その場には占領軍総司令官（SCAP）の役人が在席しなかったからだ。出席者の一人は宮内庁の松平康昌侯爵であり、われわれが帰国する前日の午後に、天皇の口頭メッセージを松平が伝達するという話であった。

メッセージの核心は概して、米国の役人が日本事情を調査する際には、政府の役人か、SCAPから公式に認められた日本人だけが接触し、多くの知識人とは話ができない。旧世代の指導者たちには軍国主義の色彩ありとされ、占領軍は接触を恐れている。宮内庁はなるほど過去に日本軍との関係があったが、軍国主義者や攻撃的傾向の復活を望んではいない。追放された旧世代の指導者たちは日米両国の今後の関係にとって役に立つ忠告と協力ができる。平和条約の細部を固める前に、日本を真に代表できる人々によって、何等かの諮問会議を設けるべきである。官であれ、民であれ、両国の利益に合う、永続する平和的解決を図れる人々によって構成されるべきである――。

ダレスはそのような諮問会議は重要であると同意しつつ、「会議の発意は日本側からの行動が望ましい」と意見を述べた。というのはアメリカ側から提案すると、「日本人の真の意見表明」を妨げるおそれがあるからだ、と敷衍した。

末尾の説明によると、「天皇メッセージ」の趣旨は、夕食会で口頭でまず伝えられ、かつ「ダレスが帰国する日の午後に文書の形で」届けられたとされる。いずれにせよアリソン起草のダレス帰国報告の時点では、いわゆる天皇のメッセージは、十分に伝えられていたことが確認できる。ただし、個々の表現の内容、字句の使い方になると、どこまでが天皇の言葉であり、どこからが松平の補足か、通訳者の補足か、輪郭がぼけてくる。それゆえ、個々の字句についてまで検討することは、事実上不可能である。

この「天皇メッセージ」の意味を当時の東アジア国際情勢下の日本の政治社会状況、とりわけ日米関係の文脈で考察するには、ぜひともダレスの帰国報告「全文」を見ておく必要がある。これは五年間の占領行政が日本をどのように変えたか、変えなかったか、講和以後の日本のスタンスを決めるうえでの前提条件の確認作業にほかならないからだ。

報告書は、まずマッカーサーとの関係を冒頭にこう説明している。ダレス調査団は（日本側の）誰とどのような話をするかについて、いかなる制約も受けない。調査団が何を聞くか、問われた者がどう答えるか、これらについてダレスはマッカーサーの一任をとりつけたわけだ。

占領行政への不満

この前提条件は重要だ。報告書を読み進めると明らかだが、占領行政の行き過ぎに対する不満や批判は随所に見られる。そして「これまでの対日調査報告書」のほとんどが「ＳＣＡＰによって、日本人の声がゆがめられている」という批判も指摘されている。

報告書にいわく——日本での六日間にさまざまな観察者（日本人、外国人、役人、非役人）をインタビューして帰国したが、「混乱した人々、不確かな人々という確固たる印象」である。今日の世界において日本の立場を考え抜いているという証拠は得られなかった。*

* ここには朝鮮戦争がすでに始まっているにもかかわらず、これに危機感を持たない平和ボケした日本へのいらだちが溢れている。とはいえ、ここで日本人を非難するのは筋違いであろう。GHQによる軍国主義日本の解体は徹底的に行われた結果、旧日本の統治体制は政治的にも経済的にも、ほとんど崩壊していた。廃墟のなかで、何よりも政治的安定と経済復興が求められていた。

——講和を解決するために六月二五日の北朝鮮軍の南進前にジョンソン国防長官やブラドレー将軍*、そしてわれわれが日本に強く期待していたのは、積極的な行動〔再軍備〕をとることであった。講和に失敗するならば、大いなる幻滅と恨みが残される。北朝鮮の南進成功によって共産主義の脅威が増大した。日本人は安全保障の道がないことを知り始めた。北朝鮮軍の侵略が始まった六月二六日に、SCAP外交部がわれわれのために開いたレセプションで、多くの日本の指導者たちは、駐留米軍の駐留継続を以前と比べてより公然と認めるようになった。たとえば『時事新報』社説（六月二六日）は、朝鮮の戦闘に触れて次のように書いた。「もし日本が米軍による防衛を望むならば、米軍基地のために、その領土の戦略的部分を主体的に提供すべきである」（*FRUS*, 1950, Vol.VI, pp.1229-1230）。

* オマール・ネルソン・ブラドレー Omar Nelson Bradley（一八九三～一九八一）——第二次世界大戦中に北ア

フリカおよびヨーロッパでアメリカ陸軍を率いた有名な野戦司令官の一人。統合参謀本部議長として国防総省の朝鮮戦争担当当局者であった。彼は北朝鮮を占領することで朝鮮半島から共産勢力を排除するというトルーマン大統領の当初案を支持した。一九五〇年末に中国人民解放軍が朝鮮半島に侵攻を始めアメリカ軍が後退したとき、ブラドレーは北朝鮮の封じ込めに同意し、その封じ込めは二一世紀まで継続している。ブラドレーは戦争の継続を主張したダグラス・マッカーサーの解任をトルーマンに説得し、マッカーサーが更迭された。

――程度に違いはあれ、われわれが対話したすべての日本人は「独立の欠如」に不満を述べ、日本の政治経済生活に対するSCAPの官僚主義的干渉に対する不満を述べた。この批判はアリソンの見るところ、一九四八年一月に日本を訪問した当時と比べて、より声高く強いものに変わっていた。

吉田首相は日本の若い官僚が「SCAPの命令」なるものを口実として内閣の方針とは異なることをやろうとしている、と非難した〔ここから政府官僚さえもコントロールできない弱体吉田内閣の悲鳴が聞こえる〕。吉田はまた日本がもし自由世界で意味のある役割を果たそうとすれば、日本人の精神とイニシャチブは、長い占領によって拘束されてはならないとも述べた。

吉田首相へのいらだち

――吉田の描く日本の役割像は曖昧であり、講和以後の安全保障についての彼自身の方策には触れなかった。吉田は満足すべき協定を語ったが、その内容を正確に語ることは避けた。吉田は自由世界の諸国が日本を助けることをどちらかといえば学術的に長々と語り、日本が得た戦争の教訓と民主主義の原則とを長々と語った。そこには日本を守るという「意図の表明」しかなく、明らかな具体的内容はなかった。日本が何等かの形で貢献することを認めることを嫌がっていた。吉田はわれわれが対話した多くの日本人と同じく、新憲法のいう「戦争と武力の放棄」によって日本が世界の戦争と危険から離れていることが可能だと考えているように見えた〔ここが吉田とダレスの根本的な対立点である。そしてこれは吉田個人というよりは、大方の新憲法を認める日本人の立場でもあった。ダレスはこれに大きないらだちを感じたが、もともとはＳＣＡＰがまいた種にほかならない。こうして講和条約策定にとってはいまや新憲法の核心である「戦争放棄の条項」が最大の障害になった。なんたる歴史の皮肉か。日本軍国主義の武装解除のために進めてきた「占領行政の中核部分」がいまやダレスにとって敵となって立ちはだかったのだ〕。

この観点とわずかに異なる見方は、一九三一年の満洲事変の際の外相、現枢密院総裁の幣原男爵から得た。幣原男爵は日本軍国主義の復活はないと強調し、いかなる再軍備も高価すぎることにはならないと述べた。幣原は共産主義者にあまりにも自由を与えすぎたので、もし米軍が直ちに撤兵するならば共産主義者の活動を封じ込めることができない。何等かの協定のもとに米軍が駐留することを望むと述べた。再軍備と米軍の永久駐留のほかに、幣原男爵は日本の安全保障を解決する道として、侵略者に対する受動的抵抗と非協力を挙げた。日本人の間にはロシアに対する強い違和感がある。ソ連軍が日本を占領するならば、米軍が日本国民から得ているような協力は得られまい。多くの日本人が殺されるかもしれないが、ロシア人は八〇〇〇万の日本人口を殺し尽くすことはできず、遂には軍事的支配は失敗するであろう。われわれが対話した日本人のなかで、このように思い切った意見を述べたのは、幣原だけであった〔ダレスの見るところ、「共産主義による日本支配に対する危機感」を明確に口にしたのは、幣原だけであった〕。

日本の再武装を望んだのがある労働組合の代表だけであったのは極めて興味深い。この人物によれば、日本人は防衛を他国に委ねているかぎり、日本人は決して独立し自由であることはできない。だが大部分の日本人は米国が東アジアにおいてソ連に対する立場をはっきりさせることが重要だと考え、労働組合の代表という例外を除いてほとんどすべてが日本が積極的な役割を果たすことにしり込みした〔共産党系の左派的労働組合は一九四七年二月一日ストの禁止以来広範に展開されたレッドパージによって地下に潜行したので、ダレスが対話した組合とは、いわゆる第二組合、御用組合である〕。

堀内謙介元大使〔一九三八〜四〇年、駐米大使〕は日本が何等かの貢献を行う必要性を認めたが、いかなる安全保障協定であれ、「日米間の二国間協定であってはならず、可能ならば何等かの方法で国連と結びつけるべきだ」と見解を表明した。安全保障を真に考え、何等かの日本の貢献の必要性を認める者は、堀内に同意した。一部の日本人は「もし米国が日本を防衛しないならば」、「防衛してくれる国をほかに探すほかない」と述べたが、これは明らかにモスクワを指していた〔レッドパージ以後の事態にもかかわらず、このような反米的意見が表明されたのではあるまい。論理のアヤと見るべきか。このような「反語の形」で米軍は駐留せざるをえまいと述べたのであろう〕。上に記したように、日本の再武装を主張したのは労働組合の代表だけである。しかしながらその対話に出た他の組合代表は再武装反対の意見を述べた。そして大部分の者は「日本は再軍備すべきではなく、米国による防衛を長期的に継続すべきだ」と主張した（ここから当時の日本社会は上から下まで、米軍の駐留を期待していた。なるほど、平和憲法を前提する限り、唯一の安易な国防は米軍の駐留にほかならない）。

より過激な組合代表の一人は、日本が米国との講和条約によって得られる利益は「日本の利益にはならず、単に米国を利するだけだ」と述べた。この男は「日本のための独立が欲しい」「米国は干渉すべきではない、占領政策、特に労働階層に対するドッジの政策は嫌いだ」と述べた。彼らは共産中国との貿易を禁ずる米国の政策への疑問も提起した。国会や他の政府機関に対するSCAPの管理を騒々しく非難した。そのうちの一人は、日本の国会は日本人のものではなく、押しつけられた国会だとし、社会党が憲法を改正しようとしたところ、改正案の上程をSCAPに妨げられたと訴えた。もう一人のより保守的な労働組合幹部は「現在は全面講和の基礎はなく、ソ連抜きで進めるべきだ」と主張した。

しかしながら同じ男が、講和がどうあろうと「少なくとも一九五五年までは米国の経済援助が必要だ」と述べた。この組合代表は、日本の共産主義者と闘うには、政府の迫害や圧力によるべきではなく、民主的手段だけで闘うべきだと主張した。

政府の役人や私的な個人のほかに、われわれは野党の指導者とも対話した。吉田首相は最近講和問題について超党派的アプローチを呼びかけたが、社会党と民主党の指導者はこの呼びかけを歓迎したが、吉田の呼びかけの誠実さに確信がもてない。民主党の苫米地委員長は「吉田の動きは誠意がない」と疑問を表明した。苫米地によれば、全面講和に対する野党の態度は大きく誇張されすぎている。「ソ連を含む全面講和を野党が望ましい」としていることは事実だが、民主党の場合は「もし必要ならばソ連抜きもありうる」と考える。苫米地によれば「吉田首相は権力をもつ与党のみが外交問題に責任をもち、他党は自動的に与党に従うべきだ」と主張する。ダレス氏は三つの主な政党の指導者たち――首相吉田茂〔自由党〕、苫米地義三〔国民民主党〕および社会党の浅沼稲次郎〔注記として、日本社会民主党書記長、とあり。これは社会党のこと。なお、社会党はこのとき、左右に分裂して、結局浅沼は講和条約全権団には加わらなかった〕――に対して、外交政策における統一アプローチの意義を説明する労をいとわなかった。もし〔吉田のように〕与党がいつでも野党の承認を求めずに外交交渉を進めるならば、どんな国であれ、その外交政策は信任を得られない。与党が敗れ、野党が権力を握るごとに一国の外交政策が覆されるならば、外国から見てその国に信をおくことはできないはずだ。それゆえ肝要なのは「外交政策における真の協力」であり、「野党は外交政策の決定に際して何等かの方法で参加すべきである」。

ダレス氏はこう指摘した。「私は米国の野党議員の一人だが、訪日してこの重要問題を担当するよう指名された」「これは米国が超党派的な誠実な努力を行うことを示すものだ」「日本もそのような努力を払って欲しい」と。

苫米地氏が講和条約がらみで提起した他の論点は、日本固有の組織内で平和と秩序のための自衛が不十分なことであった。日本の警察は共産主義者の煽動に抗するうえで、十分に強く統一されたものではない。占領による管理が終わるときには、国内治安の維持が現実的課題になろうとほのめかした。同じ見方は多くの日本人、とりわけ岡崎勝男官房長官がアリソンに二六日のレセプションの席で言及した。

名を明かすことを望まない国家地方警察の役人〔パケナム邸で会った海原治を指す〕はわれわれとの私的な夕食会で、警察組織の不十分さについて大きな憂慮を表明した。日本の警察組織に対するこの憂慮、すなわち国内治安の問題を米軍の支援なしには処理できない問題は、SCAPを除くほとんどすべての場所で耳にした。SCAP役人のかすかな証拠からも分かるが、おそらくは「日本警察の非集権化を過度にやりすぎたため」である〔ここにはマッカーサーの占領行政の行き過ぎに対する冷静な認識が見られる〕。

われわれが対話した各国外交団の態度は日本人と同じく曖昧であった。ガスコイン英国大使との長い対話のなかで、英国の政策はわれわれや国務省にとって全て周知のものであった。

大使は「日米二国間協定を避ける形」、すなわち「防衛義務をすべて米国が負担する形を避ける方法」を繰り返した。大使はありうべき条約に関わる特定の項目に言及したが、彼自身の考えを提起したものではなかったので、われわれは対応しなかった。唯一議論が進んだのは「英国は条約が日本の商船の規模と速度、総トン数について制約するつもりはない」とする発言であった。しかしながら、英国は「日本が自国の国内需要を超えて造船能力をもつことには反対する」ことも指摘した。いいかえれば日本は「輸出のための造船能力を許されない」としたのである。外交団の多くは、早期の講和は必要かつ可能であるとしたが、オーストラリアのホジソン大使は、自国政府の方針に反対の見解を率直に表明した。「条約を結ぶ限り米軍の撤退を意味しようが、撤退は賢明ではない」「撤退しなければ、ソ連の積極的な反対に遭うが、少なくとも法的にはそれが正当だ」。

米国宣教師団は、プロテスタントもカトリックも、日本人の習慣と歴史からして、西側の人々よりも共産主義には動かされやすい。早い時期における米軍撤退を正当化するには、日本人には民主主義の根が十分ではないと宣教師たちは感じていたように思われる。日本が放置されるならば、「右派と左派とが内戦を起こすかもしれない」とある宣教師は述べた。他の宣教師は「専制的な政治的軍事的占領によって民主主義を教えることには矛盾があり、この矛盾が日本人にとって明白になってきた」とする意見を表明した。もし日本を自由世界に留めて置きたいならば、「米国への日本人移民を制限するような人種政策についてもっと寛大な態度を採ることが必要だ」と強く主張した。

アメリカのビジネスマングループの代表は「占領による管理は続けるべきだ」という点で一致していた。彼らは概していえば、日本経済はアジア大陸と貿易しない限り展望は見えないと悲観的であった。「日本製品は品質が悪いので、工作機械の輸出を増やすことはほとんど不可能だ」と述べた。たとえば米国製巻たばこ機の価格は、日本より二倍高い。しかし不合格品率が「米国製は〇・〇一%、日本製は五%」である。それゆえ朝鮮は日本機ではなく米国機を買った。ある者は日本がレーヨン品貿易を復活させることを希望するが、戦前は四七プラントを保有したのに対して現在は一七プラントにすぎない。観光業の復活では全員が同意見であったが、この国の「三二の一流ホテルのうち二七を米軍が占領している」限り、これも困難だ。日本のビジネスマンやSCAPの役人が指摘したのと同じように、日本商船の復活の意義をアメリカのビジネスマンも指摘した。「ドル換算で製品の三分の一」はアメリカ船で運ばれている。しかしながら造船業への制約が外されたとしても、よい結果が出るか、アメリカのビジネスマンは疑っている。というのは、日本が新しい商船を購入するか、建造しなければならない。前者の場合日本には資金がなく、後者の場合、何年もかかる。資金不足と過度の金利高が資本蓄積の主な制約となっている。

ダレス再訪日

2で述べたように、一九五一年一月二五日ダレス使節団が、今度は対日講和条約のつめの交渉のために再来日し、翌二六日午前一〇時、東京でダレス使節団スタッフ会議が開かれた。「天皇メッセージ」の意味合いを探る上で、再度ダレス使節団の動向を見てみたい。随行したロバート・フィアリー(北東アジア課長)の記録によると以下のごとくである(*FRUS*, 1951, Vol. VI, pp.811-815)。

まず日本側との会見予定者(個人・団体)について。

――ダレスいわく、吉田首相を通じて手配された人物とのみ条約の話をする。吉田政府の頭越しに話を聞いたり、政府の指導者とは異なる意見を徴することはない。私の使命は責任ある政府首脳との対話である。前回の訪問〔五〇年六月〕とは異なり、多くの私人や団体と会うつもりはない〔前回は六日間に可能なかぎり多くの日本人との対話を行ったが、これは日本の世論をSCAPのスクリーンを通さずに聴取するためであった。五一年一〜二月の訪日目的は条約内容に関わる折衝なので、交渉相手を吉田に限定したわけだ〕。しかしながら、天皇の代理人のような若干の人々と私的に会うことは排除しない〔ここでは例外として挙げている。原則は吉田のリストに従うのであり、吉田に隠れて情報収集する意図のないことをあえて強調している事実に着目したい。吉田をカウンターパートとして条約交渉を進めることはすでに決定していた〕。シーボルド大使は、私邸でいくつかのレセプションを開き、選ばれた著名な個人を招いて、半社交的な場でダレスが客と会う段取りを示唆した。ダレス大使はそれがベストだと同意した。ダレス大使にとって、時にはアリソン公使にとって、東京駐在の各国大使たちと主に講和問題について対話するのも望ましいとすることで一致した。

追放解除について。たとえばポスト吉田の首相候補である鳩山一郎のような著名な追放解除者とダレスが会うべきか、とシーボルドが問題を提起した。一部の追放解除者は日本で最も見識を備えた政治家だと多くの観察家が認めているが、シーボルド自身は、ダレスが彼ら〔鳩山ら〕とは会わないように示唆した。ダレスは占領が日本人の生活に極端に人為的な型をはめたとしながらも、真に強力な敵対要素は欲しないと述べた。同時に、公的生活から追放された人物と会うことによって占領政策を混乱させることを望まないとも述べた。この問題については、固い決定に至らなかった〔ダレスの老練な外交手腕が伺われる〕。

吉田・ダレス会談

前述のように一九五一年一月二九日、吉田がダレスを訪問し、吉田・ダレス第一回会談が行われた。随行のアリソン局長の会談メモによれば（*FRUS*, 1951, Vol. VI, pp.827-830）、吉田首相は午後四時三〇分の訪問約束でダレス大使を訪問して講和条約について第一回のインタビューを行った。

――吉田いわく、二点を提起したい。一九五〇年六月に吉田からダレスに宛てた声明に言及した。日本国民を扱うには自尊心（amour-propre）を尊重する精神が必要だ。その脈絡で占領軍の出す命令や規則は、私の見解では、講和条約の締結前に撤廃されるべきだ。手元に最高司令部に提出すべく用意した表がある。吉田は特に占領軍の民法規範が「日本の家族制度」にそぐわないケースに言及した。日本人にとって深い意義をもつ占領軍の寛大と善意を認識しているが、家族制度を無視するがごときコードが廃止されるならば、条約の締結に有利な条件を作ることになろう。首相はさらに経済問題に触れて、漁業区域の拡大と造船業の振興、そして日本工業に対する米国投資に言及した。吉田は長期的にみた中国との貿易の必要性を語った。現在のように共産党の支配下の中国にあっては、当面は成果は期待できないとはいえ、長期的にみれば、中国人は「戦争は戦争、貿易は貿易（war is war, and trade is trade）」と見ているので、日中間では合理的なレベルの貿易は可能だ。この文脈で、吉田は日本のビジネスマンは、中国との長い貿易経験をもつので、中国の共産主義者たちに対して、「民主主義の第五列〔別動隊〕」を〔貿易を通じて〕送り込むことができる、と〔シーボルド大使は吉田お得意の第五列論について、注釈を付している〕。

これに対してダレスは、これらの経済問題の多くは、いくつかの連合国の利害が関わるので、解決は難しいと指摘し、連合国の多くはあれやこれやの理由を付して、日本にある制約を課していると説明した〔米国が対日交渉の戦術として「一部の連合国の反対」を挙げたこともあろうが、交渉の過程で一部の連合国がそれぞれの主張を展開したことは事実である。たとえばフィリピンは日本への賠償として八〇億ドルを要求したことがあるし、オーストラリアは天皇を戦犯として訴追することを最後まで要求した。しかしながら、最大の異論をもつソ連を排除することによって講和交渉は米国の主導性を確保したまま、米国ペースで進められた〕。

米国が寛大な態度を示しさえすれば、他の連合国は米国にしたがうはずだと吉田は感じていたようだ。条約に対する吉田の態度全体は、相対的に単純で、米国は望む通りに何でもできる立場にあるというものだった。

これに対してダレスは、条約は重大な事柄であり、日本人がその形式を受け入れれば済むというものではない。日本の世論全体が受け入れるものでなければならないと述べた。

こうしてダレスは、米国が示した「七ヵ条の覚書*」に対する野党の立場について、吉田の意見を尋ねた。

＊①領土の本土および付属島嶼への限定、②占領終了後の日本の安全保障、③日本の将来の再軍備如何、④基本的人権規定、⑤文化関係、⑥麻薬取締り、野生動物保護等、国際福祉関連、⑦船舶建造等、日本の経済の規制。

国会で支持を得るうえで真の困難はないと吉田は信じているように思われた。*

＊ 一九四九年一月二三日の総選挙で吉田の民自党は解散前の一五二議席から二六九議席となり、単独で五八％の過半数を獲得した。片山、芦田両内閣の与党であった社会・民主・国協の三党は激減した。吉田の民自党は同じ保守系の民主党との連立を働きかけ、五〇年三月には民主党連立派の二三名を吸収して名を自由党に改めた。吉田はこの選挙で初当選した池田勇人を蔵相に起用し、第二次吉田内閣で議席のないまま官房長官にしていた初当選の佐藤栄作を与党の政務調査会長に据えた。

そしてダレスに対して、自由党と国民民主党（苫米地義三が一九五〇年四月二八日に結成した。苫米地はサンフランシスコ講和会議で野党を代表する一人として調印した）との間には条約問題で承認するという秘密協定があると伝えた。日本人は条件を待ち望んでいるので、どんな内容でも喜んで認めるであろう。ダレスは事柄の重大な性質を再度強調し、日本国民の大方によって理解され、支持されるものでなければ「成功しないし、長続きしない」と述べた〔ここに条約にかけるダレスの心構えが出ている。吉田をカウンターパートとして交渉を進めるが、その妥結内容は日本国民の大方によって支持されるものでなければならない。これは当時の吉田政権の基盤が安定とはいいがたいことを懸念していたことを示す〕。

ダレスは天皇に会うべきか

先に述べたように、二月七日午前九時三〇分、ダレス訪日団の「スタッフ〔打合せ〕会議」が開かれたが、この会議の模様はフィアリーの覚書（*FRUS*, 1951, Vol. VI, pp.863-866）によれば、議題は、

①再軍備問題、②対話相手、③吉田首相との交渉、④賠償問題、⑤朝鮮作戦の支援の五つであった。

②の対話相手の中で、ダレスは天皇謁見問題を提起した。フィアリーはこう記している。

――ダレス大使は天皇の表敬訪問を提起した。しばらく考えたのち、ダレスは表敬すべきだと述べた。この問題を考える際に、表敬が日本における訪日団の印象をよくすることは疑いないが、講和条約がまとまる前に、「天皇がダレスを表敬する」のではなく、「ダレスが天皇を表敬する」ならば、フィリピン、オーストラリア、ニュージーランドとの調整がより困難になろう。日本問題を解決するには、まず同盟国のことを第一に考えるべきだ。シーボルドはダレスに同意して、天皇を表敬しないのがベストだ、と述べた。占領以来ダレスは他の誰よりも多くの日本人と会っているから、すでに十分だ、と補足した。マッカーサーは〝天皇が条約に署名すること〟を想定しているが、天皇は署名するのかとジョンソンが問うた。条約作成の過程で天皇が役割を果たすとは思わない、とダレスが述べた。私の知る限り、天皇は旧憲法下においても署名したことはないとスピンクス〔Nelson Spinks, First Secretary of Mission〕が補足した。バブコック大佐がオーストラリア人はとりわけ天皇に対して神経質だと述べた。天皇表敬は日本人の立場からすると望ましいが、連合国に与える悪影響を使節団は評価しなければならないとマッカーサーが述べていたとダレスが述べた。

このような検討を経て、いったんは「天皇表敬は行わない」ことを決めた。

ダレスの天皇表敬

しかし一九五一年二月一〇日、結局のところ、ダレス夫妻とシーボルド夫妻の天皇表敬が実現した。その経緯はフィアリーの覚書（*FRUS*, 1951, Vol VI, pp.871-873）によると、以下の通りである。

――ダレス大使いわく、吉田茂首相が前夜〔九日〕の夕食会で、もしダレス大使が天皇を表敬して下さるならば、天皇はたいへんお喜びになるであろう、と婉曲な提案を知らせてくれた。これについてダレスは吉田に対して「ワシントンに伺いを立てる必要があり、その返事が間に合うかどうか」と言葉を汚した。ダレスが国務省のマーチャント（東アジア担当次官補）に電話で聞いたところ、その後「訪問可」とするアドバイス返電が届いた。そこでダレスは、ようやくダレス夫妻とシーボルド夫妻とともに社交的な天皇訪問を行う計画を立てた。

国務省の許可を得たうえで慎重に行われたダレス使節団の表敬訪問の結果をシーボルドの「天皇との対話覚書」（*FRUS*, 1951, Vol. VI, pp.873-874）は、次のように国務省に報告している。

――今朝〔二月一〇日〕決められた準備にしたがって、ダレス夫妻とシーボルド夫妻は、天皇裕仁の謁見をうけるために、東京の皇居に行った。謁見は私的な部屋で行われ、親しみやすい、誠実な雰囲気のもとで行われた。出席者は天皇裕仁のほか、松平康昌、三谷隆信〔一八九二～一九八五。外交官を経て宮内庁侍従長〕、通訳松井明〔一九〇八～一九九四。外交官、一九四九～五三年昭和天皇の通訳、サンフランシスコ講和会議には吉田首相の秘書官として随行。「松井手記」は朝日新聞に報道あり〔二〇〇二年八月五日〕〕である。

若干の非政治的な事柄についての会話の後、シーボルドの示唆によりダレスが手短に訪日で得た成果を説明し、条約は米国、連合国と日本との三者で結ぶことになったと述べた。ダレスはまた条約と共に「日本の要請で結ぶ二国間協定」〔日米安全保障条約を指す〕について手短にコメントし、米国の軍隊は日本内外に臨時的措置として、日本が自身の防衛力を準備できるようになるまで駐留することも説明した。この説明に応えて天皇は、心からなる同感とダレス使節団と日本政府との間で行った友好的な「交渉」方式について米国への感謝を表明した。

ダレスはこう述べた。——万一必要な場合に、天皇が条約を支持して下さることを希望する。日本国民全体が公正で無理のないと米国が信ずる条約を支持されるよう希望している、と。天皇は重ねて同感の意を表し、言及されたコンセプトに完全に同意すると述べた。

会話の過程で、天皇はこう述べた。「日本軍が他の国において、多くの犯罪行為を行ったことを私は十分に知っており、それゆえにアジアの人々はおそらく日本に対して友好的ではない。日本はこれを教訓として、悪い評判を克服して、アジアの人々と平和的に共存することを希望する」。

天皇はまたこう述べた。「私は日本が米国と戦争を行うことを止めさせる力がなかったことを申し訳なく思う。当時の環境のもとで、私にできることは少ししかなかった」と。謁見を終えるに際して、ダレスは天皇の挨拶をトルーマン大統領に伝えてもよろしいかと尋ねたところ、天皇はダレスにぜひともそうしてほしいと依頼し、「日本と米国がつねに平和的に共存することを願う」と表明した。

天皇によるダレス謁見は、三度にわたる吉田・ダレス会談を通じて講和条約草案の骨格について「協議が整った後で」、その概要をいわば「内奏」した形であり、「天皇による政治介入」（豊下楢彦『安保条約の成立』Ⅶ章）といったものではなく、重要な外国賓客を接遇する、新憲法の定めた象徴天皇としての任務に忠実なものと解釈するほうが自然であろう。豊下は天皇のダレス謁見が「この一回に限られる」という事実を正しく認識できず、途方もなく拡大して、次のように妄想している。「数回もという言葉は、これら三回を意味しているのであろうが、これら以外にまだ知られていない会見があったのか定かではない。また、天皇が具体的にどのような献身をなしたのかも明らかではない」「このメッセージから推察できることは、天皇とダレスとの間を直接結ぶ然るべきチャネルが存在し機能していたこと、そしてダレスは天皇を象徴天皇としてではなく、もっとも重要な交渉相手であるとともに同盟者とみなしていたであろう」（『安保条約の成立』一八六ページ）。これは甚だしい曲解といわなければならない。

4　講和条約の調印国・調印者問題

調印国

米英草案の二三条には、調印予定国としてオーストラリア、ビルマ、カナダ、セイロン、中国、フランス、インド、インドネシア、韓国、オランダ、ニュージーランド、パキスタン、フィリピン、英国、北アイルランド、ソ連、米国、都合一七ヵ国を挙げている。

一九五一年九月にサンフランシスコで講和条約調印式を行った際に、実際に調印したのは、オーストラリア、カナダ、セイロン、フランス、インドネシア、オランダ、ニュージーランド、パキスタン、フィリピン、英国、北アイルランド、米国、都合一二ヵ国であり、ビルマ、中華民国、中華人民共和国、インド、韓国、ソ連の六ヵ国は、参加しないか、あるいは調印しなかった。

じつは一九五一年五月に米英草案が成ったとき、この半年以上も前の段階でソ連抜きは、「事実上の方針」として内定していた。しかしながら表向きは、連合国宣言のタテマエを尊重してソ連抜きを公言せず、調印式への参加もソ連に呼びかけた。ソ連は出席して反対意見を述べて、調印を拒否した。

なお中華民国（台湾）は、日本国との講話条約の発効日と同じ一九五二年四月二八日に日華平和条約を調印した。この時点で中華民国は米国と外交関係を保持していた。中華人民共和国については、二〇年後の一九七二年（昭和四七年）九月二九日、日本と中華人民共和国政府が共同声明に調印し、日中国交正常化を実現させた。この声明で「唯一の正統政府として中華人民共和国」を認めたことにともない、日本は、台湾の中華民国とは法的に断交した。

今日の東アジアの緊張状態を考える上で、中国（中華人民共和国）と韓国・北朝鮮がサンフランシスコ講和条約に参加しなかった経緯は、特に記憶にとどめられるべきことである。

ソ連排除をいつ決定したか――全面講和→各国別講和→片面講和

では、米国がソ連排除を決定したのはいつか。一九五〇年九月二七日にニューヨークでフィリピン外相兼外務大臣ロムロ将軍とダレス、アリソン、スタントン・バブコック大佐との会談が行われたが、このときに用意された資料「対日講和条約の覚書」（*FRUS*, 1950, Vol.VI, p.1310）に、「三つの選択肢」の検討結果が記されている。

a案は、ソ連を含めて全戦勝国と日本との多国間講和である。b案は、（米英案に）賛成する全戦勝国と日本との多国間講和である。ただし（ソ連は賛成しそうにもないので）ソ連を除くことになろう。c案は、日本と各戦勝国が個別に講和を結ぶ方式である。

この文書は、これら三つの選択肢を挙げた後、現在の国際情勢からして、a案は除外して、b案とc案のいずれかを選ぶとした。ここで、c案の事例としてフィリピンと日本について検討する。フィリピンのように、日本と比べて「小さく弱い国」は、交渉過程で不利益を蒙るであろう。また戦勝国の間で、対日交渉において「競争とライバル関係」が生まれるならば、日本の地位を不当に強化する結果になる。

こうして個別講和のc案が消され、結局は、ソ連を除外することになるb案に落ち着いた。この場合、「拒否権方式はありえず、すべての協定はすべての参加国の三分の二の多数決で決定すべきだ」(*FRUS*, 1950, Vol.VI, pp.1310-1311)。

こうして「小国・弱国フィリピン」を事例として、「ソ連を除く全戦勝国との講和」案を固めつつあった時、オーストラリアから参加国問題について問い合わせがあり、国務省北東アジア課のフィアリーは、「米国としては、他の利害共有国の同意が得られるならば、ソ連抜きで手続きを進めたい」と答えている。また中華民国については、現に極東委員会と対日理事会のメンバーを務めている中華民国が引続きこの地位にとどまることを、もし他の利害共有国の同意が得られるならば、堅持したい」と答えた(*FRUS*, 1950, Vol.VI, p.1327)。

この文書に日付はないが、フィアリーからアリソンに宛てた覚書の日付は一九五〇年一〇月二六日であることからして、ホワイトハウスでは六月二五日の朝鮮戦争勃発から一〇月までの間の早い段階でソ連排除の意志決定が行われ、その後で、国務省が右のような「説得の論理」を案出したものと思われる。ちなみにソ連が中華人民共和国と中ソ友好同盟条約を結んだのは、一九五〇年二月一四日であり、この条約を前提として北京政府は朝鮮戦争に義勇軍を派遣した経緯がある。朝鮮戦争の六月開戦から約四ヵ月を経て、米国が中ソを排除しつつ対日講和を進める基本枠組はここで固まったと見てよい。

日本の調印代表団

さて、日米間では、条約の内容上の検討に加えて、誰が日本を代表して調印するかをめぐって、さまざまの折衝が行われた。

ダレス側としては、文字通り全日本を代表しうる人物を求めた。結局は、吉田茂首相のほかに、内閣から池田勇人（蔵相）、政党代表として、苫米地義三（国民民主党）、星島二郎（自由党）、参議院を代表して徳川宗敬（参議院緑風会）、経済界を代表して一万田尚登（日銀総裁）が署名した。

当時はこれら六名によって日本を代表させたのであったが、ここに決定が落ち着くまでの日米間のやりとりを見ておく。

一九五一年四月、ダレスは三度目の訪日を行い、講和問題についての日米間の協議の骨子を固めた。一八日に行われたダレス・吉田会談では、どこで講和会議をやり、調印式を執り行うか、日本からの出席者を誰に決めるか、等を協議した。ダレス・吉田会談の結果は国務省北東アジア局のフィアリーの会談覚書は次のように記している（*FRUS*, 1951, Vol.VI, pp. 985-989）。

・四月七日付英国草案は四月九日に在英米国人使館を通じて手交された。

・ロンドンの英連邦高等弁務官に今日手渡された条文草案は来週フランス政府とオランダ政府に手交されよう。これをソ連、ＣＰＧ〔Communist Party Group すなわちソ連衛星国の略か〕、フィリピン、ビルマ、インドネシアに渡す考えは当面なし〔これは極めて重要なポイントだ〕。

・オーストラリア、ニュージーランドの反対があらかじめ予想されるので、〔日本の〕造船能力に対する制約条項は削除済み。

・英国草案を日本政府に提示することは適当とは思わないが、フィアリーはコピーを前日に井口貞夫（外務次官）と西村熊雄（外務省条約局長）に見せた。

・ダレスは吉田に対して、ダレス使節団の離日前に草案についての日本政府の見解を知らせてもらえるならば、助かると伝えた。

・ダレスは造船業や他の産業に対する制限条項を削除したことを指摘するとともに、この削除は英国の駐米大使が了解したことを意味するものではなく、依然反対を留保していると述べた。

・英国政府は中国の講和参加問題を提起し、中華民国（台湾）から中華人民共和国（北京）に代えるよう提案した。

・中国代表の問題はいずれは扱うことになるが、当面は異質の問題によって講和が妨げられるのを避けたいと米国は考える〔中国内部の中国国民党から中国共産党への政権交代と切り離して対日講和をまず考えるの意であるが、このように中国問題を切り離した結果として、多くの日本人に日米戦争から日中戦争を切り離したイメージを定着させた。対中・対華講和の切り離しは、サンフランシスコ講和条約の最大の欠陥の一つと見るべきである〕。

・英国がこの問題を提起したのは、「共産党政府を支持」してのことなのか、それともこの条約によって「中国代表問題に結着をつける」ためなのか、その意図は分からない。英国の態度をもっと明確に知りたい。
・過去二ヵ月間、条約交渉はマッカーサーからリッジウェイ*へのSCAPの人事交代にもかかわらず、大いに進展した。

＊マシュー・リッジウェイ Matthew B. Ridgway（一八九五〜一九九三）——ダグラス・マッカーサーの後任として一九五一〜五二年の約一年間、GHQの第二代総司令官を務めた。

・日米交渉で合意されたものがマッカーサー解任によって影響を受けるか否か、英国の立場はこれからどうなるかを私〔ダレス〕は知らないが、日本政府は米国の観点はいささかも変わらないことを確信してほしい。

講和条約開催地と調印問題

以上に加えて、ダレスは賠償・補償問答、行政協定問題等を提起したが、ここでは会議開催地、調印問題だけを紹介しよう。講和のための調印会議の場所と署名者について、ダレスと吉田の間で以下のような会話が行われたことをフィアリーは記録している。

・ダレスは吉田に調印式の場所についての意見を求めた。「特定の考えはない」と吉田は答えた。

「東京開催には反対か」とダレスが問うたのに対して吉田は「寛大な講和内容からして東京開催に日本人が反対するとは思わない」と判断を述べた。「講和内容が屈辱的なものならば、東京を避けるべきだが」とダレスはいいつつ、ダレスにも特定の考えはないとここでは述べている。

・吉田が考える一つの問題は、ワシントンか他の外国都市か、それを選ぶ場合に、「日本代表団を誰に決めるか」が課題だと述べた。「仮に国内政治の状況次第で吉田自身ではないとすれば、参議院の佐藤尚武議長が適当だと思う」「もし会議が東京で開かれるのならば私がその任に当たってもよいのだが」(*FRUS*, 1951, Vol.VI, p.988)。〔吉田首相が全権代表に誰を選ぶかについてこだわったのは、主として「国内政治」の観点に基づくことは明らかだ。これは国内政治に弱い吉田の背景からして当然に予想できることだ。しかしながら、後述のように、豊下楢彦『安保条約の成立』(二一五ページ)は、この問題を吉田が日米安保の内容に不本意なためと曲解し、強調している〕。

・ダレスが言うには、開催地と代表団を決めるには、まだ機が熟していない。日米以外の政府から提案があるかもしれない。「どこで講和会議が行われるにせよ、日本からは強力な、責任をもてる代表団を送ることが肝要だ」「ベルサイユ条約は、二人の事実上無名のドイツ人が最後の段階で選ばれた」〔それゆえ、この条約は軽視された、とダレスは第一次大戦後の対独講和の失敗を示唆している〕。

吉田は熟慮の挙げ句に、米国を候補地として残しておく腹かとダレスは忖度した。東京で開くには各国の大使を招く高級ホテルが著しく不足していた。日米の中間をとってハワイで開催する案も登場した。最後には国連の創立総会を開いたサンフランシスコに落ち着いた。この事実も、戦勝国連合としての国連が講和会議の招請者であることからして、各国にとって受け入れやすい都市であったと見てよい。

吉田はその後、七月一二日、講和交渉の進展状況を天皇に内奏した。そして天皇の了解を得た上で、直ちに団長就任の意向をシーボルドに伝えた。シーボルドは吉田の連絡を一週間後、すなわち一九五一年七月一九日、ダレスに次のように報告した（*FRUS*, 1951, Vol.VI. pp. 1207-1208）。

——七月一二日、井口は厳重な秘密として、天皇の謁見を経て吉田が今朝、日本代表団を率いることに同意すると伝えてきた。私〔シーボルド〕は前に二回話して今日も繰り返したが、日本は可能なかぎり最強の代表団とすべきであり、数人の代表が広範な基盤から選ばれて会議に出席するのがよいと。私が思うに、国務省としては日本代表団を招くと同時に、連合国をも招くのがよい。「開催時期」の問題は重要ではないが、招待状を吉田の手元に送ることは、吉田が代表団のメンバーを選考するうえでやる気と権威力（morale and strength）とを彼に与えることになろう。

このシーボルド発ダレス宛の電報から、米国側がダレスの帰国後に二回にわたって、日本からは、日本国民を真に代表できる、それゆえに「強力な代表団を派遣する」必要のあることを繰り返しただけでなく、通告を受けた当日も、重ねてその旨を強調したのであった。

吉田・ダレス会談とその後の日米事務折衝からして、米国は、吉田を団長とする代表団を組織すべきこと、それは超党派のものでなければならないこと、政界のみならず経済界等から見ても日本を代表するにふさわしい人々であることを要請していた。吉田が熟考を重ねたのは、ほかでもない一連の米国側の強い要請を踏まえて、これに応えるための人選を胸算用したのであった。

ダレス側がこのように慎重な講和会議を構想したのは、いうまでもなく第一次大戦後の対独ベルサイユ会議の失敗に鑑みてのことだ。ドイツは屈辱的な講和会議に際して、「無名の、実力のない代表」を派遣しておき、その後あっさりと条約を反古にした。今回の対日講和においては、「ベルサイユの失敗」を断じて繰り返してはならないというのがダレスの決意であった。

第3章　なぜ沖縄の軍事占領が継続されたのか

――豊下楢彦氏の講和論の虚妄――

豊下楢彦教授は一九九六年に『安保条約の成立――吉田外交と天皇外交』（岩波新書、二〇一三年第九刷）をあらわし、二〇〇八年に『昭和天皇・マッカーサー会見』（岩波現代文庫、二〇一三年第一〇刷）を書いた。*さらに二〇一二年に『「尖閣問題」とは何か』（岩波現代文庫、二〇一三年第四刷）を書いた。

＊良書が版を重ねることは歓迎さるべきだが、豊下本のような欠陥の多い記述が外国書でも引用され、それが邦訳書となって日本でさらに流布する一例を、たとえばハーバート・ビックス著『昭和天皇』（下巻、二四七ページ以下）に見出すことができる。典型的な悪循環のケースである。

私は二〇一二～一三年に尖閣問題について三冊の本（『チャイメリカ』花伝社、二〇一二年、『尖閣問題の核心』花伝社、二〇一三年、『尖閣衝突は沖縄返還に始まる』花伝社、二〇一三年）を書いたので、まず豊下本『「尖閣問題」とは何か』を参照して、その記述に疑問の多いことを発見した。

その後、尖閣問題に関わる私の四冊目のもの、すなわち本書の執筆過程で、豊下『安保条約の成立』と『昭和天皇・マッカーサー会見』を参照して、『「尖閣問題」とは何か』に劣らないほど大きな疑問を感じた。そこで、この機会に豊下著作の論評を試みる。書評執筆の順序は、以上の通りだが、ここでは、天皇制という主題との関わりで、まず『安保条約の成立』（以下『成立』）と『昭和天皇・マッカーサー会見』（以下『会見』）を論評したい。

1　要としての沖縄——天皇のマッカーサー訪問と、マッカーサーとケナンの対話

沖縄占領についての「天皇メッセージ」

一九四五年九月二七日、天皇は東京のアメリカ大使館を訪問し、マッカーサーと会見した。その会談を踏まえて一九四六年元旦に、天皇の人間宣言（「新日本建設に関する詔書」とも呼ばれる。朝河貫一の絶筆「新生日本の展望」（本書補章）は、ここから表題を借りたものと思われる）が行われた。このような天皇側の対応を踏まえて、ＧＨＱは天皇の不訴追を決定した。軍国主義者に対する公職追放指令には天皇を含まないことが明らかになった。この間、天皇は、三月一八日、二〇日、二二日、四月八日（二回）の計五回にわたり、松平慶民宮内大臣、木下道雄侍従次長、松平康昌宗秩《そうちつ》寮総裁、稲田周一内記部長、寺崎英成御用掛の五名を相手に『昭和天皇独白録』を語った（文春文庫、一九九五年）。

一九四六年五月に極東国際軍事裁判が始まった。そして五月三一日、第二回目の天皇・マッカー

サー会見が行われ、さらに四六年一〇月一六日、第三回目の天皇・マッカーサー会見が行われた。天皇の「独白」に接する機会のあった御用掛の寺崎英成は、一九四七年九月一九日、日本橋三井ビルの三階にあったシーボルドGHQ政治顧問室を訪問した。寺崎はこの際に、琉球諸島の将来と、米軍による沖縄の軍事占領を継続する件に関して天皇の意見を伝えた。これがいわゆる「天皇の沖縄メッセージ」である。

エルドリッジの労作『沖縄問題の起源』（ロバート・D・エルドリッジ『沖縄問題の起源』名古屋大学出版会、二〇〇三年）は寺崎・シーボルド会談を以下のように分析している。

――マッカーサー宛てに記された会談の覚書によれば、寺崎は「沖縄の将来に関する天皇の考えをシーボルドに伝えるため」に彼を訪れた。まず寺崎が「天皇は、沖縄をはじめ、その他の琉球諸島に対する軍事占領を米国が継続するよう希望している。天皇の意見では、そのような占領はアメリカの利益になり、日本を防衛することにもなる」と切り出した。「天皇が思うに、そうした措置は日本国民の間で広範な賛成を得るであろう。国民はロシアの脅威を恐れているばかりではなく、占領後に左右両翼の勢力が台頭し、日本の内政に干渉するための根拠としてロシアが利用し得るような『事件』を引き起こすのではないか、と懸念している」「天皇によれば、沖縄（その他必要とされる諸島）に対する米国の軍事占領は、主権を日本に残したまま、長期（二五年または五〇年以上の）租借方式という擬制（fiction）に基づいて行われるべきである。このような占領方式は、米国が琉球諸島に対していかなる恒久的野心も持たないことを日本国民に確信させ、これにより他の諸国、とりわけソ連や中国（ここでは中華民国を指す）による同様の権利の要求を封ずるであろう」「（米軍駐留の方式は）沖縄に対する軍事基地権の取得は、連合国の対日講和条約の一部としてではなく、むしろ米国と日本との二国間租借条約によるべきである」「（対日講和による軍事基地の取得は）押しつけられた講和という色合いが強すぎ、日本国民から好意的理解を得られない」（『沖縄問題の起源』一〇七ページ）。

寺崎・シーボルド会談記録*を発見したのは、筑波大学の進藤栄一教授であり、「分割された領土——沖縄、千島、そして安保」（『世界』一九七九年四月号、三一—五一ページ）として発表した。さらに一九七九年一〇月号『世界』に「『天皇メッセージ』再論——戦後外交資料の読み方」で、批判に対する反論を展開した。その論点は裕仁天皇の政治に対する「介入」と見るべきか否か、「沖縄を犠牲にした」と見るべきか否か、であった。最も典型的な天皇批判は、豊下楢彦『安保条約の成立——吉田外交と天皇外交』であるが、私はここで豊下『成立』に対する疑問を提起し、その所説を批判する。

＊　寺崎英成とシーボルドの会談記録は、メリーランド州カレッジパークにある米国公文書館で保管。United States Political Adviser for Japan to Secretary of State on the Subject of the Emperor of Japan's Opinion Concerning the Future of the Ryukyu Islands, September 22, 1947, Despatch No. 1293. With Attached Memorandum for MacArthur, September 20, 1947. Central Decimal File, 1945 ~ 1949 (890.0146/9-2247), RG 59, General Records of the Department of State, National Archive).

寺崎・シーボルド会談および天皇メッセージの真偽については、一九七九年当時以来議論が行われてきたが、その後、一九九一年に『昭和天皇独白録』(寺崎英成・マリコ寺崎ミラー編『昭和天皇独白録――寺崎英成・御用掛日記』文藝春秋、一九九一年)および『入江相政日記』(入江相政『入江相政日記』五巻、朝日新聞社、一九九一年)が刊行され、会談とメッセージの背景が明らかになり、資料の真偽論争はひとまず結着した。とはいえ、それらをどのように読むか、その解釈は依然大きな課題として残されている。

エルドリッジによれば寺崎・シーボルド会談が行われたのは一九四七年九月一九日であり、シーボルドは直ちに覚書を作成し、二〇日「天皇メッセージ」に「前書き」を付してマッカーサーに送付した。エルドリッジはこう解説する。「ここでマッカーサーが戦略上の必要性を理由に基地を維持し、また日本政府の琉球に対する主権を排除して米国がこれらの島々を排他的に支配することを主張してきたことが想起されねばなるまい。報道などを通じてそうしたマッカーサーの見解を知っていたと思われる天皇は、メッセージを通して日本の琉球に対する主権放棄という事態を阻止しようとしたのである」(エルドリッジ『沖縄問題の起源』一〇八ページ)。

二日後の九月二二日、シーボルドは「注目すべきは日本国天皇が、米国に沖縄やその他の琉球諸島に対する軍事占領を続けるよう希望していることである。これが主として国益(self-interest)に基づいた希望であることは疑いない」とする見解を国務省に送付した。国務省極東局はこれを九月三〇日に受け取り、ボートン日本部長はこの覚書を参考にした、とエルドリッジは見ている(エルドリッジ著、一〇八ページ)。

ケナン—マッカーサー会談

同じ時期に対日政策の再検討と沖縄の最終的処理を検討していたジョージ・F・ケナン（国務省政策企画室長）にも、覚書のコピーが転送された。一九四八年三月一日、ケナンはマッカーサーと昼食をとるが、その詳細な会話記録が国務省に残されている（*FRUS*, 1948, Vol.VI, pp.697-699）。

マッカーサーはここで日本占領の意義を世界史に見られない成功例と語り、これに匹敵するのは、ジュリアス・シーザーの遠征のみと自讃している。シーザーの土地改革が成功した結果が「フランス農民の独立性」として現代にもその結果が残されている。他方、マッカーサーは日本に民主主義とキリスト教精神を教え、全体主義の統治から解放したと誇った。

ケナンは三月五日にもマッカーサーと会談した（*FRUS*, 1948, Vol.VI, pp.699-706）。ケナンはマッカーサーとの対話を次のように報告している。

——現在の占領政策はポツダム宣言に基づいて行われているが、同宣言の目的は「占領直後の課題」にのみふさわしいものであり、これはすでに実現された。現在の課題は日本社会の安定であり、自立である。講和条約が結ばれ、米軍が撤退した暁に、日本をどのように守るのか、それが問題だ。①この地域に対する米国のしっかりした安全保障政策が不可欠だ。②経済復興計画が必要だ。③占領政策の緩和により、日本政府が責任の肩代わりを行う必要がある。

マッカーサーによれば、極東委員会と連合国対日理事会では、いつも米国案が反対され、日本の実情に即した占領行政を行うよりも、内部の意見調整に時間を要した。マッカーサーに反対したのは誰

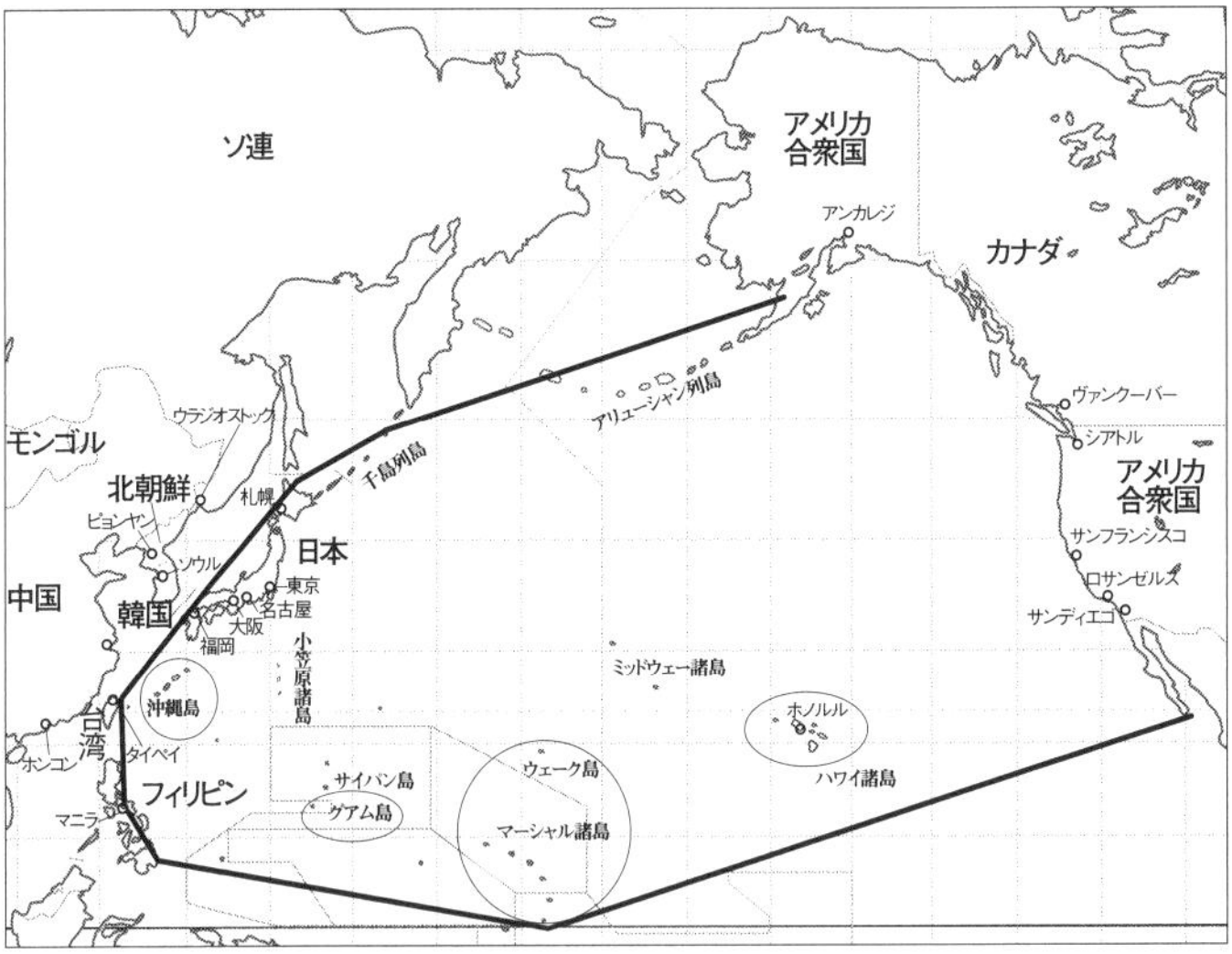

地図　U字型の米国防衛線

か。主題によって異なるが、まずソ連や中華民国の反対が予想されるが、反対者はそれだけではない。英連邦を構成するオーストラリア、ニュージーランド、そしてフィリピン等では、日本の戦争責任を追及する声が強かった。マッカーサーによれば、アリューシャン、ミッドウェー、旧日本委任統治領〔マーシャル諸島を指す〕、クラーク空軍基地（フィリピン）、そして沖縄に至るU字型の米国防衛線のなかで、沖縄は最も先進的であり、かつカナメの地点をなしている。それゆえ北緯二九度以南の琉球弧に対しては米国単一の完全な管理を堅持しなければならない。日本本土についていえば、講和条約以後は、本土のどこにも基地を保有する必要はない。米国が保有せずを選択するのは、連合国の他の国にも、それを要求するためにほかならない。マッカーサーはケナンに他の連合国〔ソ連を指す〕がそれを狙っていることが気がかりだと述べた。経済復興について見ると、極東委員会の他の国は恥知らずなほど利己的で否定的な態度を日本に対して示した。

二回にわたるマッカーサーとケナンの対話を踏まえて、一九四八年三月二三日、夕刻六時、マッカーサーの執務室で、国防部副長官ドレーパー将軍、シャイラー准将とケナンとの対話が行われ、ケナンは「日本の再軍備」を提起した。ドレーパー将軍は冒頭、占領軍の日本撤退に呼応して日本に「小規模の防衛部隊」を用意することを米国陸軍省では検討しているとして、マッカーサーの意見を求めた。

マッカーサーはトルーマン大統領が一九四七年三月、すなわち一年以上も前にこの話題を提起して、オーストラリアのエバットは支持し、マッカーサーも賛成し、ソ連を除くすべての東アジア諸国は賛成したが、ソ連は拒否権こそ使わなかったものの、賛成しなかった。当時は米ソ対立はまだ公然化していなかった。

その後、条約問題がもつれている間に中国情勢が変化して、中華民国側が劣勢になり、のちに中華人民共和国を成立させるゲリラ軍側が勢いを増した。もし中華民国がいま講和条約の交渉に参加しているならば、日本に対して懲罰的、制約的な条項を主張して、日本経済の復活をいっそう傷つけたであろう。ロシアは米国の指導性を減殺するであろう。それゆえ講和会議からソ連を排除すべきである。そして現行の米ソ緊張のもとでは、「講和条約の最終決定まで日本における米国占領軍は保持すべき」である。

ケナン上申書

マッカーサーとの意見交換を踏まえて、ケナンは米国の対日政策に対する「上申書」を一九四八年三月二五日に書いた（*FRUS*, 1948, Vol.VI, pp. 691- 696）。ケナンは沖縄基地の「永久使用」をこう提案した。「米国政府は沖縄に恒久的施設をもつことについて決断すべきだ。それにしたがって琉球の基地の開発を進めるべきだ。国務省は、琉球諸島に対する米国の恒久的な戦略的支配を可能ならしめる国際的認可を確保する問題の研究に直ちに着手すべきである」。

このケナン提案書は、公職追放者の解除等による経済復興、政治社会秩序の復活のほか、共産主義に対する日本の抵抗力の養成などを論じた後、「日本は講和条約の成立前に、防衛力の空白を生じさせては断じてならない」とマッカーサーが述べた見解をケナンは断固として支持すると強調している（*FRUS*, 1948, Vol. VI, pp. 712-719）。

一九四八年一一月一二日、極東国際軍事裁判所は戦犯二五被告に有罪判決を下し、東条ら七名に死刑判決を下した。この日に寺崎はシーボルドを訪ねて、有罪判決にかかわらず、「天皇は退位せず」と天皇自身が決断したことを伝えた（*FRUS*, 1948, Vol.VI, p.896）。

2　天皇は沖縄を売り渡したか

沖縄分離のシナリオ

寺崎がシーボルドを訪ねて、天皇の沖縄についての考え方を伝えたことを、豊下はどのように見るか。豊下は昭和天皇の「沖縄メッセージ」を扱ったロバート・D・エルドリッヂ『沖縄問題の起源』に触れてこう書いている（豊下『昭和天皇・マッカーサー会見』、一八二―一八七ページ）。

――エルドリッヂはサンフランシスコ講和条約第三条が沖縄の扱いについて、「(米国を) 唯一の施政権者とする信託統治制度の下におく」という提案が国連に行われ可決されるまで、米国が沖縄の「行政、立法及び司法上の権力の全部及び一部を行使する権利を有するものとする」と規定したことについて、「最悪のシナリオである沖縄の日本からの永久分離を回避することができた」という意味において、「その時点で取り得た最高の解決策であろう」と評価する。

――彼〔エルドリッヂ〕が何よりも重視するのは、この第三条に関しダレスが講和会議において「沖縄に対する主権を日本に残す」と言明したことである。ここからエルドリッヂは、「第三条の解釈で琉球諸島に対する日本の主権を確保することができなかったならば、沖縄は信託統治協定によって、あるいは併合によって、永久に日本から分離されるのはほぼ確実であった。それは米軍部の五年来の要求であった。不完全ではあっても潜在主権というような方式が実現しなかったならば、沖縄はより長く、あるいは現在に至るまで占領状態に置かれた可能性が高い。この方式によって、沖縄が日本から恒久的に分離されるという最悪のシナリオは避けることができた」と〔エルドリッヂは〕結論づける。

豊下はエルドリッヂの見解をこのように紹介したうえで、次のように批判する。

――〔エルドリッヂの〕こうした構図は、講和条約第三条の前に位置する第二条のD項を検討するならば、見事に崩れ去る。第二条D項は、かつて日本の委任統治領で南洋諸島と呼ばれたミクロネシアについて、「〔日本は〕信託統治制度を及ぼす一九四七年四月二日の国連安保理の行動を受諾する」と規定している。

――〔一九四六年初頭に〕関係各国はそれぞれの委任統治領を〔国連の新たな〕信託統治の制度下におく意向を次々と表明した。しかし、ミクロネシアについては、信託統治制度の適用を主張する国務省に対し、米軍部が「米兵の血によって勝ち取られたもの」として完全な併合を求め、米国としての政策決定を行うことができなかった。

――米軍部の併合要求は、信託統治委員会の米代表をつとめていたダレスの立場を窮地に追い込んだ。南アフリカが委任統治領のナミビア併合を求めたとき、ダレスはこれに反対しつつ、ミクロネシアの併合は容認するというジレンマに陥った。

――ダレスはこのジレンマから逃れるために、「戦略的信託統治」を選んだ。国連憲章第八二条は

「いかなる信託統治協定においても、戦略地区を指定することができる」と定め、第八三条では「戦略地区に関する国連のすべての任務は安保理が行う」と規定している。ダレスはこれらの条項を活用して、ミクロネシアの米国併合を避けつつ、「海軍が不可欠と考える軍事的権利を獲得する」方向を選択した。ダレスはこうしてミクロネシアを米国の核実験場として確保した。*

* ちなみに、ミクロネシアにビキニ環礁があり、ここでの一九五四年三月一日の水爆実験のために第五福竜丸は死の灰を浴びて、無線長の久保山愛吉は半年後の九月二三日に死去した。

ソ連はこの時に、拒否権を行使せずに、ミクロネシアを米国の戦略的信託統治とすることを支持した。バーンズ国務長官がモロトフ外相に対して、千島列島をソ連に引き渡すヤルタ協定を米国が堅持することを約束したからだ。

米国による以上のようなミクロネシア問題の戦後処理を踏まえて、豊下は次のように論ずる。

――ミクロネシア問題で確認できることは、日本の委任統治の下におかれていた地域（諸島）であっても米国が公然と併合することは不可能であった。ましてや、日本政府が歴史的に「固有の領土」としてきた沖縄を併合することは、いかに米軍部の要求であっても国際的に受け入れられるものではなかった。エルドリッヂの主張する、「信託統治協定によって、あるいは併合によって、永久に日本から分離されるのはほぼ確実であった」という沖縄問題の大前提は、そもそも成り立たない。こうした議論立ては、沖縄問題を日米関係の狭い枠組みにおいてしか検討しようとしない、その研究の基本的な視角そのものから生まれてくる。

ポツダム宣言と沖縄米軍基地

さて、エルドリッヂと豊下の論争を評価するには、沖縄問題が戦勝・連合国間でどのように認識されていたか、その経緯を確認しておく必要がある。

第一はポツダム宣言第八条である。いわく、「八条　『カイロ』宣言ノ条項ハ履行セラルベク又日本国ノ主権ハ本州、北海道、九州及四国竝ニ吾等ノ決定スル諸小島ニ局限セラルベシ」。周知のように、ここでは奄美大島さえ日本の領土から外されている。いわんや沖縄諸島は外されている。豊下は「日本政府が歴史的に『固有の領土』としてきた沖縄を併合することは、いかに米軍部の要求であっても国際的に受け入れられるものではなかった」と書いた。なるほど「沖縄の併合」論は、結果的にはこれは行われなかった。しかし、この事実は日本政府の主張する「固有の領土」論が認められたことを意味しないのだ。ポツダム宣言で認められている日本の領土は、「本州、北海道、九州及四国竝ニ吾等〔連合軍〕ノ決定スル諸小島」に局限されたのであり、沖縄を「固有の領土」とする日本の主張は認められていない事実を認識することが肝要だ。

第二は、連合軍最高司令部訓令第六七七号（一九四六年一月二九日）第三項および第四項である〔SCAPIN第六七七号、一九四六年一月二九日〕。「三項、この指令の目的から日本と言う場合は次の定義による。日本の範囲に含まれる地域として——日本の四主要島嶼（北海道、本州、四国、九州）と、対馬諸島、北緯三〇度以北の琉球（南西）諸島（口之島を除く）を含む約一千の隣接小島嶼。日本の範囲から除かれる地域として――(a)欝陵島、竹島、済州島。(b)北緯三〇度以南の琉球（南西）列島（口之島を含む）、伊豆、南方、小笠原、硫黄群島、及び大東群島、沖ノ鳥島、南鳥島、中ノ鳥島を含むその他の外廓太平洋全諸島。(c)千島列島、歯舞群島（水晶、勇留、秋勇留、志発、多楽島を含む）、色丹島。四項、更に日本帝国政府の政治上行政上の管轄権から特に除外せられる地域は次の通りである。(a)一九一四年の世界大戦以来、日本が委任統治その他の方法で、奪取又は占領した全太平洋諸島。(b)満洲、台湾、澎湖列島。(c)朝鮮及び(d)樺太」。

沖縄諸島については「(b)北緯三〇度以南の琉球（南西）列島（口之島を含む）」と記述されており、「日本の領土から除かれる地域」として明記されている。この(b)項を豊下はどう読むのか。

第三は、ジョージ・ケナンがマッカーサーと三度にわたる討論の後で提起したケナン意見書である（*FRUS*, 1948, Vol.VI, pp. 691- 696）。ここでケナンは、「沖縄米軍基地の永久使用」論を提起して、次のように述べた。「米国政府はいまこそ、沖縄基地の恒久的確保を決意すべきであり、沖縄基地の発展を図るべきである。沖縄を恒久的に戦略管理することについての国際的承認の課題は、国務省が検討すべきである」。

このケナンの「沖縄米軍基地の永久使用」という問題提起を受けて、国務省は一九四八年四月五日に沖縄で会議を開き、沖縄の扱いを検討した（国務省従属地域課のカーゴの覚書によると、出席者は、ラスク、バターワース、ハミルトン、ボートン、アリソン、デイヴィス、フィアリー、グリーン、そしてカーゴであった。*FRUS*, 1948, Vol.VI, pp.722-724〕。

会議を主宰したラスク*が、「沖縄は日本に返還すべきか、沖縄の将来をどうすべきか」と問題を提起し、四つの選択肢を挙げた。

＊　デイヴィッド・ディーン・ラスク David Dean Rusk（一九〇九～一九九四）――一九五〇年に極東担当国務次官補となり、朝鮮戦争に関するアメリカの決定に影響力を及ぼした。その後、ケネディ及びジョンソン政権で国務長官（一九六一～一九六九）を務めた。

①　講和条約の成立まで〔米軍基地を〕保持すべきである〔いいかえれば、これは講和条約後の返還論である〕。

②　沖縄に対して「通常の信託統治を行う」ことを講和会議で提起すべきである〔これは「八二条の戦略地区指定」ではなく、「通常の信託統治を行う」考え方である〕。

③　米国は国連総会に対して、「信託統治の条件承認」を求めるべきである〔沖縄に対して信託統治を行うことについては、「八二条の戦略地区指定」であれ、「通常の信託統治」であれ、両者共に異論が多いので、国連憲章の規定する信託統治の諸条件に適合するか否かについて、国連総会の場で了解をとりつけるべしとする意見であろ〕。

④　「信託統治の諸条件」は、「沖縄の人々」が自らの将来の地位について「然るべき機会に」決定すべき性質の問題である。*「将来の地位」の扱いは、日本への返還に際して継承されるべきである〔これは日本への返還あるいは沖縄住民の意志に聞くべしというもので、最もリベラルな見解であ

る」。

＊国連憲章七七条によると、信託統治制度は次の三ケースに適用される。ⓐ現に委任統治の下にある地域、ⓑ第二次世界戦争の結果として敵国から分離される地域、ⓒ施政について責任を負う国によって自発的にこの制度の下におかれる地域、のいずれかである。ⓐは旧国際連盟によって「委任統治」と規定されたものだから、沖縄はあてはまらない。ⓑの規定は沖縄にあてはまる。ⓒでいう「施政について責任を負う国」（この場合、米国）が「自発的にこの制度の下におく地域」とするのは、未開のどこかを指すものであり、沖縄にはあてはまらない。では、「沖縄の人々」が自らの将来の地位について「然るべき機会に」決定すべき、とされているのは、何を決定するのか。これは七六条のb項を指す。「b 信託統治地域の住民の政治的、経済的、社会的及び教育的進歩を促進すること。各地域及びその人民の特殊事情並びに関係人民が自由に表明する願望に適合するように、且つ、各信託統治協定の条項が規定するところに従って、自治又は独立に向っての住民の漸進的発達を促進すること」。この規定では、沖縄が信託統治を経て、その統治が終わるときには「自治又は独立」することが想定されている。すなわち信託統治以後の「沖縄自治論」あるいは「沖縄独立論」である。

信託統治にそぐわない沖縄

ここでラスクは会議を司会しつつ、こう実感せざるを得なかった。

——沖縄が将来において「日本に返還される」ならば、「信託統治が最も妥当な形式である」とは思えない。この決定は「国連憲章にいう信託統治制度の政策目標」といささか矛盾するのではないか

（*FRUS*, 1948, Vol.VI, pp.722-724）。

ラスクの違和感とはなにか。端的にいえば、沖縄の地位が国連憲章で規定する信託統治の諸規定に、そもそもあてはまらないことであった。たとえばマーシャル諸島は元来は「ドイツ領」として認められていたが、第一次大戦の敗北後、旧国際連盟で「委任統治扱い」とされ、日本が委任統治してきた。第二次大戦後は日本の敗北により、新生国際連合の定める信託統治の原則に照らして検討すると、まさにこれにあてはまる。マーシャル諸島を含む太平洋諸島は、米国の信託統治を終えた後、マーシャル諸島共和国（一九七九年独立）、ミクロネシア連邦（一九七九年）、北マリアナ諸島連邦（一九七八年）、パラオ共和国（一九八一年）と相次いで独立して、米国による信託統治の任務を終えた。ここで「自治」や「独立」は、当初から想定されていたものであり、この文脈で「信託統治」とは、元来「独立に向けて政治的社会的訓練を行う期間」と見なされていたのである。

これに対して、沖縄は、信託統治の規定にほとんど該当しない。戦前から独立国日本の一部として存在していたからだ。諸条項のなかで、唯一適合するのはb項「第二次世界戦争の結果として敵国から分離される地域」という規定だけであった。これに適合することは、カイロ宣言とこれを引き継ぐポツダム宣言の規定から明らかだ。「沖縄は日本敗戦のゆえに、勝者米国によって分離された地域」なのだ。課題は「敵国から分離した後」で、それをどのように扱うかである。沖縄に対して、仮に米国が信託統治を行うとした場合、信託統治を終えた後に、どう扱うかが難しいのだ。

一般規定に基づけば、たとえばマーシャル諸島のように当然「独立」が最も望ましい。しかしながら、沖縄は未開のマーシャル諸島とは異なり、元来「独立国旧日本帝国の一部」であった。そして住民の意識を調べても、「独立」論よりは、日本復帰論が圧倒的に強いことを、一九四五年以来数年の軍事占領を通じて米国は熟知していた。

こうして、①沖縄は国連憲章にいう信託統治のどの条項にあてはまるのか、②信託統治を仮に行うとすれば、ポスト信託統治期の政治形態は日本復帰なのか、独立か、これらの扱いが難題として、米国を悩ませていたことが担当者たちの記録から浮かびあがる。

現実の動きを見ておくと、ケナンの提案はトルーマン大統領の出席する会議で承認され、NSC13／2という略称で呼ばれる国家安全保障会議の重要方針が成立した。この文書には「降伏の条件」とか「ポツダム受諾」とか、敗戦国日本の立場が繰り返し強調されており、敗戦国日本に対する「沖縄処分」の色彩が濃厚だ。

豊下はエルドリッヂを批判する文脈で、「エルドリッヂの主張する、『信託統治協定によって、あるいは併合によって、永久に日本から分離されるのはほぼ確実であった』という沖縄問題の大前提は、そもそも成り立たない」と指摘しているが、ここではエルドリッヂの理解が正しく、豊下は、誤解している。

豊下は、「講和以後に確認された沖縄の地位」から逆に類推して「処分未定の沖縄」を扱う過ちを犯している。講和前と講和後とでは、「日本の地位」も、「沖縄の地位」もまるで異なる。講和前は「戦勝国と敗戦国との関係」であり、講和後は「対等な独立国同士の国家関係」である。後者の論理を前者に持ち込むことは厳に戒めるべきである。豊下の論理には、随所にこの混同が見られる。その混同のゆえに、天皇がなぜ沖縄メッセージを発したのか、その理由が理解できなくなり、沖縄を売り渡すものといった間違った評価が導かれる。

3　米軍が沖縄を確保するための対日講和

ケナン提案は、一九五〇年一〇月九日に大統領の決裁を経て、NSC13を修正したNSC13／2が正式に認められ、これが「米国の安全保障政策の骨格」となった。そのタイトルは「米国の対日政策への意見書」である。ここで国務省と軍部はようやく統一した対日政策をもつに至った（*FRUS*, 1948, Vol.VI, pp.879-880）。

沖縄の扱いが決まると、対日講和の他の懸案も容易に片づく。いいかえれば、対日講和の最大の懸案は「沖縄の扱い」なのであった。それを隠蔽して小さく見せてきたのが、米国の外交面での狡猾さであり、日本社会は、その種の扱いに長年にわたって騙されつづけ、今日に至るも迷妄から覚めていない。

米軍統合参謀本部は沖縄問題を扱う方針を固めるに際して、「ソ連軍がどう出るか」をきわめて深刻に憂慮していた。彼らがどのように「敵情」を認識していたか。それは一九五一年一月三日付でコリンズ陸軍参謀総長*が米軍極東軍司令官マッカーサーに宛てた極秘電に示されている（*FRUS*, 1951, Vol. VI, pp.780）。

＊ ジョセフ・ロートン・コリンズ Joseph Lawton Collins（一八九六〜一九八七）——アメリカ陸軍の軍人。「ライトニング・ジョー」と呼ばれ、第二次世界大戦中は太平洋、ヨーロッパの両戦線で数々の作戦に携わった。コリンズは一九四九年八月一六日から一九五三年八月一五日までアメリカ陸軍参謀総長の職を務め、朝鮮戦争の全体に渡って陸軍を指揮した。

この電文によれば、統合参謀本部では、米軍の考慮する日本の再軍備構想に対する対抗措置として、「ソ連軍の北海道進駐」を危惧していた。当時の北海道は無防備であり、ソ連軍による北海道の「完全占領」さえも危惧していた。そして「ダレスの訪日前」に、「米軍の一部を北海道に移すこと」が望ましいとマッカーサーに注意を喚起していた。

これは朝鮮戦争が始まって半年後、三八度線をはさんで朝鮮半島におけるローラー作戦が南進と北上とを繰り返していた時期のワシントンの危機意識を示すものだが、このように激動する朝鮮情勢を核心とする東アジア情勢が、沖縄処分の運命に直結していた事実を軽視するならば、なぜ全面講和論が敗退し、片面講和に収斂したのかを説くことはできない。否、むしろこう見るべきであろう。沖縄の米軍基地の永久使用を確保するために構想された対日講和こそがサンフランシスコ講和条約なのであり、朝鮮戦争は米国がこのような戦略を生むうえで、助産婦の役割を果した、と。

「ソ連軍の北海道進駐」という危機意識は、単に一部の心配性患者が抱いたものではない。国務省極東担当次官補ラスクがアレクシス・ジョンソン国務長官代理に宛てた五一年二月二二日付覚書「日本派遣師団の重装備」（*FRUS*, 1951, Vol.VI, pp.888-895）は、次のように指摘している。

――「マッカーサー司令官から要請を受けた日本の警察予備隊のために四コ師団を装備するために、戦車・大砲の重火器船積みを直ちに許可されたい」。この四コ師団に加えてさらに六コ師団を用意し、都合一〇コ師団の武装を推奨した。日本の安全保障に対する現在の脅威は五月上旬までにピークに達するので、直ちに船積みすることが望ましい。マーシャル陸軍長官の書簡によれば、軍事的観点のみからすれば、可能な限り早い配備が望ましい。しかしながら、国際政治的含意からして、マーシャル長官としては大統領の決裁を得る前に、貴下〔ジョンソン長官代理〕の見解をうかがいたい。

・ポツダム宣言六項は、世界から無責任な軍国主義を追放するまでは、平和、安全保障、正義の新秩序は不可能である、と述べ、七項はそのような新秩序が形成され、日本の戦争能力が破壊された事実が確信できるまでは日本占領を継続するとしている。一九四五年八月二九日に発出された米国の占領後の第一の政策は陸海空軍を持たず、旧日本軍は解体を命じられた。

・憲法九条にはGHQが熱心に勧めたが、陸海空軍の武力は戦争の能力と共に、これを保持しないと書いてある。

・日本人の戦後の態度は占領軍の非軍事化計画と完全な非武装と「中立」の感情を重視するものだ。朝鮮戦争以後の事態にもかかわらず、まだ再武装への感情はない。重装備四コ師団の編成が日本世論にかなりのショックを与えたことは疑いない。国家警察予備隊は非軍事的隊列を用いるが、軍隊組織に準じて組織され訓練されるものだというのが国防省の理解するところである。

・ソ連の意図を推測すれば、一九五一年四月中旬まではソ連が日本を攻撃する兆候はないが、警告なしに攻撃と進駐を行う可能性はある。五月初めまでに日本の安全保障への脅威が高まるのは、主としてソ連の攻撃能力が強まると見るのであり、ソ連の攻撃意図をそのように見ているわけではない。ソ連の担当者は国連や連合国軍会議で日本の再武装は容認できないとしている。共産中国も同じ路線である。

以上要するに、片面講和の反ソ路線を選択するならば、ソ連側からの攻勢で日本の安全保障が危うくなることを予想し、これと軍事的に対抗する方向こそが日本の再軍備路線であり、まさに一八〇度の転換であった。

豊下の安全保障認識には、このような危機意識は皆無だ。いわく、「吉田の議論を徹底させていけば、朝鮮有事はアメリカの有事ではあっても、そのまま日本有事につながるものではない」「極東情勢に関するダレスとの根本的な認識の違いを際立たせる」「そこから、米軍駐留のあり方そのものを問い直す論理が展開されたかもしれない」（豊下『成立』五二ページ）。これは現実に展開し、緊張度を高めていく冷戦構造の悪循環に目に閉ざし、単に幻想世界で言葉いじりを行う者の戯言というほかない。

4　サンフランシスコ条約第三条の読み方――「領土不拡大原則」と沖縄占領の狭間

講和条約第三条の意味

沖縄問題を以上の文脈で考察してはじめて、サンフランシスコ講和条約第三条の意味がようやく解読できることになる。講和条約第三条にはこう書かれている――「日本国は、北緯二九度以南の南西諸島（琉球諸島及び大東諸島を含む）および南方諸島を合衆国を唯一の施政権者とする信託統治制度の下におくこととする国際連合に対する合衆国のいかなる提案にも同意する」、「このような提案が行われ且つ可決されるまで、合衆国は、領水を含むこれらの諸島の領域及び住民に対して、行政・立法・司法上の権力の全部及び一部を行使する権利を有するものとする」。

これは二つの文からなる。最初の文は、「日本国は、合衆国のいかなる提案にも同意する」。これが柱である。「日本は米国の提案に同意する」とあるが、これは「同意させられている」のが政治的現実だ。米国の提案とは何か。①旧日本帝国の南西諸島と南方諸島とを国連の信託統治地区にすること、②信託統治は米国だけが行い、他の連合国は排除すること、である。この文にはもう一つの特徴がある。それは米国が国連に対して、「今後提案する」という「予定」を示した文であることだ。実際には、米国はこの提案を一九七二年に日本に返還するまで行わなかった。

これは何を意味するか。国連に提案して国連の名において信託統治を行うのがスジと当初は考えたが、実際には提案しなかった。それゆえ同意も得ていない。ということは、国連で「公認されない」ままに、「国連の名において」「信託統治なるもの」を行ってきたということである。国連を平和主義の理想形で語る向きからは顰蹙を買う言い方になるが、国連の実質とは、「戦勝国連合による戦後世界の支配である」と再認識するならば、これは驚くには当たらない。

事柄は米軍基地を沖縄におく話である。これは当然安全保障理事会の議題にならざるをえない。その場合、ソ連が拒否権を使うことは容易に想定される。そのような事態を避けるために、提案を避け続けた。これが「沖縄における信託統治」の現実の姿であった。沖縄は国連憲章に定めた信託統治の規定に照らせば、「そもそも信託統治の諸条項にあてはまらない」のだ。これを強引にあてはめ、なおかつ国連の議題とすることさえなしに、二〇年後に沖縄返還を迎えたのであり、これが戦後の日米関係の核心であり、日本の敗戦処理の断面であった。

核心追求の手がかりをどこに求めるか。それはジョン・ダレスの資料以外にはありえない。それ以外はほとんど役に立たない。なぜか。講和条約第三条を書いたのがダレスであり、それを解説したのも、ほかならぬ講和会議に於けるダレス演説[*]だからである。

* John Foster Dulles's Speech at the San Francisco Peace Conference, September 5, 1951, Gaimusho joyaku-kyoku hokika, *Heiwa joyaku no teiketsu ni kansuru chōsho*, VII, pp.267-284.

彼の長からぬ演説において、「ポツダム宣言にいう降伏条件（the Potsdam Surrender Terms）」というキーワードが、七回も登場する。「降伏条件」は九回であり、単に「降伏」だけならば、一四回も出てくる。これが雰囲気作りの序奏曲だ。ダレス演説の基調から人々は、「降伏した日本」は「ポツダムからの出発」を忘れるな、と脅迫していることに気づく。

そのうえで、ダレスは第三条を次のように解説している。

――第三条では、琉球諸島と日本の南・南東諸島（いわゆる南方諸島、南西諸島を指す）を扱う。これらは降伏以来、米国を唯一の施政権者とする施政権下にある。連合国のうち、いくつかの国（たとえば中華民国）は、これらの地域への「日本の主権放棄」を要求し、「米国の主権とすべきだ」と主張している（日本から奪い、米国のものとすること）。他の連合国はこれらの諸島を「完全に日本に返還せよ」と主張している。ここで「他の連合国」とは、おそらく英国である。チャーチルとルーズベルトとの巨頭会談で後に大西洋憲章と呼ばれる「戦勝国の領土不拡大原則」が強調された事実を踏まえたものであろう。

連合国間の見解の分裂に直面して、米国は日本に対して「残存主権を保有することを許し」、これらの諸島を米国が施政権をもつ、国連の信託統治制度下におく、このことを可能ならしめるのが最良の方式だという感触をもっている。みなさんは、国連憲章七七条において、b項「第二次世界戦争の結果として敵国から分離される地域」を含めるように、国連憲章は信託統治制度を拡大していることを想起されるであろう。今後の信託統治制度の協議においては疑いなく、住民の将来の地位は日本に帰属するか、沖縄として独立するか、いずれかに決定されることになるが、施政国は憲章八四条「信託統治地域が国際の平和及び安全の維持についてその役割を果すようにすることは、施政権者の義務である。このため、施政権者は、この点に関して安全保障理事会に対して負う義務を履行するに当って、また、地方的防衛並びに信託統治地域における法律及び秩序の維持のために、信託統治地域の義勇軍、便益及び援助を利用することができる」にしたがって、施政権を行使することになろう。

ダレス演説がこのように「降伏条件」を強調することから出発して、「沖縄処分は未定」を強調しているのと読み比べると、豊下の所説は「講和以後の現実」に照らして沖縄問題のイメージを捉えていることは明らかであり、間違った認識である。ダレスの恫喝演説によれば、日本はそもそも沖縄に対して「固有の領土権」など保有していないのだ。これに対してエルドリッヂは「敗戦国日本」がいかに講和への歩みを進めることによって、領土回復を図ろうとしたかを米国側の資料で跡づけている。

繰り返す。沖縄の真実を豊下は、「日本復帰という結果」から捉えて、無意識のうちに「固有の領土」のドグマに汚染されている。そこから「天皇が沖縄を差し出す」といった間違った認識が生まれる。しかしながら、敗戦国日本はこの時点で沖縄に対して「いかなる主権も持たない」、仮にもつとすれば「残存主権と称する主権まがいのもの」にすぎぬと見るのがダレスの論理である。

勝者・戦勝国の論理は、豊下の議論とはまるで異なることが、ダレス論文を読むと明らかになる。戦勝国・戦敗国の論理か、対等な国家間の論理か。これは峻別しなければならない。無意識のうちにこれを混同する論理は特に日本人の俗耳に入りやすいが、これこそが真理探求の上での内なる敵である。

ダレスが考えだした「残存主権」（Residual Sovereignty あるいは Residual Authority）とは、そもそもなにか。これとツイになるのは、当然に「完全な主権」（Full Sovereignty）が想定されるが、果たしてそうか。そもそも「国際法上確定した特定の意味のある言葉ではない」と揶揄される「残存主権」というキーワードは、ダレスが発明した「古肉の策」なのだ。

当時の米国務省では、一九四一年八月九日〜一二日、チャーチルとルーズベルトによって調印された大西洋憲章の第一条「両国は領土的その他の増大を求めず」、第二条「両国は関係国民の自由に表明する希望と一致せざる領土的変更の行われることを欲せず」とする「領土不拡大」の原則を堅持するリベラルな見解が多数を占めていた。こうしてリベラル派の「即時返還」論と対日強硬派たる軍部による併合論との「綱引きのなかで産まれた苦肉の策」が「日本が残存主権をもち」、「米国が施政権を行使する」という「残存主権・施政権」の分離論にほかならない。

その後、私は改めてダレス演説を再読してようやく、その核心となるキーワードを発見した。それは、「最良の方式は、日本に対して、残存主権の保有を許す」（the best formula would be to permit Japan to retain residual sovereignty）という一文であった。これまでは「残存主権」というコンセプトにばかり視線がとらわれて、この曖昧なコンセプトが「ダレスによって許されているもの」、単に「ダレスが許したもの」にすぎないという点を読み過ごしていた。「主権あるいは残存主権」を許すのか、許さないのか。この言い方からダレスの論理が明らかになる。

（1）もし日本の沖縄に対する「主権を許す」ならば、permit sovereignty であり、その場合は、講和後直ちに「沖縄を日本に返還する」のがスジだ。朝河貫一は後述の遺作のように、沖縄を「日本の史的統合領土」(本書二七四ページ)と呼び、これはカイロ決議においても認められている。これに依拠して日本への返還を主張したのは国務省のリベラル派であり、ブレイクスリー George H. Blakeslee(一八七一～一九五四)(矢吹『尖閣衝突は沖縄返還に始まる』一七九～一八五ページ)やボートン Hugh Borton(一九〇三～一九九五)(同、一八五―一九〇ページ)の委員会はこれを主張してきた。そして彼らは朝河貫一の日本史学から多くのものを学び、このような認識をもつに至っていた。

(2)仮に日本の沖縄に対する「主権を許さない」ならば、do not permit sovereignty であり、その場合には戦勝国の選択肢として、(2―1)「基地の永久使用」も、(2―2)「米国への沖縄併合」もありうる。その系として(2―2―1)「沖縄の独立」もありうるし、(2―2―2)「中華民国への引き渡し」もありうる。

(3)ここで想起されるのは、国連憲章第七七条である。これは信託統治制度が適用される地域を列挙した条項だが、その1b項にいう「戦争の結果として敵国から分離される地域」が曲者だ。これは、要するに勝者側が一方的に宣言する戦利品の別名であり、「主権を許さない」地域である。とはいえ、勝者を束縛する歴史の知恵もある。すなわち第一次大戦の戦後処理の失敗から学んだ教訓、つまり大西洋憲章である。米国も中華民国もともに戦勝国である。「戦勝国の領土拡大」を厳しく戒めるのがこの憲章であり、その精神は連合国を継承した新生国連にも流れている。

残存主権の意味

法律家ダレスは国連憲章の起草に当たって、信託統治委員会の米国側委員を務めた経験から、憲章における「信託統治のコンセプト」に通暁していた。それだけにダレスは、①沖縄返還論と②沖縄の永久基地論との間で、頭を悩ませた。その中間束こそがダレスのキーワードなのだ。「日本に対して、残存主権の保有を許す」というもので、これは①と②の「中間のコンセプト」である。

その含意は、ⓐ沖縄の近代史から見て、日本の史的統合領土を否定することには困難があるから、認めざるを得ない。しかしながら、講和以後に独立する日本は「再軍備なき日本」である。GHQが武装解除したからだ。だが、そこに万一ソ連軍が進駐したらどうなるか。復活した日本の工業力は直ちに、ソ連の軍事力に転化して、対米攻撃を狙う「第二のパールハーバー」に用いられる恐れがある。ⓑ国連憲章七七条b項には、「第二次世界戦争の結果として敵国から分離される地域」を含める信託統治制度が規定されている以上、これを適用すればよいとしても、大西洋憲章では「領土不拡大」をすでに誓約している。このジレンマをどう解くのか。

①も②も現実的な政策としては難点を含むことを考慮して、両者の折衷から生まれた「残存主権」論のメリットとは何か。

一つは米国が判断する「然るべき時期」に日本に返還する、という名目で、基地使用を継続できる。

もう一つは、「返還時期」に弾力性をもたせることができるだけではなく、「返還条件」についても交渉の余地を残すことができる。このフリーハンドは、「沖縄返還には尖閣諸島の領有権は含まれない」、「返還されたのは施政権のみ」、「米国は領有権の争いには中立を保つ」という形で、実際に政策手段として実行されたことは、われわれの記憶に新しい。

これが今日の尖閣衝突の直接的契機であることも、周知の事実であろう。

ダレスの対日講和に際しての演説を読むと、講和以後の沖縄における米軍基地のあり方と、返還以後における尖閣紛争の原因はいずれも、この第三条に込められた怪しげな論理に起因することが分かる。

補注　横田喜三郎の「残余主権」解釈

横田喜三郎（一八九六〜一九九三、国際法学者、第三代最高裁長官）の「残余主権」解釈は、次のごとくである（横田「アメリカ施政権の本質」『南方諸島の法的地位』南方同胞援護会刊、一九五八年）。見られるように、横田は「残存主権」(residuary sovereignty) を「残余主権」と訳して、専門家らしい解釈を提起したが、これがいま日本では忘れられている。

――「この施政権の本質については、かならずしも明確といえない。わけても、主権とどう違うか、どういう関係にあるか、領土権との関係はどうか、アメリカが施政権をもつとすれば、日本はどういう権利をもつか」「〔これが〕明確でなく、いろいろな解釈ができ、疑問が生じる」「アメリカの施政権は、サンフランシスコ講和条約に基づく」「その本質も、この実定法規に基づいて確定されなくてはならない」「第二次大戦後における日本の領土の処分については、戦争中から連合国の間で、いろいろな宣言や協定があった。しかし、南方諸島〔沖縄等〕については、直接なにも規定していない」「これらの宣言や協定に定められたことは、暫定的な性質のもので、確定的なものではない」「確定的に定められるのは、戦争の最終的な結末をつけるときで、講和条約による」「この講和条約でアメリカが南方諸島に対して施政権をもつことが正式に確定的に規定された」「条約の規定に明白に抵触しないかぎり、〔中略〕〔説明的な、解釈的な、補充的な文書や陳述によって〕条約の規定の意味を解釈し、確定することができる。わけても、実際に条約を起草した人による説明、解釈、補充は、とくにそうである」「これらに対して、公に反対がなされないかぎり、条約の規定の公的な説明、解釈、補充として認められたものということができよう」〔「実際に条約を起草した人」とは、ほかならぬダレスである。ダレスが解釈こそが、「公的な説明、解釈、補充として認められたもの」だと専門家横田教授が教えている〕。

「サンフランシスコ講和条約は、第三条で沖縄について規定し、アメリカの施政権を定めている」「アメリカの提案が行われ、国際連合で可決されて、信託統治制度が成立するまでは、沖縄の領域と住民に対して、アメリカが行政、立法、司法上の権力の全部かつ一切の権利を行使するというのである。現在に至るまで、アメリカの〔国連への〕提案は、まだ行われていない。したがって、信託統治制度も成立するに至っていない。そこで現在では、この規定にしたがって、アメリカが沖縄で行政、立法、司法上の権力の全部かつ一切を行使する権利をもっている。この権利がアメリカの施政権である」。「講和条約が結ばれてから、すでにかなりの時間が経っているのに〔信託統治制度の下に置く〕提案をすることなく、施政権を引き続いて行使しているのは、講和条約に違反するものという意見がある」「しかし、講和条約には、沖縄の最終的な処分として、これを信託統治制度の下におくことがはっきり定められているわけではない。アメリカがそのような提案をすることも、アメリカの義務として講和条約に定められているのではない」「アメリカの提案に対して、日本は同意すると定められているだけである」〔高野雄一「沖縄および沖縄住民の国際法上の地位」（『外交季刊』一巻一九五六年一号八五―八六ページ）は「アメリカが信託統治の提案を怠るのは、義務違反である」とした。これに対して横田は「法律的には、この見解は正当といえない」と批判している〕。

「講和条約は、沖縄についてアメリカの施政権だけを規定し、日本の権利については、規定していない。もっとも日本がすべての権利を放棄したとは規定していない。その意味で、いわば消極的に日本になにかの権利がある余地を遺している」「講和条約は、朝鮮、台湾、千島と樺太に関して、日本がすべての権利、権原および請求権を放棄するとしている」「これに反して、沖縄については、日本はすべての権利、権原および請求権を放棄するとは規定していない」「したがって、施政権のほかに、なにかの権利があるとすれば、それが日本に残っている余地がある」「日本になにかの権利が残っていることを明示しているのではないが、消極的に、そうした権利のあることを暗示している」。

「この点で問題になるのは、アメリカがインドに与えた覚書である。一九五一年八月二三日に、インド政府はアメリカ政府に対する覚書で、日本が侵略によって他の国から取得したのでない領土に対しては、日本の完全な主権を回復すべきであるとし、琉球諸島について、アメリカの信託統治を設定することに不満を表明した」「イギリスの代表ケネス・ヤンガーも、琉球諸島に関して講和条約は、日本の主権から取り去っているのではなく、アメリカの施政の継続を定めている」「イギリスの見解でも、沖縄は日本の主権から取り去られることなく、日本の主権の下に残っている」「講和条約に関する参考文書から、沖縄について日本は残余主権をもつことが確定される」「イギリスのヤングは日本の主権という言葉を用い、日本の吉田首相も主権が日本に遺されるといっている。しかしこれらはアメリカのように、みずから条約の起草に当たったのでもなく、安易に主権という言葉を使ったのであろう」。

「この施政権と残余主権とは、どのような関係に立つか、施政権の本質はなにか、残余主権の内容はなにか、である」「国家の最高な権力としての主権は、国内的と国際的との二つの面をもつ」「国内的には、その人民と領土に対して、国家が最高な権力をもつこと、最高的に支配することである」「国際的には、国家が他の国や国際的権力の下に立つことがなく、これに対して独立であることである」「立法、司法、行政は、国家の統治の三つの権力であり、機能である」「国家の統治の権力は、立法、司法、行政の権力に分かれると同時に、これらで尽きる。これらが統治の権力の全部である」「一口に統治というのは、主として人民に対するものである」「ある領土を統治するとか、ある領土について立法、司法、行政を行うという場合に、領土にいる人を統治し、その人に対して立法、司法、行政を行うことが意味されている」「実際には領土にいる人に対するものであって、領土そのものに対するものではない」「領土に対する国家の主権のうちには、その領土そのものを占有し、処分する権利を含んでいる」「処分する権利というのは、その領土を独立させたり、他の国へ譲渡したり、他の国に貸したりする権利である」「この権利は、統治の権力には属していないが、領土に対する国家の主権のうちには含まれている」「ある領土に対する国家の主権には、その領土にいる人を統治する権力と、領土そのものを占有し、処分する権利とがある」「国家の主権を分けて考え、人に対するものを対人主権と名付け、領土に対するものを領土主権と名付けることができる」「領土を占有する権利は、対人主権と密接に結びついている。対人主権として、領土にいる人を統治し、立法、司法、行政を行うためには、その領土を占有することが必要だからである」「アメリカは沖縄で、三つの権力の『全部かつ一切』を行使する権利をもつ」「結局において、アメリカは完全な対人主権をもつ」「右の対人主権を行使するためには、沖縄にいる人に対して、権力を行使するためには、当然に沖縄を占有しなければならない」。

「領土を処分する権利はどうか」「沖縄を信託統治制度の下におくという処分に関する限り、アメリカが処分の権利をもつ」「日本の同意は必要でない。この同意は講和条約ですでにあらかじめ与えられているからである」「ただ、その他の処分をするについてはアメリカは権利をもたない。少なくとも単独で処分の権利をもたない」「日本に残っている主権は、領土主権のうち処分の権利について、一部の処分を除いて、その他の処分を行う権利だということになる。これだけが日本に残っている権利であり、いわゆる残余主権である」「日本の多くの学者は、日本の残余主権は、領土主権のことであるとし、対人主権はアメリカがもつが、領土主権は日本に残っているとする」「占有する権利はまったくアメリカに属し、処分する権利も、一部はアメリカの手にある。日本に残っているのは、処分の権利の他の一部にほかならない。つまり、領土主権のうちの、わずかな一部分だけである。領土主権のすべてが日本に残っているようにいうのは、まったく誤りではないにしても、かなり不正確である」「領土主権または領土権の、ごく一部しか日本に残っていない場合に、それが日本の領土であるということは、法学的な表現として、きわめて不正確であるといわなくてはならない」。

以上、講和条約締結時の横田博士の所論を紹介したが、一九七一年の沖縄返還交渉の最終局面で、アメリカは尖閣諸島の領有権については、中華民国の主張を認めた。これは残余主権をもつ日本の同意を得て行われたのか、同意なしに行われたのか　アメリカのもつ施政権の範囲に、このような処分権は含まれるのか。横田国際法がどう裁くか、明らかではない。

現実の世論においては、横田が厳しく批判した不正確な理解が横行している。横田いわく、「領土主権または領土権の、ごく一部しか日本に残っていない場合に、それが日本の領土であるということは、法学的な表現として、きわめて不正確であるといわなくてはならない」。

秀吉以来、あるいは江戸時代以来の沖縄と本土の歴史、さらには明治以来の沖縄県の歴史を知る日本人にとっては、「日本国の固有の領土」論は当然に見える。しかしながら東アジアの日本の近隣諸国には、たとえば中華民国の蔣介石のように、これを当然とは見なさない動きが根強く存在し、蔣介石が「沖縄返還の前夜」にようやく返還を認める至った事実を見逃してはならないのだ。豊下の本に欠けているのは、英国が中華人民共和国を承認したことによって、英国の想定する中国代表と米国の想定する中国代表とが食い違ってきたこと、沖縄や尖閣の領有権問題でそれぞれがどのような主張を行い、それぞれがどのような関係構造にあるかについての認識である。

ダレスの残存主権論

日米戦争中における米国務省および米軍の「沖縄帰属」問題の認識には、さまざまの試行錯誤があったが、これを集大成したものが「ダレス・フォーミュラ、すなわち残存主権論」にほかならない。

(1)大西洋憲章に見られる領土不拡大のリベラルな精神と矛盾させないためには、米国の沖縄占領の延長・継続には大義名分が必要だ。「事実上の米国領有あるいは公然たる併合」を否定する隠れ蓑として「国連による信託統治」論を適用しようとしたが、安全保障理事会ではソ連の拒否権が構えていた。

(2)他方で朝鮮戦争に見られるように東アジアでは冷戦が激化しつつあり、そこではゼロサムの「領域獲得」競争が行われている。中国大陸がソ連の味方=中国共産党軍の手におち、北朝鮮や北ベトナムでも共産化のドミノ現象が続く。再軍備なき日本、しかもハイパーインフレのもとで人心は占領軍から離れている状況で、もし沖縄の即時返還を行えば、ゼロサムゲームの対象となり、ソ連の間接支配あるいは、沖縄に「ソ連軍基地が設けられる」極端なケースさえ想定しないわけにはいかない。沖縄戦で二万の海兵隊を失った軍から見ると、沖縄の永久基地化は切実な必要性に見えた。

（3）さらに国連は、組織としては創設されたものの、その運営においてはさまざまの力関係を反映して、順調な運営が可能か否かは未知数である。ここで米国にとって他国（特にソ連）の干渉を排しつつ、米国の国益を追求するには、慎重な対策を要する。

　これら「複雑な三つの方程式」を「同時に満たす解」としてダレスの考えた方式こそが「日本国は沖縄に対して残存主権をもつ」という規定であった。「残存主権」とは政治性に富むが、法的には無意味な新造語であった。ダレス国務長官は、冷戦構造における西側の陣営作りを意識して、「全面講和（an overall peace treaty）」を排して「片面講和（a one-party treaty）」を選んだ。そのためにこそ、沖縄に対する「日本の残存主権」を設定し、「残存主権をもつ日本」の同意を得て、沖縄占領を継続する形式が必要となったのであり、比喩的にいえば、帝国主義戦争に敗れた宗主国・日本から「沖縄という旧植民地」を実力で剥奪しつつ、「機が熟すれば返還に応じてもよいという統治形態」をダレスは選んだ形になる。ダレスの条件選択をこのように分析してくると、対日サンフランシスコ講和とは、徹頭徹尾ダレス個人によって差配された事実が明らかになる。

　じつはダレスは、第二次大戦中にワシントンのダンバートン・オークスで国連憲章の起草作業が行われた時にこれに参加しており、その後、一九四五年にサンフランシスコ会議で国連創立総会が開かれた時にシニア・アドバイザーとしてこれに出席している。ダレスは特に第一二章信託統治制度の部分の起草に参画していたので、ここで決めたのはどこまでか、抜け穴はどこか、そこまで熟知していた。それらの知識を十分に活用して「国連憲章に抵触しない」形を選んで、「国連の大義名分」を利用し続けたのであった。

なおダレスのように、憲章の起草工作に参加したのは、オーストラリアのエバット（総会議長を歴任した）、ニュージーランドのフレーザー（大国のもつ拒否権に対して小国の利害を代弁した）、ベルギーのスパアク（創設総会の組織委員長を務めた）、米国のステティネス（ルーズベルト政権最後の国務長官）である。

朝鮮戦争を具体的な契機として、それまでの、きわめて「懲罰的な」対日講和案から、「敗者に寛大な」対日講和、日本経済の復興、発展を妨げないような賠償・補償を制限する講和へ転換した背景は、以上のように理解して大過あるまい。

第4章　「天皇外交」はあったのか

豊下楢彦『安保条約の成立』の「はしがき」で豊下は、「安保条約は吉田茂首相のワンマン外交の所産としてのみ捉えることができるのか」と疑問を呈して、「吉田を超えるところの昭和天皇による天皇外交とも呼ぶべきベクトルが交渉過程に介入したことが、安保条約のあり方に決定的なインパクトを及ぼしたのではないか」と見る「仮説」なるものを提示する。

要するに「天皇外交とも呼ぶべきベクトル」が吉田外交に介入して、「安保条約のあり方に決定的なインパクトを及ぼした」というのが「豊下仮説」である。『安保条約の成立』のサブタイトル「吉田外交と天皇外交」を用いて表現すれば、吉田外交に対して天皇外交が介入して、「安保条約のあり方に決定的なインパクトを及ぼした」と解釈するわけだ。「吉田外交」はありうるが、「天皇外交」なるものは豊下の脳裏にしかない。亡霊のような「天皇外交」によってゆがめられる吉田外交なるものも、その実像は曖昧模糊としている。単に豊下の思い込みを「吉田外交」と名付けて、それが実現しなかったことを悔いているだけの話ではないのか。

豊下のいう「決定的なインパクト」とはなにか。「吉田外交の封じ込め」（『成立』第7章2）、「吉田はなぜ全権を固辞したか」（同、第7章3）、このあたりが豊下の結論らしい。

吉田外交は天皇外交によって封じ込められたので、不本意な吉田は「全権を固辞した」というのが豊下の解釈だ。だが、この仮説は、そもそも根拠薄弱であり、成立しない。豊下は吉田に同情したつもりかもしれないが、これは吉田を侮辱することにしかならない。単なる憶測の域を出ないのである。

1　ダレスは天皇に何回会ったのか

まずいくつかの事実を確認したい。豊下はいう。「公けになっているところでは、天皇とダレスとの会見は、上記の会見〔五一年二月一〇日〕と、マッカーサー解任直後の五一年四月二二日〔「フィリピンの賠償請求への対応策などが議論された」と豊下は注記するが、このような具体的なトピックを天皇が語るであろうか。これは多分、ダレス謁見記にいう「アジアの戦争被害」に天皇が言及したことの尾ひれであろう〕、そして同年一二月一八日〔「講和会議の結果と朝鮮戦争の見通しについて議論された」と豊下は注記する。もしダレスが謁見を受けるとしたら、ダレスの側から経過を解説することはありうるであろう。だが、この日にダレスが皇居を訪問したとする記録は皆無である〕の三回である」と豊下はいう。

いわく、「数回も（sevral occasions）という言葉はこれら三回を意味しているのであろうが、これら以外にまだ知られていない会見があったのか定かではない」、「天皇とダレスとの間を直接結ぶ然るべきチャネルが存在し機能していた」、「ダレスは天皇を象徴天皇としてではなく、もっとも重要な交渉相手であるとともに同盟者とみなしていた」（『成立』一八五—一八六ページ）。

豊下は内外に周知の一九五一年二月一〇日の謁見のほかに、「四月二二日および一二月一八日」にも謁見ありとしているが、その根拠を特定することは行われていない。私が調べた限りでは、「四月二二日および一二月一八日」に謁見ありとするのは、豊下の間違い、事実誤認ではないかと思われる。私が間違いだと判断する根拠を示したい。

「二月一〇日の謁見」に際してダレス一行は、松平康昌サイドから届いた提案に対して、(1)まず連合国内の天皇イメージに配慮して「会わない」ことを決めた。(2)その後、吉田首相から直接の慫慂を受けた、(3)「ワシントンの同意」を得た、(4)以上三つの段取りを経た上でようやく「謁見に臨む」というきわめて慎重な対応を行ったことが分かる。

「天皇に拝謁すること」の意味、すなわち(1)日本国内で世論を米国側に引き寄せるプラスの効果と、(2)連合国内の一部に予想される反発、その得失を十分に計算した上で「総合的に見てプラス」と判断して皇居に赴いた。その経緯がすべて国務省の記録（ＦＲＵＳ）に残されている点に着目すべきであろう。

では、「四月二二日謁見説」はどうか。この日については、ＦＲＵＳにいかなる記録もない。五一年四月にはダレスは三回目の訪日を行っているので、彼の東京滞在は確認できるが、謁見の記録は皆無である。この四月訪日中の三回にわたる吉田・ダレス会談で日米講和の骨格がまとまったことはよく知られているが、対日講和の課題はようやく半分が終わっただけだ。「他の連合国とのすり合わせ」(特に天皇の戦争責任について異論をもつ戦勝連合国)の同意をとりつけなければ、ダレスの任務は終わらない。このような時点で、ダレス側から見てあえて天皇謁見を考慮する必然性はないし、事実謁見を受けたという関連記録は皆無である。

では、「一二月一八日謁見説」はどうか。この日についても、FRUSにいかなる記録もない。九月八日にサンフランシスコ講和会議はすでに終わり、「関係国の調印」は済んでいるから、「一部連合国から米国が蒙る批判」といった懸念は、すでにクリアされている。しかしながら、「条約発効」は翌五二年四月二八日であるから、責任者のダレスとしては、やはり慎重な行動が望ましい。ダレスが五一年一二月一四日に東京のアメリカ商工会議所で講演したことは、『ダレス文書』に講演原稿(タイプ刷)が残されている(The Cooperation of Sovereign Equals, American Chamber of Commerce, December 14, 1951. JFD-1-R20)。これらの事実から、ダレスがなるほど、この日にも東京にいたことは確認できる。しかしFRUSにいかなる記録もない。「条約発効」は翌五二年四月二八日であるから、責任者のダレスとしては、やはり慎重な行動が望ましい時期なのだ。

こうして豊下のいう「天皇謁見数回という記述」は、根拠がすこぶる怪しい。この年ダレスは、対日講和をまとめた苦労話を米国で数回講演している。たとえば「対日講和の回想」(一九五一年一〇月一日)などである。この種の講演において、ダレスの側が天皇謁見について曖昧な自慢話などをした記録もない。

では豊下はなぜ「謁見数回」と書いたのか。豊下の記述を読み直してみよう。

「五二年四月二八日、講和条約と日米安保条約の発効を祝う式典からちょうど帰ったばかりのダレスが、然るべきチャネルを通して天皇に送った個人メッセージである（『ダレス文書』二六ロール）。そこでダレスは、達成された成果への大いなる満足と、天皇が双方に関係する諸問題について、互いに議論し合う機会を数回も与えられたことへの感謝の意を表明し、両国間の永続的平和という大義への陛下の献身の重要性を強調した」（『成立』一八五ページ）。

私は国会図書館憲政資料室へ行き、ダレスが東京の米国大使館担当者に宛てた書簡を調べて見た。マイクロフィルム化された印刷が不鮮明で読みにくい個所があるが、趣旨は読み取れる。これはダレスが東京の米国大使館の担当者に依頼した書簡であり、「然るべきチャネル」（おそらくこれは宮内庁の松平康昌を指す）を通じて天皇に感謝の意を伝えて欲しいという書簡である。『成立』の「天皇が双方に関係する諸問題について、互いに議論し合う機会を数回も与えられたこと」の原文と思しき個所をみると、「互いに関心をもつ諸問題を討論するために、数回の機会を貴下が私に与えられたこと」（the opportunities which you have given me on several occasions to discuss together problems of mutual concern）となっている。

問題は「貴下（you）」とは誰かである。豊下はこれを天皇と理解して、ダレスが天皇に「数回という言葉はこれら三回を意味しているのであろうが」と解読し、「ダレスは天皇を象徴天皇としてではなく、もっとも重要な交渉相手であるとともに同盟者とみなしていたであろう」などと書いている。

しかし、ここで「貴下（you）」とは天皇を指すのではなく、松平康昌を指す。松平とダレスは五〇年六月二二日の夕食会、五一年二月一〇日ダレスの皇居訪問と会っており、このほかにもダレス訪日のたびにダレスを訪問した可能性は強い。それゆえ、ダレスが数回会ったのは松平と読むべきであり、これを天皇と誤読することは、許されない。この書簡で天皇を指すのは「両国間の永続的平和のために陛下の果たされた貢献を私は承知している（I know Your Majesty's dedication to the cause of lasting peace between our nations）」の文から分かるように「Your Majesty」である。「you」と「Your Majesty」とを混同するとは、信じられない誤読だ。

2　吉田はなぜ全権を固辞したのか

「天皇の二重外交や吉田への圧力は、象徴天皇を規定した新憲法が施行されてから三年以上も経過して後に展開された」「これらの政治的行為は文字とおりの憲法違反であろう」「政治的責任を負えない人物、あるいは負ってはならない人物が外交交渉の過程に介入した」「（その結果）講和会議において日本側首席全権を当然になうべきはずの吉田が、執拗にその任務を固辞した」（『成立』二一一ページ）。これが豊下の抱く疑問である。

いくつかの資料を検討した後、豊下はつぎのように論理を飛躍させる。「吉田の立場を確認しておくならば、彼は『講和会議には出たくない』といっているのであって、『講和条約に調印したくない』

とは一言も言っていない」「吉田の固辞の背景は、講和条約と同時に調印され、効力も同時に発生することになっている『安保条約にあった』と考えるしかない」「日本の独立が回復される晴れの舞台である講和会議に出席することは、安保条約への調印をせまられることを意味していた」（『成立』二一五ページ）。

これはたいへん奇怪な三段論法だ。吉田は「講和条約の調印」には参加したいが、講和条約と同時に調印される「安保条約」は、吉田の本意に矛盾するので、調印したくない。「講和条約」と「安保条約」の切り離しは不可能なので、両者の調印を固辞する。これが吉田の論理だと豊下は説く。結局のところ、七月一九日の朝、吉田は天皇に拝謁した後、日本の全権団を率いることに同意し、それを井口貞夫外務次官がシーボルドに伝えた経緯は、すでに紹介した（本書第2章「4　調印国・調印者問題」を参照）。

吉田自身が全権団を率いることに慎重であったのはなぜかという理由を豊下はまったく誤解しているのではないか。「安保条約の内容が不本意だから、これに責任を負いたくない」ものと豊下は忖度したが、これはとんでもない曲解であり、吉田に対する侮辱でさえあろう。吉田がダレスと最初に会談したときには、なるほど日本の再軍備に消極的な態度を表明したが、当時はマッカーサーでさえも、（ダレス訪日の直前まで）再軍備に反対し、軍国主義解体を志向していたのである。また吉田の再軍備反対理由も、未だ復興せざる日本経済力から見て「軍事費の負担能力なし」と主張したのであって、平和主義に基づくものではなかった。思い込みによって吉田の講和イメージを創作すべきではあるまい。

本書の「講和条約の調印国・調印者問題」(第2章4)ですでに論じたように、ダレスは日本の調印者としてふさわしいのは、「日本の総意を代表できる者」であると強く主張し続けていた。理由は明らかだ。ベルサイユ会議における「ドイツ代表の二の舞」では困るからだ。講和条約に調印した政権がまもなく選挙で敗退し、条約に反対していた野党が権力を握り、講和条約を軽視し、ようやく作り上げた「片面講和」の構造が破壊されること、すなわち左翼による政変をダレスは強く警戒していた。講和条約と安保条約の日米交渉の責任者が吉田であること、そして吉田の交渉能力には全幅の信頼をおいていたからこそ、ダレスは「吉田の推薦するリスト以外の人物とは会わない」と吉田に明言し、吉田を「唯一の窓口として」交渉を進めた。

ただし、当時の日本政治はまだ戦後の混乱期を脱しておらず、吉田政権の安定性については大きな疑問が残されていた。そもそも吉田は外交官出身であり、鳩山一郎のような政党政治家とは異なり、国会における野党対策のような仕事が不得手であることは周知の事実であったはず。吉田はまず全権団の団長として、重鎮の幣原喜重郎(一八七二~一九五一、外交官、政治家。外務大臣、貴族院議員、内閣総理大臣、衆議院議長などを歴任)を胸に浮かべたが、彼は高齢であり、五一年三月に死去した。

一方、ダレス側が考えたのは、「超党派の結成」による講和支援態勢である。結局は吉田茂首相のほかに、内閣から池田勇人蔵相、政党代表として苫米地義三(国民民主党)と星島二郎(自由党)、さらに参院緑風会代表徳川宗敬、そして経済界から日銀総裁・一万田尚登を選び、「吉田全権団」を構成した。結果的にはこのような形でダレスの期待した「強力な代表団」を派遣できたが、そこに至る過程で、自らの非力を自覚する吉田が、「全権固辞」を繰り返すのは、「謙譲の美徳」というよりも、ダレスから足下を見られていることへの「政治的判断そのもの」と見るべきではないのか。その後、吉田長期政権が続き、ワンマン宰相のイメージが固まるが、これは講和条約の調印に成功した後の物語にすぎない。講和交渉を成功させるまでの吉田は、あえていうが、単なるGHQとの大物通訳程度でしかなかった。ここでも豊下は事後のイメージを膨らませて、全面講和の幻想を追い求めている形だ。

ダレスが「ベルサイユの失敗」に繰り返し言及しながら、「日本を真に代表しうる団」を求めた経緯について豊下はまるで無頓着だ。そこから生まれる勝手な憶測をもって、「吉田の全権固辞」を忖度したのは二重、三重のミスを重ねて到達した奇怪な結論といわなければなるまい。

吉田が代表就任を逡巡したのは、米国側の意図を十分に理解したうえで、その要求に真に応えるためであり、条約の内容に対する不満に基づくものでないことは明らかだ。しかしながら、豊下は吉田の団長就任の躊躇問題をとらえて、「天皇外交によって吉田外交が妨げられたため」としている。これはほとんどためにする議論と思われる。豊下説は成り立たない（『成立』二一一ページ）。

ちなみに古川隆久『昭和天皇』は、豊下の『安保条約の成立』を次のように批判している。「以上のことを考えれば、豊下楢彦氏が吉田首相の基地提供否定方針を失敗させた原因と推定した、五〇年八月の昭和天皇からダレス国務省顧問へのメッセージも、国内の基地提供否定論を批判している点で、むしろ吉田の本音と方向性は同じだった。つまり、講和条約交渉時の昭和天皇の行動も、吉田の講和条約締結への努力を側面から支援する意味を持つものだった。事実、米国政府は、日本政府の基地提供の意向を確認できてようやく政府内の合意をとりまとめることができ、講和実現に本格的に動き出すことができたのである。（中略）講和に関わる一連の昭和天皇の行動が、憲法の定める国事行為の枠を逸脱していたことは確かである。昭和天皇の発言が秘匿されたことは、関係者の間で、もし公になれば憲法との関係で問題化する可能性が高いと認識されていたことを示している。しかし一方で、昭和天皇にはもはや外交大権もなく、大臣の任命権もなかった。政治権力を持たない昭和天皇の発言だけで占領軍や米国政府が動くことはなく、日本政府は昭和天皇の意向に従う義務もなかった。昭和天皇の占領期のこうした憲法逸脱行為は、日本の復興に役立ちたいという昭和天皇の熱意の現れという以上の意味はなかった」（古川隆久『昭和天皇』三五四ページ）。

3　マッカーサーの逆鱗とは

豊下が思い込みから極端な誤読を行った一例を挙げる。

——吉田や池田勇人が財政経済の視察という目的を語って渡米許可を得ておきながら、現実には講和問題や米軍駐留問題といった、それこそ日本の将来を決する問題で、みずからをバイパスしてワシントンで直接交渉に出たことが、マッカーサーの逆鱗に触れたのである。マッカーサーは〔五〇年五月〕二五日に吉田に送った書簡で、「今回の無分別な行為」と口をきわめた非難を行ったが、この非難は以上の文脈においてとらえられるべきであろう（『成立』一二二―一二三ページ）。

マッカーサーは吉田宛の書簡で一体何を非難したのか。それはこの書簡を読めば一目瞭然だ。

――広く報道されているごとく、日本が経済安定にむけて努力し意義ある成果をこれまで達成したことは、世界全体が賞賛しているのである。こうした態度は、最近池田氏が合衆国を訪問した際にとくに顕著であり、日本の財政事情は合衆国できわめてよい評価を受けた。今回の無分別な行為は、この再び高まった国際的評価をそこねるものとして、たとえば最近の経済発展に反映された適切至極な方策により今まさにその悪影響が克服されつつある、かつてのインフレ政策に逆戻りするごときものであり、これほど不幸なことはない（袖井林二郎編訳『吉田茂マッカーサー往復書簡集』法政大学出版局、二〇〇〇年、三二三ページ）。

これは編訳者の袖井林二郎が「訪米報告中の経済政策変更提案に〔マッカーサーが〕難色を示す」という内容解説を書簡の表題に付したことからも明らかなように、「池田がドッジ緊縮路線の緩和を提起したこと」に対して、マッカーサーが「インフレ政策に逆戻りするもの」と批判したのであり、それに尽きる。マッカーサーは池田の「インフレ助長路線」を批判したにすぎないのだ。この事実を捉えて、マッカーサーの頭越しに「講和問題や米軍駐留問題」を語ったために「逆鱗にふれた」などと理解するのは、とんでもない資料の誤読・曲解であることは誰の目にも明らかだ。

豊下は妄想に頭脳が混濁して、このように論旨・行論の明瞭な事柄に対してさえ、自らの間違った図式にあてはめて、とんでもない解釈を行う。このような初歩的なミスに接すると、豊下の立論そのものへの疑問を禁じ得ない。

4 「天皇外交」というフィクション

最後に、豊下の強調する「天皇外交」というコンセプトを検討しよう。豊下は一九五〇年六月のいわゆる「天皇(口頭)メッセージ」および豊下のいう「双方に関係する諸問題について、互いに議論し合う機会を数回も与えられたこと」、そして吉田首相の折に触れての「内奏」に対して、天皇の述べられた見解を総合して「天皇外交」と称している。

いわゆる天皇メッセージは、その読み方が難しい。一九五〇年六月二二日夜、パケナムの私邸で宮内庁の松平康昌の口からダレスに口頭で伝えられ、後日その趣旨が英文にまとめられ、英文のみが残されているからだ。ⓐ天皇の直話、ⓑそれをまとめた松平康昌のメモ(解釈)、ⓒハリー・カーンによる英訳、ⓓそしてダレス使節団の会見記録——少なくとも以上の四段階を経ているが、残されているのは、ⓒとⓓである。どこまでが天皇の「ことば」なのか、判然としない箇所が少なくない。

ここで最も重要なのは、ダレス使節団の会見記録ⓓである。メッセージとは、受け手がどのように受け取ったかがカギである。

六月二二日の天皇メッセージを、五一年二月一〇日のダレス天皇謁見の際に随行したシーボルドの記録する天皇の「おことば」と比較してみよう（シーボルド「対話覚書」*FRUS*, 1951, Vol.VI, pp.873-874）。ダレス天皇謁見の会話の状況は明確であり、天皇の直話を通訳松井明がその場で通訳し、それをシーボルドが記録している。このような会話記録は信憑性が高い。国務省のＦＲＵＳにはシーボルドによる会話記録あるいは覚書が少なくない。いわゆる天皇メッセージは、慎重に扱うことが肝要であり、「謁見の際のシーボルドの記録」に照らして、テキストクリティークを行うのがよい。

すでに紹介したように、ここには「アジア諸国に対する戦争による加害」、それを反映した対日世論の問題や、「日米戦争を止めることができなかったこと」に対する天皇の自己認識が簡潔に述べられている。これらの発言は、天皇の他の「ことば」と整合性があり、真実に近いものと私は解している。

要するに、シーボルド覚書と、いわゆる口頭メッセージのニュアンスが異なる場合は、「覚書に合わせて口頭発言を解釈する」のが、資料の読み方として妥当だ、というに尽きる。豊下はその逆の読み方を行い、疑問のつきかねない片言隻句を天皇の直話と解し、さらにそれらの片言隻句を吉田の発言と結びつけて、憶測を重ねている。これによって「天皇外交なるもの」の原イメージを作り、他の憶測情報を膨らませて、きわめて疑問の多い不可解な「二重外交」論を創作した。これはほとんどフィクションであり、到底真実の探求を旨とする学術論文とはいいがたい。その手法は事実確認の範囲を大きく逸脱している。その「仮説」と弁解することによって免罪されるレベルを越えている。

研究者がフィクションを書いてはならないというのではない。物事の断片を勝手に解釈して、勝手なイメージをでっち上げるのは、低質な読み物作家の仕事であり、豊下の『成立』は、その種の本だと私は評せざるをえないのである。

この本に欠けているのは、マッカーサーによる占領五年間（一九四五〜一九五〇年）に、日本をとりまく国際環境がどれほど激変したか、これに伴って、対日講和の国際的条件と日本国内の条件がどのように変化したかについての冷静な認識の欠如である。

対日講和や日米安保条約を日米関係だけで説くことは不可能である。豊下がエルドリッヂに浴びせた非難は、ブーメランのようにそのまま豊下に戻る。

なぜ中国（北京）抜きの講和となったのか。なぜソ連抜きの講和となったのか。英国はどのような立場をとって、米国草案に抵抗したのか。これらの主なファクターを十分に目配りせず、吉田茂の一挙手一投足や、菊のカーテンの内側を勝手に憶測しても、駄本の運命が待つのみである。

補論『入江相政日記』の「迷惑」誤記について

天皇の側近の記録が必ずしも正確とはいいがたい一例を入江相政侍従長の日記から示しておく。拙著『激辛書評で知る中国の政治経済の虚実』に書いた一節である。

――私は、『入江相政日記』から二箇所、『田中清玄自伝』から一箇所を引用して、天皇が「迷惑」の二文字を語ったと理解して、旧稿「田中角栄の迷惑、毛沢東の迷惑、昭和天皇の迷惑」(『諸君』二〇〇四年五月号)において、次のようにコメントした。

「もし、天皇の『迷惑』が田中訪中の晩餐会と同じように『添了麻煩』と訳されたのならば、ゲリラ戦争を生き抜いてきた百戦錬磨の鄧小平を呆然とさせることはありえなかったのではないか。当時の通訳は各紙の写真で見ると外務省田島高志中国課長である。田島課長がこの『迷惑』をどのように中国語訳したのか、関係者の証言を待ちたい。」

このように書いた私の記述について、田島元課長は二〇〇五年三月二二日、東京霞山会館で以下のように証言してくれた。「矢吹さんは、陛下が迷惑という言葉で詫びて、それを通訳した私がどのように訳したかを問題にしています。しかしじつは天皇陛下は迷惑とは言っていないのです」(『激辛書評で知る中国の政治経済の虚実』日経BP社、二〇〇七年、一三七―一四〇ページ)。

私は驚いて田島氏に問う。「入江相政侍従長の日記に書いてあるじゃありませんか」、「入江さんは会見の場に同席していません」、「ええ、それは知っています。同席していたのは湯川式部官長であり、同席した湯川式部官長から模様を聞いたわけですね」、「そういうことです」。

これは重大な証言である。私は『入江相政日記』および入江相政侍従長から話を聞いて書いた『田中清玄自伝』にもとづいて、「天皇が迷惑の二文字を用いた」ものと理解して、そのように記述したが、いま田島証言のように、天皇がこの二文字を用いていないとすれば、それをどのように中国語訳したかという問題は成立しない。

霞山会の講演から帰宅した後、私は改めて、旧稿を読み直した。そこで気づいたのだが、会見当日すなわち一九七八年一〇月二三日の『入江日記』には、「竹の間で『不幸な時代もありましたが』と御発言。鄧氏は『今のお言葉には感動しました』と。これは一種のハプニング」としか書いていない。すなわち会見当日の項には「迷惑」の二文字はない。「迷惑」が登場するのは、一九八四年の「年末所感」であり、これは六年後である。入江は「ハプニングの内容」をこう記した。

「鄧小平氏の時に、陛下が全く不意に『長い間ご迷惑をかけました』と仰有り、それをうかがった鄧氏が非常に衝撃を受けたことを忘れることはできない」（『入江相政日記』朝日新聞社、二四一ページ）。湯川から会見模様の報告を受けたはずの入江が当日の日記では迷惑を用いず、六年後に用いたのは、なぜか。どうやらここに秘密がありそうだ。

察するに入江は、大成功に終わった会見を経て、日中関係の雰囲気が大きく変わった現実を踏まえて、数年後の年末に改めて、日中関係の特筆すべき大事として、鄧小平会見を想起したのではないか。この時、入江は天皇の会見では語らなかった「迷惑」の二文字を加えることによって、天皇の意図を忖度したのであろう。ここには天皇の発言とそれを受けての鄧小平の緊張ぶり、そして鄧小平の訪日以後の日中関係の明るい展開を経て、入江の脳裏では、会見はすでに美化されていた。中国の改革開放は日々押し進められ、日本における中国イメージは大幅に改善され、幾度目かの中国ブームであった。そのような状況において、入江の脳裏にはすでに美化された日中和解の原点が確固として存在していたように思われる。

入江は親友田中清玄にこのエピソードを紹介している。会見のヒトコマを入江の口から直接聞いた田中清玄が同じ「迷惑」を『自伝』に記述した。じつは私は一九八〇年に香港に滞在していたが、そのとき鄧小平会見の旅から帰国して、あたかも熱に浮かされたように「鄧小平に惚れ込んだ」と語る田中清玄と夕食をとったことがある。某企業の香港支店長が誘ってくれたものだが、レパルス・ベイの高級ホテルで、得意満面、鄧小平論をぶつ田中に私はいささか辟易しつつも、田中清玄の語る鄧小平論が、私の抱いていた鄧小平のイメージに酷似していることを知って、意を強くしたのであった。

さて田島元課長の証言によって誤伝が確認された事柄だが、私が入江の間違った記述を引用して、誤記した部分についてはここではっきりと訂正しておかなければならない。

天皇の言葉には、「迷惑」の二文字はなかった。天皇は「不幸な出来事」ということばを用いて日中戦争を表現し、平和友好条約の批准書交換を「たいへん喜ばしく思う」と感想を述べ、「今後の前向きの日中関係」への希望を表明した。これが確認された文言である。

では、天皇のこれらのことばに対して、鄧小平が「非常感動」と心を打たれたのはなぜか。

じつは鄧小平は皇居訪問に先立って、次のような説明を受けていた。

――これは日本側外務省と宮内庁、中国側駐日大使館の三者協議に基づくものだ。その内容は田島課長の証言によると、①外国要人の天皇会見は通常あいさつ程度、②天皇は政治の外にある、③戦争などに関し天皇が発言されると政治問題化し、日中友好関係に影響が出るおそれがある、の三点であり、これらの事情に鑑みて、両国の外交部、外務省は「会見の内容を公表しない」ことで合意した、というものである。

これらの事前の協議結果を知らされていた鄧小平にとって、天皇がみずから「不幸な出来事」を語り、批准書交換を非常に喜び、「今後の前向きの日中関係」に言及したのは、予想外のことであり、抑制された表現ながら、天皇の平和への意志と日中関係発展への希望を確かに感じとったのであった。入江がハプニングと呼び、田中が「聞いていてこっちも体が震えたよ」と表現したのは、まさにこの事態なのであった。

念のためここに『人民日報』報道の原文（「具有歴史意義的一天」『人民日報』一九七八年一〇月二四日）を掲げておく。

――在会見中、天皇陛下説、日中両国有着漫長的友好歴史、雖然一時有過不幸的事情、但已経成為過去。天皇陛下対互換日中和平友好条約批准書表示高興、認為這是有很深意義的。他希望今後加深両国的親善、長期維持和平。鄧副総理説、我們也認為這項条約具有深遠的意義。過去的事情已経過去、今後我們要以向前看的態度建立両国和平的関係。這項条約是迄今為止両国関係的政治総結、也是進一歩発展両国関係的新起点。這項条約、不僅対我們両国子子孫孫友好下去有着重要意義、而且対亜洲及

太平洋地区的和平稳定具有重要意義、対世界和平也具有重要意義。(会見において天皇陛下は、日中両国には長い友好の歴史があり、一時は不幸な事柄もあったが、すでに過去のものとなったと述べられた。天皇陛下は日中和平友好条約の批准書交換について、深い意義のあるものと認識され、喜びを表明された。天皇は今後両国の親善を深め、長く平和を維持することを希望された。／鄧小平副総理は、この条約は深い意義があるとわれわれも認識している。過去の事柄は過去のものとし、今後は前向きの態度で両国の平和の関係を樹立したい。この条約はこれまでの両国関係の政治的総括であり、両国関係をよりいっそう発展させる新たな起点でもある。この条約はわれわれ両国が子々孫々、友好を続けるうえで重要な意義があるだけでなく、アジア太平洋地区の平和と安定にとっても世界平和にとっても重要な意義がある、と述べた。)

5　豊下二部作の何が問題か

以上、第3章、第4章に述べた豊下二部作『安保条約の成立』『昭和天皇・マッカーサー会見』における欠陥あるいは誤謬を整理すれば、以下の通りである。

『安保条約の成立』(一九九六年)について

(1)「〔米日の公文書公開によって〕吉田を超えるところの昭和天皇による天皇外交とも呼ぶべきべ

クトルが交渉過程に介入したことが、安保条約のあり方に決定的ともいえるインパクトを及ぼしたのではないか、という一つの仮説さえ立てることができる」（はしがき）。

公文書公開によって、これまでは曖昧な理解あるいは誤解されてきた事実が明らかになり、それによって解釈が訂正される事例は歴史上しばしば見られる。サンフランシスコ講和条約あるいは平和条約と、これを補完する日米安保についても、当然誤解は糺されるべきだ。だが、豊下の『成立』は、この作業においてあまりにも杜撰である。情報公開の機をとらえて、史実に合わない憶測の類を「仮説」にでっち上げたように見える。

講和問題を扱う国際的環境は朝鮮戦争の前後で一変した。これを峻別せずに、朝鮮戦争前の理想主義的全面講和のイメージと、戦争勃発後の米国主導の、あたかも一見「日米講和」にみえるようなダレス講和を対比させるような書き方はよくない。朝鮮戦争勃発後の事態に照らせば、ソ連をまず排除する形が想定された。次いで、ソ連の同盟を結ぶ共産中国も同じ扱いになる。だが、中国の代表を誰とするかは複雑だ。英国はすでに中華人民共和国（毛沢東）を承認したからには当然北京が中国を代表する。ところが日中戦争期を通じて中華民国（蔣介石）を支援し続けてきた米国は、北京政権を拒み、台北の亡命政権を支持する立場にある。結局は両者共に講和会議に招かれなかった。国連代表権の問題は一九七一年一〇月にようやく結着がついたが、結果からいえば英国に先見の明があり、ケナン、ダレスらの封じ込め路線は、時代に逆行するものと評すべきである。ソ連はヨーロッパ戦線では大きな犠牲を払ったが、東アジアでは「漁夫の利」を得た。これは米国がまず強く参戦を要請し、実際に参戦するや、翻って「漁夫の利」を排除しようとする米国のご都合主義外交の欠陥が暴露されたことを意味する。豊下の描く講和会議のイメージに、北京であれ、台北であれ、「中国」の姿はない。

(2)こうして、ソ連を排除した非全面講和のゆえに、マッカーサーによって丸裸にされた日本の安全保障が講和以後の最も喫緊の課題となった。当然ながらもし全面講和ならば、当面日本を攻撃する敵は存在しないので、日本の再軍備も米国軍隊による日本防衛も不要である。日米講和が冷戦を導いたのか、それとも冷戦のゆえに日米講和を余儀なくされたのか。これはニワトリとタマゴの関係に似て、どこから見るかで因果関係は異なる。

朝河史学は、本書第Ⅱ部で紹介するように、ナチス・ドイツと同様、ソ連もいずれ崩壊すると予見していた。ただし、そのような本質的欠陥を内包する社会体制と戦う場合に、イソップ物語の「北風か、太陽か」。これはやはり難しい選択であり、時と条件により、異なる対応を求められるはずだ。

歴史を事後に、すなわち「一九九一年一二月のソ連解体」という事実に照らして再考すると、ソ連の体制により多くの内部矛盾が秘められていたことが分かる。そこをどこまで見抜くかが歴史を見る眼となる。

豊下の『成立』が書かれたのは、一九九六年であり、ポスト冷戦期だが、「安保再定義」や「拒絶する沖縄」の歴史的意味が明確にとらえられていない。その結果、ベクトルやファクターといった定義抜きの外来語で、論理をあいまいにしたまま、根拠のない「仮説」が描かれる。

(3)豊下は吉田外交の構図を正しく認識できていない。戦前・戦中期に外交官としての活動歴しかない吉田茂が、一切の旧秩序の崩壊したなかで、平和憲法のシステムのもとで、大衆的基盤を欠いているまま、GHQの権力に依拠して新たな秩序を構築することには大きな困難を伴った。自由主義者としての吉田は、なによりも軍国主義解体に力を傾注したが、これは吉田自身の政治的基盤を固めるためでもあった。鳩山一郎や石橋湛山などリベラルな指導者たちでさえ、一時は戦争協力者として公職から追放されたが、これらの人々が公職復帰を許されることによって、戦後政治は秩序を取り戻すことになった。吉田は米国側から、真に日本を代表できる、超党派の政治的団結を要求された。

ダレスは、かつて第一次大戦後のベルサイユ条約がナチスによって易々と反古にされた教訓を意識して、対日講和が特に左派政権への政権交代によって反古にされる恐れを強く懸念していた。それは米ソ冷戦の最前線がアリューシャン、千島、日本の四島〔北海道、本州、四国、九州〕、沖縄、台湾、フィリピンのラインで結ばれることを意味した。朝鮮半島の三八度線ではなく、三六度線で日本本土が分断されることを意味した。ベルリンの壁にも似た東京の壁は決して、ありえない想定ではなかったのだ。吉田は対米関係では、対マッカーサー交渉と、対ダレス交渉と二つを段階を追って処理したが、一時期には、前者の軍国主義解体と後者の再軍備論とは、一八〇度方向の異なる路線であった。

（4）豊下は「天皇外交」なるコンセプトを提起したが、このような概念作りはミスリーディングである。第一に、豊下は帝国憲法下の天皇を「能動的君主」としているが、これは事実上、独裁君主の別名である。天皇は憲法の枠組みからして、内閣の輔弼を受けて、受動的な行動を行う君主（passive sovereign）であり、これを「独裁君主」と解するのは、憲法解釈からしても、輔弼に依拠する現実の昭和天皇のあり方からしても、事実誤認である。第二に、豊下は戦後の昭和天皇が象徴天皇の枠を越えて、憲法に違反するままに、あたかも独裁君主のように行動したと批判しているが、これは事実誤認であろう。天皇の行為は、象徴天皇制の枠組み内のものと理解すべきである。第三に、沖縄メッセージについて、私利私欲のために、沖縄を売り渡したといわんばかりの非難を行っているが、この非難は当たらない。ダレスが講和条約第三条の解説において、「残存主権を許した」と説明したことの意味をかみしめるべきだ。これは「主権を認めることをしない」代わりに、認められた「残存主権」なのだ。いわんや寺崎英成がシーボルドに覚書を渡した時点では、沖縄返還と沖縄併合が米国指導部内で対立していた時期であり、このような時点における天皇の意志表明は積極的な意味があったと解すべきである。二つの天皇メッセージが「吉田外交をねじ曲げる」といった非難は、二重、三重に誤解・誤認を重ねている。

（5）豊下は大胆な仮説なるものを提起するが、往々事実誤認と曲解が多い。天皇・ダレス会見記録を米国側記録によって細かく読み、また吉田茂を批判したと豊下の説く、マッカーサー書簡を読み直すと、豊下の読み方は、ほとんど誤読と断ぜざるを得ない。吉田がサンフランシスコ行きを躊躇し、全権団の編成の仕方や団長の人選等で、慎重であった事実について、日米安保の内容に対する不満をこのような形で表明し、抵抗したと読むのは、甚だしい曲解ではないか。

（6）連合国内部の厳しい対立にほとんど注意を向けていない。単に日米交渉だけで説いている。これは国際的枠組みに対する無知を意味する。その結果、事実上は、「単独講和」＝「日米講和」と誤解しているように見受けられる。米国のリーダーシップが大きなものであったことは疑いないが、国連ではソ連の拒否権に悩まされ、同盟国内部では、老練な英国とのリーダーシップ争いに悩まされた。また反日感情の強いオーストラリア、ニュージーランド、フィリピン等をも説得する必要に迫られていた。これらの要素を捨象するのは、ポツダム宣言からサンフランシスコ講和条約までの激動の歴史を考察する上で、致命的な欠陥となるおそれがある。

『昭和天皇・マッカーサー会見』（二〇〇八年）について

（1）豊下の『昭和天皇・マッカーサー会見』は、昭和天皇が「戦争責任を東条に転嫁しようとした」と述べている。しかし、昭和天皇の発言（とされる部分）は、詔書の利用のされ方についての東条批判にとどまるものであり、「開戦判断の責任の所在」に言及したものではない。東条に開戦の責任を転嫁するのは昭和天皇の発言の真意ではなかった（古川隆久『昭和天皇』三一七ページ）。天皇はマッカーサーとの第一回会見で「自分は日本国民の指導者であり、したがって、日本国民の行動には責任がある」として、「統治権の総攬者としての昭和天皇の責任」を明確に認めている。要するに「昭和天皇は、宣戦布告前に攻撃する意図はなかったが、〔結果的に〕そうなったことを含め、日本の行動に対し自分に最終的な責任があると占領軍の最高責任者に明言した」（古川隆久『昭和天皇』三一八ページ）。

（2）豊下は昭和天皇のダレス宛てメッセージが吉田首相の「基地提供否定方針」を失敗させたと推

定したが、天皇のメッセージは国内の基地提供を批判している点で、吉田の本音と方向性は同じだった。つまり「講和条約交渉時の昭和天皇の行動も、吉田の講和条約締結への努力を側面から支援する意味をもつものだった」（古川隆久『昭和天皇』二五三ページ）。

（3）講和に関わる一連の昭和天皇の行動が、憲法の定める国事行為の枠を逸脱していたことは確かである。しかしながら、「昭和天皇にはもはや外交大権も大臣の任免権もなかった。……昭和天皇の占領期のこうした憲法逸脱行為は、日本の復興の役に立ちたいという昭和天皇の熱意の現れという以上の意味はなかった」（古川隆久『昭和天皇』三五四ページ）。

表4　占領行政と昭和天皇の戦争責任・謝罪表現

年月日	発言者および 発言機会	発言内容〈出所〉
1945.8.9	［昭和天皇］ 講和の決意。	政府も愈々ポツダム宣言を受諾することに意見を極めて、8月9日閣議を開いた。又最高戦争指導会議も開かれた。（中略）敵が伊勢湾付近に上陸すれば、伊勢熱田両神宮は直ちに敵の制圧下に入り、神器の移動の余裕はなく、その確保の見込みが立たない、これでは国体護持は難しい、故にこの際、私の一身は犠牲にしても講和をせねばならぬと思った。〈『独白録』146 ～ 149 ページ〉
1945.8.30	マッカーサー連合軍総司令官（SCAP）が厚木飛行場に到着。GHQ を設けて占領行政を開始。	
1945.9.27	［昭和天皇］ マッカーサーに対して初めての会見において。	（日本の対米宣戦布告を米国政府が受け取る前に真珠湾攻撃を開始するつもりはなかったのだが、東条が自分を欺いたのである、としつつ）責任を回避するためにそのようなことを口にするのではない。自分は日本国民の指導者であり、したがって、日本国民の行動には責任がある。 「昭和天皇は統治権の総攬者としての自分の責任を明確に認めたもの」〈古川隆久『昭和天皇』318 ページ〉。
1945.10.2	［フェラーズ准将］ マッカーサー宛覚書。	太平洋戦争開戦の詔書は、主権国家の元首としての天皇の免れ得ない責任を示すが、「最上層の、そして最も信頼しうる筋によれば、戦争は天皇が自ら起したものではない」 「天皇は、開戦の詔書について、東条が利用したような形でそれを利用させるつもりはなかった旨をみずからの口で述べた」「大衆は裕仁に対して格別に敬慕の念を抱いて」おり、「終戦を求める詔書は、大衆の心を喜びで満たした」 「天皇の措置によって何万何十万もの米国人の死傷が避けられ、戦争は予定よりもはるかに早く終結した。したがって、天皇を大いに利用したにもかかわらず、戦争犯罪のかどにより彼を裁くならば、日本国民の目には背信に等しい」 「統治機構は崩壊し、全国的反乱が避けられず、何万人の民事行政官とともに大規模な派遣軍を必要とする」と主張した〈『資料日本占領』❶資料 174。国会図書館にボナ・フェラーズ文書あり〉。
1945.11.5	日本政府、閣議決定。	「戦争責任等に関する件」で、昭和天皇は「飽く迄対米交渉を平和裡に妥結けしめられんことを御軫念（しんねん）あらせられ」、「開戦の決定、作戦計画の遂行等に関しては憲法運用上確立せられ居る慣例に従はせられ、大本営、政府の決定したる事項を却下遊ばされざりしこと」という政府見解が定められた（『資料日本占領』❷資料 89）〔開戦の決定は「憲法運用上やむをえないもの」であり、昭和天皇には「戦争責任なし」と決定した〕。
1946.1.1	昭和天皇の人間宣言。	「新日本建設に関する詔書」

1946.1.25	［マッカーサー］ アイゼンハワー宛。	・終戦時までの天皇の国事への関わり方は、大部分が受動的なものであり、輔弼者の進言に機械的に応じるものであった〔朝河貫一の受動的主権説が影響していると推測することは許されるであろう。ちなみにGHQは1948年8月、朝河貫一の死に際して半旗を掲げた〕。 ・天皇を告発するならば、日本国民の間に必ずや大騒乱を惹起する。 ・天皇は、日本国民の統合の象徴であり、天皇を排除するならば、おそらくは100万の軍隊が必要となり、無期限にこれを維持しなければならない。〈『資料日本占領』❶資料147、*FRUS*, 1946, VOL.Ⅷ, p. 396〉
1946.2.19	極東委員会ブレイクスリー訪日団、調査（1945.12.26～1946.2.18）報告を公表。	日本人の天皇支持に92%と指摘しつつ、日本社会における天皇の役割を次のように指摘した。 ――日本国民は天皇を残すことを支持しているだけではなく、天皇制に対して深い情緒的愛着心を抱いている。日本では国民感情を結ぶ強い絆として、国民を結ぶ統合の象徴として、そして日本人の政治生活を調整し調和させる要素として、天皇制が必要だ、と〔たとえば朝河貫一のように〕思慮深い日本人が主張している。国民は天皇を国家の元首とみなしているだけでなく、全国民からなる大家庭の家長とみなしている〔これはまさに朝河貫一の天皇論にほかならない〕。
1946.2.19～3.28	天皇巡行、神奈川県（2.19）、東京都（2.28）、群馬県（3.25）、埼玉県（3.28）。	
1946.2.22	閣議、GHQの憲法草案の受入れを決定。	
1946.3.5	憲法改正の詔勅、3.6憲法改正要綱を発表（主権在民、天皇象徴、戦争放棄等）。	
1946.4.3	［極東委員会］ 「FEC007/3」政策決定	「日本国天皇を戦争犯罪人として起訴することを免除する」ことを合意。
1946.4.5	対日理事会、東京で第1回会合。	
1946.4.13	米国（SWN-4149）により、天皇制維持が決定された。	日本の天皇制の扱い。もし日本人が共和制の政体を望むならば、共和制の合衆国としては、その創造を支持する立場に立つ。しかしながら、日本人は天皇制の最も好ましからざる側面の排除は歓迎しつつも、天皇制全体の廃止については、圧倒的多数が反対していることは明らかだと思われる。それゆえ最高司令官としては、天皇制の完全な廃止を主張すべきではない。
1946.5.3	極東国際軍事裁判開廷。	

1946.6.1	[昭和天皇] 『昭和天皇独白録・木下版』完成。	「国民性に落ち着きのないことが、戦争防止の困難であった一つの原因であった〔国民性についての言及は、現在流布している『独白録・文庫版』には欠如しているが、朝河貫一の遺作「国民性の弱点」批判と符合する〕。将来この欠点を矯正するには、どうしても国民の教養を高め、又宗教心を培って確固不動の信念を養う必要があり」「このことが日本民族の向上ともなり、世界に向かって人種平等を要求する大きな力ともなる」。 「(自らについて) 不可抗力とはいいながら、この戦争によって世界人類の幸福を害い、又我が国民に物心両方面に多大な損害を与えて国の発展を阻止し、又股肱（ここう）と頼んだ多くの忠勇なる軍人を戦場に失い、かつ多年教育整備した軍を武装解除に至らしめたのみならず、国家の為粉骨努力した多くの忠誠の人々を戦争犯罪人たらしめたことに付ては、我が祖先に対して誠に申し訳なく、衷心陳謝する」。
1946.6.18	[キーナン検事]	天皇を戦犯として訴追せずと言明（ワシントン）。
1946.7.12	中国で全面内戦が始まる。	
1947.9.20	[昭和天皇] 「沖縄メッセージ」――シーボルドが寺崎との会見内容をマッカーサー宛に報告。	昭和天皇の政策論は、当時〔1947 年 9 月〕の国際情勢のなかで日本の共産化を防ごうとするならば当然発想されるべきものであった。1979 年 4 月に昭和天皇は、この行動の動機について側近に「アメリカが占領して守ってくれなければ、沖縄のみならず日本全土もどうなったかもしれぬ」と回想した（入江日記 4 月 19 日）。ただし、この段階では連合国や米国政府内部の合意形成が進まなかった為、昭和天皇の行動が成果を生むことはなかった〈古川隆久『昭和天皇』352 ページ〉。
1951.2.10	[昭和天皇] ダレス謁見の際に。	日本軍が他の国において、多くの犯罪行為を行ったことを私は十分に知っており、それゆえにアジアの人々はおそらく日本に対して友好的ではない。日本はこれを教訓として、悪い評判を克服して、アジアの人々と平和的に共存することを希望する 。 （天皇はまたこう述べた）私は日本が米国と戦争を行うことを止めさせる力がなかったことを申し訳なく思う。
1952.5.3	[昭和天皇] 皇居前広場で行われた講和発効、憲法施行 5 周年式典のお言葉。	戦争による無数の犠牲者に対しては、あらためて深甚なる哀悼と同情の意を表します。
1952.9.18	[昭和天皇] 中華民国特使張群に対して。	両国間の紛争に遺憾の意を表し、事実上の謝罪を行った。
1975.10.2	[昭和天皇] 米大統領主催の晩餐会にて。	私が深く悲しみとする、あの不幸な戦争。
1978.10.23	[昭和天皇] 日中平和友好条約の批准書交換のために来日した鄧小平副首相に対して。	日中両国には長い友好的な歴史があり、一時は不幸な出来事がありましたが、既に過ぎ去りました（『人民日報』1978 年 10 月 24 日）。

1979.4	［昭和天皇］	靖国神社にA級戦犯が合祀されたことが明らかになって以後、靖国神社参拝を行わず、平和憲法遵守を内外に明示する行動。
1982.7-8月	［昭和天皇］ 歴史教科書問題について。	昭和天皇が「日本の非を認める立場」から政府に対応をはたらきかけた〈古川隆久『昭和天皇』375ページ〉。
1984.9.6	［昭和天皇］ 韓国全斗煥大統領の宮中晩餐会で。	今世紀の一時期において両国の間に不幸な過去が存したことは誠に遺憾であり、再び繰り返されてはならない〈朝日新聞1984年9月7日付〉。
1987.10.24	［昭和天皇］ 沖縄国体開会式で天皇に代わって訪沖した皇太子が代読した「おことば」。	さきの大戦で戦場となった沖縄が、島々の姿をも変える甚大な被害を蒙り、一般住民を含む数多くの尊い犠牲者を出したことに加え、戦後も長らく多大の苦労を余儀なくされてきたことを思うとき、深い悲しみと痛みを覚えます。〔中略〕改めて、戦陣に散り、戦禍にたおれた数多くの人々やその遺族に対し、哀悼の意を表するとともに、戦後の復興に尽力した人々の労苦を心からねぎらいたい〈朝日新聞10月25日付〉。
1992.10.23	［平成天皇］ 訪中時。	両国の関係の永きにわたる歴史において、わが国が中国国民に対し多大の苦難を与えた不幸な一時期がありました。これは私の深く悲しみとするところであります。

第5章　沖縄返還協定と尖閣問題

1　「尖閣問題の核心」に触れることなく、尖閣問題を論じた不毛の書
――豊下楢彦著『「尖閣問題」とは何か』

豊下楢彦著『「尖閣問題」とは何か』（岩波現代文庫、二〇一二年、以下『尖閣問題』）は奇妙な本だ。尖閣問題になぜ「　」が付され、「尖閣問題」と表記されているのか。その意味が分からない。いわゆる尖閣問題、すなわち尖閣問題に対する俗流の理解を批判するスタンスかと受け止めて読み始めたが、この本は俗流尖閣論そのものであり、「　」を付した意味がますます分からなくなった。

鮮明な米国の立場

豊下は序章でいう。「問題は、久場島と大正島が米軍の管理下にあって日本人が立ち入れないというレベルの問題だけではない。さらに根本的な、領有権にかかわる問題がある」「それは、米国が尖閣諸島の帰属のありかについて『中立の立場』をとっていることである。久場島と大正島の二島

を訓練場として日本から提供されていながら、これほど無責任な話があるであろうか。なぜ日本政府は、かくも理不尽な米国の態度を黙認してきたのであろうか」「米国は、一九七一年に中国が公式に領有権を主張して以来、尖閣諸島について事実上『領土問題は存在する』との立場をとり続けてきたのである。しかも中国は、こうした日米間の亀裂を徹底的に突いてきているのである」（豊下楢彦『尖閣問題』一一一―一一二ページ）。

豊下はここで大きな事実誤認を犯している。米国が尖閣諸島について領土問題が存在するとの立場をとるに至ったのは、「中国が公式に領有権を主張して以来」ではない。ちなみに中国（中華人民共和国）が「公式に領有権を主張」したのはいつか。それは明らかに一九七一年一二月三〇日付「釣魚台の所有権問題に関する中国外交部声明」である。このおよそ二ヵ月前の一〇月二五日に国連総会は中国代表権について、中華民国から中華人民共和国に変更する重大な決定を行っている。それゆえ、このとき中華人民共和国は国連総会で安全保障理事会の常任理事国の地位をもつ大国として、この外交部声明を発したことになる。

だが、米国が「尖閣諸島について領土問題が存在するとの立場」を明らかにしたのは、これが初めてではない。ではいつと見るべきか。一つは、一九七一年六月一七日、すなわち日米沖縄返還協定が調印された日である。もう一つは、この協定を米国上院が批准した一九七一年一〇月である。上院の沖縄公聴会は二七～二九日の三日間行われた。

豊下が「中国が公式に領有権を主張して以来」と指摘するとき、彼は二重の錯覚に陥っている。一つは中華民国と中華人民共和国とを混同していること、もう一つは、六月一七日と一二月三〇日の間に、国連における中国代表権の交代が行われた事実を明確に認識していないことだ。

米国は沖縄返還交渉の最終局面で、中華民国（台湾）との繊維交渉の過程で、中華民国の尖閣諸島に対する潜在請求権（underlying claims）を認め、それゆえに尖閣諸島の領有権（sovereignty）は未定であり、最終状態（final status）については、関係国間の協議が必要だ、この問題について、米国はいずれにも与しない、中立の立場を堅持する、と言明したのである。

日中台間の尖閣衝突は、実に沖縄返還協定に始まるのであり、この核心が把握されていないために、豊下の本は、尖閣問題の周辺を堂々巡りするばかりで、核心に切り込んだとは言い難い恨みが残る。

たとえば豊下の次の文は、理解のアイマイさを浮き彫りにしている――「中立の立場」とは、日本のものであるか、中国のものであるか、台湾のものか、いずれとも立場を明らかにしない、ということなのである（一二ページ）。

豊下は、いわゆる「あいまい戦略」と同じものと誤認しているようだ。米国の中立の立場とは、「日本のものであるか、中国のものであるか、台湾のものか、いずれとも〔米国の〕立場を明らかにしない」といったものではない。三者に対してそれぞれに異なる言辞を弄しつつ、それを隠すようなものではない。

米国は「立場を明らかにしている」のだ。ではどのような立場か。それは尖閣の領有権の争いについては、日・台・中、いずれの側にも与しないこと、これが米国の立場なのだ。立場を隠してあいまいな態度をとり、漁夫の利を狙うものと解してはならないのである。

中国外交部声明の誤読

たとえば豊下の次の文は、中国（中華人民共和国）外交部声明を誤読している――この中国の主張は要するに、尖閣諸島は、サンフランシスコ講和条約第三条によって米国の「全権支配」のもとにおかれることになった沖縄に含まれておらず、第二条で最終的に日本から切り離された台湾に含まれていた、というものであった（豊下、四〇ページ）。

中国外交部声明のいう「台湾の付属島嶼である釣魚島などの島嶼」とは、「地理的位置、地質構造、歴史的淵源、漁民の継続的使用」等の要素からして、「台湾の付属島嶼」と主張した中華民国（台湾）外交部声明（一九七一年六月一一日）を踏まえて、「釣魚島が台湾に付属する島嶼」と記述したもので、対日講和条約における日本の戦後処理にかかわる区分を論じたものではない。すなわち尖閣諸島が「米軍支配下の沖縄」に含まれるか、「中華民国」に含まれるかを、この文脈から論ずるのは、見当違いである。

日本敗戦の時点で戦勝国たる中華民国が「〔尖閣諸島を〕中国領に編入することに何らの障害も存在しなかったにもかかわらず、その措置はとられなかった」（四〇ページ）のは事実だが、この事実をもって「中華民国あるいは中華人民共和国に尖閣領有の意志なし」と書くのは、木を見て森を見ない愚行である。

日本外務省やそれに追随する御用学者はみなこの論点を強調する。日本降伏時、中華民国はなるほど日本との関係においては戦勝国であり、連合国の一員であった。しかしながら、国内的基盤を見ると、すでに本土の大半を共産党軍によって奪われ、台湾への亡命寸前であった。このような、一方で国連安全保障理事会の常任理事国の地位を与えられながら、他方では亡命寸前の中華民国の立場を考慮するならば、なぜ「釣魚島の回復を宣言しないのか」という非難は当たらない。翻って実効支配を強調する日本もまた、無人島であり、かついまや資源としてのアホウドリも絶滅して、尖閣諸島の存在を忘却していたのだ。日本人が尖閣を想起するのと、台湾・中国が釣魚台を想起するのと、五十歩百歩なのだ。

たとえば豊下の次の文はどうか。——仮に、過去において実効支配が行われていた歴史があるならば、日本の降伏以降の「台湾編入」措置の過程において、当然尖閣諸島も中国領への編入手続きが取られていたはずなのである（四四ページ）。

繰り返すが、当時は中華民国政府だけでなく、日本政府も尖閣を忘れていたのだ。豊下は俗論に迎合して、中国共産党『人民日報』が掲載した「琉球島民の米国占領に対する闘争」（一九五三年一月八日）という解説記事において「尖閣諸島が台湾ではなく琉球諸島に属しているとの認識を示していた」事実を指摘する。これは日本側の領有権主張を裏付ける資料としてしばしば引用、強調される。だが、一九七二年九月の日中国交正常化、日中共同声明まで、日中間は戦闘行為こそすでに終わっていたものの、相手側を正統な国家と認めない関係にあった。そのような「敵国の新聞」にそのような解説があったところで、国際法的には無意味ではないか。一方で中華人民共和国を否認して外交関係の樹立を怠っておきながら、他方でその政権の『人民日報』の権威だけを認めようとするのは不可解である。

豊下は『尖閣』第2章第2項「中立の立場」と米中和解において、こう指摘した――ニクソン政権が「中立の立場」を固めていった時期と「米中和解」への交渉時期がもたらすであろう大きな「国益」に照らすとき、無人島の領有権の問題などは比べものにならない「瑣末な問題」と捉えられたはずなのである（豊下、五五ページ）。

これはおそらく誰でも想起する常識であろう。だが、ここでいきなり中華人民共和国や周恩来が登場するのは短絡だ。当時の米国が外交関係をもっていたのは、中華民国なのだ。経済的にも台湾や日本、韓国からの安価な繊維品が米国の繊維産業を席巻する厄介な問題をニクソンは抱えていた。中華人民共和国とは米国は外交関係はなく、また経済的に見ても香港経由で細々とした流れが存在したにすぎない。

豊下は『尖閣』第2章第3項で、ようやく「台湾にとっての『尖閣問題』」を扱う。これは論理としても、米国の中立の背景を説く上でも、話がノベコベである。中華民国から中華人民共和国に続くのだ。

沖縄返還と尖閣問題

豊下はこう書く。

――一九六七年九月、米国との間で沖縄返還交渉が煮詰まりつつあった時期に、佐藤栄作首相は台湾を訪問して蒋介石と会談し、沖縄返還に関する了解を求めたが、結局蒋介石は支持も反対も明言しなかった（五七ページ）。

蒋介石が沖縄返還に「支持も反対も明言しなかった」とするのは、正しいか。

一九六七年九月八日、佐藤首相との会談を終えて、蒋介石は『日記』にこう記した。

――招宴において佐藤が琉球問題を提起したので、私はこれを存分に話した。事柄の性質は米国の思惑よりも重大だ。名義上台湾は信託管理権を放棄する道理はないが、この問題に佐藤は然りと同意した。九月九日、昨晩招宴の後、佐藤栄作はソ連問題と琉球問題を再度提起した。私と佐藤、両者の見解は〔共産主義の脅威に対する認識では〕同じであり、食い違いはない。私が思うに佐藤の政治的言行は比較的実際的であり、私は「琉球の日本返還に反対しない」態度を明言した。わが国民党の政策は、琉球を勝ち取る方針ではないが、〔大陸の〕共産党は「琉球を中国に帰還させようとする」ばかりでなく、「日本への返還に反対」している（『蒋介石日記』フーバー図書館蔵）。

豊下は「支持も反対も明言しなかった」と書いたが、蒋介石は「琉球の日本返還に反対しない」態度を明言したのだ（矢吹晋『尖閣衝突は沖縄返還に始まる』三七ページ）。

蒋介石の大陸反攻を「支援できない」という佐藤の態度はもどかしいが、大陸の北京政府がもし琉球「返還」を要求しているならば、蔣介石としてはこれに反対する、すなわち「日本への返還に反対しない」という態度を採る。蔣介石がここで「明言した」と記しているのは、初めて日本側に伝えたことを強調する狙いが読み取れる。逆にいえば、この佐藤会談までは、蔣介石は沖縄の日本への返還に反対であり、「国連の信託統治か、さもなくば米台による共同管理」を主張してきた。蔣介石はここでカイロ宣言以来の立場、すなわち沖縄は中華民国に帰属するという立場をようやく修正し始めたことになる。

日清戦争の敗北を踏まえて行なわれた下関条約＝馬関条約において、清国は台湾割譲にともない、初めて琉球諸島に対する日本主権を正式に認めた。この際、日本側は、尖閣諸島は琉球諸島に含まれているという立場から、尖閣を含む琉球列島の日本帰属を清国が認めたものと理解したのである。しかしながら、清国の継承国家である中華民国の蔣介石は、一九四三年一一月二三日カイロ会談翌日の『蔣介石日記』に、戦後処理案として尖閣を含む琉球を「中華民国と米国の共同管理」とするよう提案した事実が重要だ。

一九四五年八月の日本投降、中華民国から見ると一〇月一〇日の光復により、下関条約は再度見直されることになり、台湾及び澎湖諸島の返還は当然のこととして、中華民国は沖縄諸島に対する主権回復も主張した。これは一九四三年中華民国外交部長宋子文の言明以来、日本の敗色が濃くなるにつれてしばしば強調された観点であった。

蔣介石の率いる中華民国が日本敗戦の前夜まで、「琉球の中華民国への返還」を主張したことは事実である。しかしながら、国連の創設の理念として、戦勝国は領土拡大を行わないとする原則が採択された後は、琉球問題はその性質が大きく変わった。「中華民国への琉球返還論」は、「復讐主義者による領土拡大要求」として厳に戒められた。戦勝国としての中華民国は、「中華民国への琉球返還」ではなく、米中による「琉球への共同管理」しか要求できなくなったのだ。蒋介石は「琉球返還」を主張した途端に、「復讐主義者による領土拡張策」として米国世論を敵に回す立場に置かれた。これは米国の軍事支援に依拠する中華民国の安全保障にとって極めて危うい。ただし、中華民国が戦勝国の一員である以上、敗戦国の領土たる琉球に対して、その処分・管理問題に対しては当然発言権をもつ。蒋介石はこの立場を堅持することによって米国世論の支持を獲得しつつ、大陸反攻を国是として台湾に居すわった。

豊下は『尖閣』第二章第三項で「台湾ファクター」を論じているが、きわめて不十分だ。秘密解除でようやく明らかになった「一九七一年六月九日に行われた愛知外相とロジャース国務長官との会談」に言及しつつ、問題の核心を把握し損ねている。ロジャースがここで日本政府に対して「中華民国側とぜひ協議してほしい」と「懇願した」のは、米国が中華民国との約束との板挟みに陥ったからだ。

この裏には、ケネディ特使と蒋経国との息詰まるような交渉があり、そこでケネディはニクソンの最終決定として「尖閣諸島の日本返還」「ただしこれは施政権の返還であり、領有権の返還ではない」「領有権問題は日本と中華民国との間で協議されよ」「米国は両者の協議結果にしたがう」との方針を蒋経国に伝え、同時に蒋経国は米国への要求として、米国の公式の立場をマクロフスキー国務省報道官の言として世界に公表すること、さらに中華民国の安全保障のために、黄尾嶼（日本名＝久場島）および赤尾嶼（大正島）に米軍の射爆撃場を置き、この二島については米軍による管理を継続することを挙げて、米国はこれを受け入れた。

このような「米国と中華民国との交渉結果」を伝えるものが、パリでのロジャース・愛知会談であった。一連の経過は矢吹が『尖閣衝突は沖縄返還に始まる』で書いた通りである。そしてここにこそ、米国の「中立の立場」の原点がある。豊下はこの核心を押さえていないので、米国の中立の立場をさまざまに解釈し、周辺を堂々巡りするばかりで、核心からいよいよ遠ざかる。

こうしたアイマイな分析に基づいて大胆に結論する。曰く、「尖閣諸島の領有権問題で『中立の立場』を採るという米国の『あいまい』戦略は、日中間に領土問題という絶えざる紛争を残し、米軍のプレゼンスを正当化するという意味において、いわゆる『オフショアー・バランシング』戦略の一つの典型と言える」（豊下『尖閣問題』六四ページ）と。これはアメリカ帝国主義陰謀論らしいが、少なくとも尖閣問題に関する限り、米国の「中立」策とは、日台に挟まれて進退に窮した米国の苦肉の策なのであり、陰謀論で説くのは、はなはだ不勉強のそしりを免れない。

なぜアメリカは中立なのか

豊下は『尖閣問題』八三ページでマクロフスキー報道官が一九七〇年九月一〇日に「尖閣諸島は琉

球の一部」と明確に表明した、と引用しているが、これはきわめてミスリーディングだ。米国のいわゆる「中立の立場」を一九七一年六月一七日の協定調印の際に、詳しく説明して、「日本への返還は施政権のみ。領有権については関係国間で協議されよ」と世界に公言したのはまさにマクロフスキー報道官なのだ。そして彼は六月九日にパリで行われたロジャース愛知最終会談にも立ち会い、両国の交渉経過を見届けている。このような歴史の証言者としての役割を負ったマクロフスキーに触れずに、枝葉の発言を引用するのは、まさに木を見て森を見失う典型である。

豊下は同一七二ページで、南沙諸島との違いに触れて「尖閣の場合は、ことの性格を根本的に異にする。米国は戦後二七年間にわたる沖縄の軍事占領の間に、尖閣を『沖縄の一部』と位置づけ射爆撃場として使用してきた。さらに沖縄の返還以降も、久場島と大正島を管理下においてきた。つまり米国は、第三者ではなく当事者なのである。こうした経緯をもつ尖閣諸島の帰属について『中立の立場』にたつことは、日本を『侮辱』するものであるとともに、中国が不当きわまりない主張を展開するにあたって『最大の根拠』を与えている」と（一七二ページ）。

豊下は冷静な研究者を装っているが、この辺りはナショナリズムに汚染された人々の主張と変わるところがない。「沖縄の返還以降も、久場島と大正島を管理下においてきた」のは、米台交渉を調べれば分かるように、主として「中華民国の要求に応えた」ものであり、「蔣介石政権の安全保障のため」であった。

豊下はこの事実をおさえずに論評している。矢吹が『沖縄返還に始まる』で分析したように、中華民国の周書楷駐米大使の後任、沈剣虹大使は一九七一年五月一三日に尖閣に射爆撃場をつくる提案(『蔣経国総統文書』No. 005-010205- 00159-015)を行い、翌七二年三月二六日には周書楷外交部長も台北駐在のW・マコノイ大使に対して尖閣諸島を米軍の射爆撃場とするよう提案(『蔣経国総統文書』No. 005-010205- 00013-002)している。前者は返還協定調印の約一ヵ月前であり、後者は返還協定が実行される約二ヵ月前であった。米軍はこの時、北京政府との和解のために第七艦隊の台湾海峡でのパトロールを止めるなどさまざまの融和政策を提起していた。この文脈では、黄尾嶼および赤尾嶼の射爆撃場の廃止さえ検討していた可能性が強い。しかしながら、結局は中華民国側の要請を受けて、基地使用の継続を決めた。ただし、その後射爆場として使用した形跡はみられない。

ここで米軍のみを道徳的に批判しても始まらない。「中立の立場」にたつことは、中国が不当きわまりない主張を展開するにあたって「最大の根拠」を与えていると、中国を非難するに至っては、豊下の尖閣問題に対する認識レベルが俗流見解を一歩も出ないことが暴露されている。米国の「中立の立場」が中国側の領有権主張に有利な根拠を与えるのは事実だ。しかしながら米国の中立を支えとしつつ、中国が領有権を主張するのは果たして「不当きわまりない」ものであるかどうか。中国には当然領有権を主張できる根拠があると解するのが歴史を重んじた見解である。ここが豊下の尖閣論の致命的な弱点である。

言い換えれば、ニクソン政権が最終的に「中立」を選択したのは、沖縄返還協定前後の対中接近という国際事情のみによると読むのは皮相なのだ。近代史を顧みると、一八七九年のグラント将軍と明治天皇との会見（七月四日および八月一〇日）以来の米国の東アジア情勢認識を踏まえた決断であることにも思いを致すべきではないか（John Russell Young ed., *Around the World with General Grant*, 1879、松井順時編『琉球事件』、明治一三年二月）。

「沖縄返還以来の米国のかくも無責任な立場」（一七二ページ）と米国を道徳的に非難する前に、自らの認識が日本帝国主義イデオロギーに汚染されていないかどうか、それを問うべきなのだ。

欠陥報道を下敷きに

これまで豊下の尖閣問題認識の欠陥をいくつか例示してきたが、最も大きな欠点は『尖閣』「あとがき」に見られる。曰く、

（1）（一九七一年）六月七日、ニクソン大統領やキッシンジャー補佐官らは大統領執務室で、中華民国（台湾）が日本への返還に強く反対している尖閣諸島の地位について議論を行ったが、キッシンジャーは、一九五一年の講和条約の調印から一九七一年に至るまで、台湾の側から尖閣諸島について「特別な交渉は一切行われていない」こと、を強調した（二八四ページ）。

（2）翌八日、ジョンソン国務次官がキッシンジャーに対し、ピーターソン大統領補佐官が台湾の立場を支持し、軍事支援の可能性にさえ言及していると伝えたため、キッシンジャーは直ちにピーターソンを問い糺す電話をいれた。そこでピーターソンは、軍事支援への言及は、「米国の望む方向に日・台を導くための一案だった」と釈明した（二八四—二八五ページ）。

表5　米政権での尖閣処理の経緯（1971年6月）

7日午前	台湾からケネディ特使がピーターソン補佐官を通じて、ニクソンに伝えた尖閣の扱い方針は次のようなものであった。「尖閣の領有は日・台間で係争中」、「それゆえ日本返還を棚上げし、係争解決まで米国預かりが望ましい」。
7日午後	ケネディ提案を含めて尖閣の扱いについて午後3時25分から4時10分最終協議を行った。キャンプデイビッドに集まったのは、ニクソン、キッシンジャー、ピーターソンの3人。①尖閣を含めて沖縄全体を日本に返還する米国国務省の既存の方針を変えない。②日本に返還するのは施政権であり、領有権ではない。③領有権の最終的帰属は未定と解するのが米国の立場である。すなわち米国は領有権の帰属について日本にも中華民国にも与しない。中立の立場を堅持する。
7日夜	台湾では、蔣経国行政院副院長がケネディ特使を通じて、国務省の「最終状態は未定」の言質が届く。これはニクソンがキャンプデイビッドで決裁したもの。米台間の交渉はこれで結着。同時に米国の立場を日本に伝える最終協議として、ロジャース・愛知会談をパリで行うことを最終確認。
9日	パリでロジャース長官と愛知外相が会談して日米が協定案で合意。
15日	東京で愛知外相と彭孟緝中華民国大使との会談が行われたが、物別れに終わる。

出所）*FRUS*, 1969-1976, Vol. XVII China, pp.343-345, Department of States.

（3）そして翌九日、ジョンソンはキッシンジャーからの新たな問い合わせに対し、日本の外相が台湾と話し合う約束をしたこと、さらに「（尖閣の）日本への返還は、（領有権の）主張に対し米国が何らかの立場をとることをまったく意味しない。それを伝える文言を部下に練らせている」と応えたのである（二八五ページ）。

この三ヵ条の記述は『朝日新聞』（二〇一二年九月三〇日）および『時事通信』（二〇一二年一〇月三日）報道を紹介した形だが、まるで意味不明である。一連のこの報道は、報道自体に大きな欠陥があり、資料の誤読、誤解を重ねている。豊下はこれに依拠したため、文意がまるで奇怪なものとなる。

表5に米政権での尖閣処理の経緯を記す（くわしくは矢吹の『尖閣衝突は沖縄返還に始まる』表1「尖閣紛争の経緯」五五ページ前後参照）。

表5に示された経過からして、ニクソンらが一九七一年六月七日に「大統領執務室で」としているのは、キャンプデイビッドが正しい。これはワシントン郊外にある大統領の山荘で、ここにも大統領執務室はあるが、記録にこの場所が明記されているものをボカす理由はあるまい。キッシンジャーの発言として引用されているものは、国務省原案通りの日本返還の説明部分、表5の七日午後の①「返還」にすぎない。より重要なのは、②「施政権のみ」と③「領有権については中立」であるが、ここが欠けているのは、奇怪千万である。誰が②と③を隠したか、問うべきである。日本の二〇一二年一二月の報道はすべてここでミスリードされている。春名幹男氏の『文藝春秋』二〇一三年七月号論文も同じミスを犯している。

翌六月八日のピーターソン発言は、まるで誤解、曲解している。蒋経国は黄尾嶼および赤尾嶼に米軍基地が残されない場合に、中国から武力侵攻される危険性を憂慮していた。これに対して、黄尾嶼および赤尾嶼における米軍基地は残されること、さらにニクソンが中華民国の安全保障を確保するための「大統領特使」を派遣することを約束して、中華民国の懸念を払拭しようと務めた。このやりとりを誤解したものであろう。

翌九日の「ジョンソンとキッシンジャーの会話」は、国務省随一の日本通ジョンソン（日本大使を歴任し、当時は国務次官）を相手としてキッシンジャーがロジャース・愛知会談の細部の方針を確認したものである。

というわけで、豊下が「ニクソン政権は尖閣諸島が『沖縄の一部』であるとの明確な認識をもちながら、沖縄返還後の同諸島の領有権のありかについては『中立の立場』をとることに踏み切った」と解釈するのは、誤解に誤解を重ねていることになる。これは元々の新聞報道がきわめて不正確であることに過半の責任がある。

これまで本書の欠点を指摘してきたが、最後に長所も一つ指摘しておく。第三章「『尖閣購入』問題の陥穽」において石原慎太郎都知事の矛盾、特に久場島購入問題の右往左往を指摘した箇所は読みごたえがある。ここは評価できる。

しかしながら、最後にやはり本書の基本的な欠陥に触れないわけにはいかない。それはそもそも尖閣／釣魚台の領有権争いについての基本認識を豊下は間違えていることが致命的なミスとなっている。豊下はなぜ間違えたのか。本書の引用文献から判断すると、服部龍二『日中国交正常化』(中公新書、二〇一一年)の尖閣論をベースにしたからではないか。『尖閣』(四九―五一ページ)にその引用が見られるが、この箇所は文意が曖昧で、読み取れない。

そもそもこれは依拠した服部龍二の『日中国交正常化』に問題がある。そのことは拙著『チャイメリカ』「第一〇章 日中相互不信の原点を探る――大佛次郎論壇賞『日中国交正常化』の読み方」で厳しく批判した。その後『尖閣問題の核心』第四章でも「欠陥本を持ち上げる大新聞と研究者たち」で重ねて批判した。オーラルヒストリーと称して外務省高官の自慢話ばかりを紹介して、尖閣問題に対する中華民国・中華人民共和国の主張を一切無視するがごとき欠陥本に対して『毎日新聞』がアジア太平洋特別賞を与え、『朝日新聞』が大佛次郎論壇賞を与えて大宣伝した。豊下は服部本に依拠しているので、そもそも「中国の領有権主張に根拠なし」と前提している。最も根幹となる尖閣認識をそもそも間違えているとしたら、その後の行論がすべておかしくなるのが論理的帰結、物事の道理である。

豊下は『尖閣』序章で「領土ナショナリズム」を批判し、「煽動型政治家」「排他的ナショナリズム」を批判しているので、豊下自身はこれらの謬論から自由かと錯覚しかねないが、これらの風潮にやはり豊下は呪縛されていることが本書を読むと理解できる。

著者が「領土ナショナリズム」を批判したからといって、それが「領土ナショナリズム」を克服した証にはならないのだ。「領土ナショナリズムというものがいかに容易に人々を虜にするものか、ある種の恐ろしさを感じざるを得ない」（序章四ページ）と自覚している著者のようなベテラン研究者でさえ虜にしてしまう魔力をもっているらしい。まさにこの魔力こそが尖閣問題の核心かも知れない。

2　ニクソンの対中接近と沖縄返還——中島琢磨著『沖縄返還と日米安保体制』の読み方

田所昌幸（国際政治学者・慶応大教授）は、中島琢磨『沖縄返還と日米安保体制』（有斐閣）の『読売新聞』（二〇一三年三月三日）での書評を次のように結んだ。「著者によると、ニクソン政権の一連の対中接近外交と沖縄返還の関係は確認できないとのことだが、だとすると日本にとっては総力を挙げた事業だった沖縄返還だが、アメリカにとってはどれほどの戦略的重みがあったのか、知りたくなった」「それでも、これが何の代償も伴わずに実現するほど国際政治が甘いはずはない。佐藤は強く抵抗したものの密約で緊急時の基地使用を保証せざるを得なかったし、繊維問題も日本側の譲歩で決着した。沖縄返還が日本にとって大きすぎる代償だったのかどうかは、読者の考えるべきことだろう」（『毎日』三月二四日、『日経』二月二四日にも書評あり）。

田所はほんとうに国際政治学者なのか。「ニクソン政権の対中接近外交と沖縄返還の関係」を著者が「確認できない」のは、そのような資料しか読まずに本書を書いたためであり、中島著の致命的欠陥を指摘したに等しい。「アメリカにとってはどれほどの戦略的重みがあったのか」という設問も、その後の米中関係を見れば明らかな話だ。対中接近を契機として中華人民共和国は国連安全保障理事会の常任理事国の地位を得たが、日本はその地位を得ようとして失敗した。

田所がそれを知りたいと思うのは当然だ。それが書いてない本は、率直に評するが、欠陥本なのだ。田所はここで、著者・中島が「確認できない」などと逃げているのはなぜか、その理由を考察すべきなのだ。中島の著作は、この重大問題から極力逃げることしか考えない外務官僚のインタビューに依拠した結果、肝心の課題が見えなくなったことは、普通の常識をもった者には明々白々ではないか。

このような欠陥商品がさまざまな「識者」によって持ち上げられ、サントリー学芸賞を得たかと思うと今度は毎日出版文化賞を得たという。あきれて絶句するほかない。

サントリー学芸賞のためにコマーシャルを書いた船橋洋一（日本再建イニシアティブ理事長、前朝日新聞論説主幹）は、こう結んでいる。「読み進むうちに、もっともっと知りたいテーマが次々と頭に浮かんできた。①沖縄返還交渉をめぐる自衛隊配備と米軍基地再編・縮小、②米中接近と沖縄返還の関係、③尖閣諸島問題と沖縄返還」。船橋が「もっともっと知りたいテーマ」が何一つ書いてない本をなぜ褒めるのか、筆者には皆目見当がつかない。「沖縄返還交渉研究のフロンティアの広さに気づかされたことも含めて、この本はまことに豊穣な沃野であった」といった、歯の浮くような褒め言葉がどこからなぜ出てくるのか、疑問だらけだ。

①米軍基地再編・縮小についていえば、黄尾嶼、赤尾嶼に設けられた米軍の射爆場は、中華民国の安全保障のためである事実、その証拠に返還以後、一度も実際使用された形跡がないこと。これが蒋経国の要求に米国が応えた結果であることは、小著『尖閣衝突は沖縄返還に始まる』で分析した。②米中接近と沖縄返還が深い臍の緒で結ばれている事実は、調べれば、容易に分かる話ではないか。③尖閣諸島問題と沖縄返還。これが焦眉の問題だ。

いま日中関係は閉塞し、まったく展望を見出せない。原因はいくつか数えられるが、最も根本的な問題は、米国が中華民国に尖閣諸島への潜在請求権を認めたこと、それゆえ、尖閣諸島の領有権問題は未定だと米国が保証したためである。

米国が日台あるいは日中台間で、領有権問題で「中立の立場」を堅持することは、米国が国際的に公約したことに起因する。一九七一年一〇月に行われた上院の沖縄返還協定批准のための公聴会記録には、これらの事実がすべて書かれている。

このような基本問題、重要問題から逃げて、外務省高官の苦労話、自慢話を書いたにすぎない。この種の駄本を褒める者は、自らの不明を暴露するだけであることを自覚してほしい。若手研究者の御用学者化の責任の一半は、欠陥本を激励する学界の腐敗体質であることが改めて証明された、と筆者は解する。

中島の本は、服部龍二の『日中国交正常化』ほど露骨に中国を無視したものではない。だが、外務省高官の自慢話ばかりを書いているので、問題の焦点を理解できない。そこからは日本外交の未曾有の失敗が何一つ見えてこない。尖閣衝突を考える契機はどこにも見出せない。欠陥商品と断ずる所以である。

付記　オバマ・安倍の同床異夢

二〇一四年四月、オバマ大統領が訪日し、四月二四日、日米共同記者会見が行われた。この会見は日米のすれ違いが際立つ。同床異夢の見本だ。両首脳の記者会見における「質疑応答」を最も詳しく報じたのは、『読売新聞』(二〇一四年四月二五日朝刊)と思われるので、それをホワイトハウス・ホームページの英文と対比して見よう。

首相官邸の政府インターネットには、いわゆる「録画」が掲げられているが、安倍発言の英訳は聞こえないし、オバマ発言の英語は聞こえない。聞こえるのは安倍肉声と怪しげな御用通訳の声ばかりだ。政府が日本語の「正文テキスト」を公表しないのは、著しい怠慢である。共同会見の内容が英文でしか全文を読めない有様では、まともな外交は成立しない。

ホワイトハウス英文によれば、オバマは、①米国の立場は一貫しており、それは、尖閣諸島の領有権の最終的決定について、米国は立場をとらないというものだ、②しかし歴史的に日本の施政〔実効支配〕が行われてきた、③それ〔実効支配〕を一方的に変えるべきではない、と三つの内容を語っている。ところが、首相官邸の「録画」音声を基調とした読売の翻訳要旨は、「私たちは一貫してこの立場を取っている。領有権の決定に対しての立場は示さないが、……一方的な変更をすべきではない」となっている。

まず「領有権の決定に対しての立場は示さない」としたのは誤訳だ。なぜか。「立場は示さない」では、「立場を曖昧にする」と誤解されかねない。そのような「曖昧戦略」とみる誤解が日本で広く行われている。話は逆だ。米国は「立場を鮮明にしている」のだ。その立場とは「尖閣諸島の領有権」の最終的決定については、米国は日本にも中国にも与せず、「中立の立場」をとる。領有権問題は両国で平和的に協議されよ。これが米国の立場であり、これを過去四〇年来、繰り返している。

領有権の「帰属」問題と、「〔帰属に関わる〕米国の政治的立場」を混同すべきではない。表向きは立場を示さず、裏では日本を暗に支持する、といったものではないのだ。尖閣問題がこれだけ日米中三角関係の争点となっているとき、読売は問題の核心を誤解しているという事実が暴露された。これは読売だけの欠陥ではない。政府の選んだ同時通訳の誤訳でもあり、日本のマスコミはすべてこの誤訳を拡散した。あやういかな。

「日本の施政〔実効支配〕が行われてきた」事実をオバマが指摘しているのに、この部分を飛ばす訳語はおかしい。これが日本の唯一の強みであるはずなのに。

CNNの記者に問われて、オバマは、「日本の施政下にある領土は全て安保条約の適用範囲に含まれている」と答えた。そして、この事実は、「オバマが生まれる前に、安保が結ばれた時」以来、何も変わらない。オバマが「赤線を引いたり、立場を変えたり」したものではない、と敷衍した。

このオバマ説明について、読売が単に「適用範囲に含まれている」という趣旨のみを繰り返したのは無意味だ。質疑の趣旨は、オバマが米国の立場を「変えたのか否か」である。これに対してオバマは「立場に変更はない」と答えた。しかし安倍政権は、あたかもオバマが米国の立場を変えたかのごとくに大宣伝した。この大宣伝が実態に合わない事実を読売など、すべてのマスコミが隠蔽した。

より重大なのは、次の点だ。オバマは、「同時に、日中で対話と信頼醸成を進めるべきときに、対立をエスカレートさせるのは、重大なミステイク（profound mistake）であると直接安倍首相に申し上げた」と安倍を厳しく批判している。読売はこれを「同時に事態がエスカレートし続けるのは正しくない。日本と中国は信頼醸成措置を取るべきだ」と訳した。「重大なミステイク」を単に「正しくない」と評論家風に訳すのは誤訳というべきだ。単なるミステイクではなく、「重大な過ち、深刻な過ち」とオバマは批判したのだ。

実はこれも同時通訳の誤訳であり、それを読売等が引き継い形だ。政府に雇われた通訳は安倍の顔色を見つつ、オバマの批判をトーンダウンして伝え、安倍の機嫌をとったように見える。ネットのあるコメンテーターはこれを「御用通訳」と評した。

第II部　朝河史学に学ぶ天皇制

第6章　日本史における天皇制——朝河史学・断章——

第Ⅱ部は、朝河貫一のライフワークを先行研究に習って「天皇制民主主義の構築」と位置づけ、その努力を彼が死去する直前まで続けたことを朝河貫一文書所収の未発表覚書も含めて、解読しながら考察するものである。

明治維新ですべてを失って田舎教師となった旧士族朝河正澄の子・貫一がアメリカにおける苦学生活で最初に取り組んだのは、「大化改新」の研究であり、そこから天皇制の研究が始まる。なぜ彼はこのテーマを選択したのか。そこには日本史全体を通観して、第一革命=大化改新、第二革命=明治維新と位置づける壮大なプランがあり、その出発点として大化改新を位置づけようとしたものであった。

1　日本史における二つの革命——大化の改新と明治維新

日米戦争への禍機

二〇世紀前半の東アジアにおいて祖国日本の動きは、朝河にとって憂慮に堪えないものであった。日清・日露戦争ではらまれた、禍《わざわい》に至る岐路＝「禍機」が、「日米戦争」まで拡大する不吉な歩みを「敵国」にあって苦悩しながら見つめた朝河にとって、「禍機」を超克する道は、「日本史における二つの革命」から教訓をよく学び、「新生日本」のあり方を模索する以外にはありえなかった。

朝河の見るところ、「禍機」は日露戦争の勝利に奢るところから始まるが、大きな陥穽に陥るのは一九三一年の満洲事変以後の十余年である。朝河は明治維新から大正デモクラシーまでの日本近代化を高く評価し、その道を堅持する可能性が存在したにもかかわらず、極左と極右の両勢力によって破壊されたと見る。すなわち左翼は共和制を主張し、右翼は天皇制擁護を唱えながら口先とは逆に天皇制を傷つける行為に終始した。朝河は、天皇制を the imperial institution と表記して、「institution としての天皇」をキーコンセプトとした。これは一般に広く用いられている天皇制（the emperor system）とは区別される。[*]朝河の天皇論は、本質的に朝河独自のものであり、その含意は、第Ⅱ部全体を通じて明らかになるであろう。

＊　山内晴子『朝河貫一論』（早稲田大学出版部、二〇〇九年）では、いわゆる「天皇制」（the Emperor system）と

区別するために、朝河の the Imperial institution を「天皇制度」と訳し分けた。これはなるほど一つの見識だが、朝河が一般の「天皇制」の文脈で the imperial institution を使う場合もしばしば見られることに鑑み、私はこの区別法を採らず、「天皇制」と表す。

朝河はいう――左翼は徹底的な平等主義的改革が唯一の救済と考えたのですが、右翼は逆に考えて、行動においても思想においても厳格に軍隊が統制して、彼らのいう「正しい道」に導くことを主張しました。とはいえ、両翼ともに直接の敵は政党・財閥を特権階級とみなしていたのです。……心底では天皇に敬意を払わず、邪悪な計画を認めるよう天皇に強制することをためらわない者たちによって、天皇の主権はまず政府を倒そうとする動きで傷つけられ、ついで数百万の人々を不本意な破滅的戦争に追いやることで傷つけられました。この場合でさえも、真の裏切り者たちは〝忠誠者〟であり、兵士としての〝天職に忠実〟であり、戦場での任務のためにその〝生命を賭ける用意はできている〟と自称していました。

ここまでが戦前の分析だ。一九四五～四六年、敗戦後の日本では、次のように指摘する。

――今日初めて一部の者が天皇制をやめようとしています。歴史的文脈を十分に理解しない外国人やマルクス主義者の独断を信ずる者が、客観的事実を尊重しなければならないという、ありふれた義務を忘れています。後者の精神状態は多くの国々に拡大しつつあり、世界の真の自由と平和の障害になっています。もし日本が天皇制を破壊することに成功するならば、それは巨大な惨禍となるでありましょう。

ここには朝河の鋭い危機感が吐露されている。

人類史における日本史

朝河貫一を「天成の歴史家」と称賛したのは、フランスの経済史家マルク・ブロックだが、天才朝河の研究主題は、「人類史に位置づけた日本史」の研究であり、それは他民族によっても共有されるものでなければならない。彼はこのライフワークのために「精進」した。「数ならぬ身をひたぶるに捧げつつ、捧げる我を浄めんと、果てしを知らぬ道に入り」に始まる朝河の「遺詠」は、拙著『朝河貫一とその時代』（六二―六三ページ）で紹介した。なお阿部善雄著『最後の日本人』（岩波書店、同時代ライブラリー、二八四ページ）も参照されたい。

朝河の生きた時代は、戊辰戦争から日清・日露戦争を経て第一次世界大戦へ、そして日中・日米戦争の時代であり、ライフワークを自らまとめきるには時間がいささか足りなかった。しかし朝河の残した遺稿類を読むと、そのテーマが明瞭に浮かび上がり、彼の歴史学は最期まで一つの主線に沿って発展し続けたことが分かる。

私自身は『朝河貫一書簡集』（早稲田大学出版部、一九九〇年）が刊行され、書簡編集委員会が朝河研究会に改組される過程を仲間とともに歩んできたが、私の専攻は現代中国論であり、朝河研究に比較的多くの時間を割けるようになったのは勤務先を定年退職して以後のことだ。

まず英文『入来文書』を、次いで『大化改新』を邦訳し、最後に『比較封建制論集』を編訳し、三部作とした。それから『朝河貫一とその時代』『日本の発見――朝河貫一と歴史学』の二冊を書いた。いずれも顕彰協会の活動を促進する一助とすべく、急いでやった仕事なので、誤訳・誤謬は免れない。読者のご叱声を請うばかりである。

一連の作業過程においては、朝河の世界の広さと深さの一端に触れ、驚きの毎日であった。朝河学の核心が「日本の国民性」の分析であり、「人類史における日本史」像の構築であることは、ほぼ掌握したつもりだが、その核心とは、すなわち「天皇制民主主義」であることを十分に認識するには至らなかった。

ナチス・ドイツ、そしてソ連邦の行方

私の認識を妨げていたのは、おそらく私自身の社会主義体験のためである。敗戦の年に国民学校(小学校)に入り、大学までいわゆる民主主義教育を受けて中国研究を志した。その後、ソ連・東欧・中国における社会主義の崩壊過程を身近に見てようやく左翼史観の誤謬に気づいた体験をもつ私にとっては、ソ連社会主義の崩壊を一九九一年に先立つ五〇年前に予見した朝河の歴史洞察力がほとんど信じられないほどだ。

朝河の「五〇年前の予見」とはなにか。朝河は検閲を免れる手段として用いた「英文・枢密院K伯

爵宛て書簡」(一九四一年一〇月)の一節にこう書いていた。

――今日では征服された諸国民を含めて欧米の大多数の人々が信じているところですが、私はドイツが早かれ遅かれヨーロッパで失敗することを疑ったことはありません。仮にロシア政府が失敗したとしても、この文脈ではほとんど同じです。そしてドイツの勝利は地中海と近東に進撃させ、その一歩一歩はドイツにとっての最後の失敗の種を蒔くことになりましょう。この失敗が早いか遅いかは、いぜん未解決の問題が次第に露顕するのはいつか、に関わります。もし遅いならば、ドイツの邪悪な手が東方まで伸びて、文字通り日本にとって致命傷となる大きな闘争に日本が巻き込まれる危険を意味します。それこそが私の恐怖する核心です。それゆえ日本としてはできるだけ早くドイツの真の精神を把握し、一瞬をも失うことなしに、妥当な政策を立案することが必要なのです。そのようにして打ち立てられる国策にはいささかもいやしさがないものであるよう私は祈っています。その政策が、不名誉なものではない消極的なものにとどまり積極的要素を欠いているならば、主な困難を未解決のまま残し、将来の悲劇の原因を残すことになるでありましょう。

ナチスの進撃が著しい時点でその失敗を朝河が予想し、「ヒトラーの自殺」まで予言していたことは阿部善雄『最後の日本人』以来、比較的よく知られるようになった(村田勤宛て一九三九年一〇月八日付書簡、阿部善雄『最後の日本人』一七九ページ)。だが今回、朝河がみずからあえて英訳して「オープンレター」とした「K伯爵」(すなわち金子堅太郎)宛て書簡を読み進める過程で、彼はナチスの運命と同時に、ソ連の運命をも見極めていたことを改めて確認した。

ヒトラーの自殺は、朝河の予言の六年後のことであるから、驚くには当たらないとする見方もありえよう。だが、一九九一年の旧ソ連解体を一九四一年の時点で、すなわち半世紀前に見極めた朝河史学の眼力は、並々ならぬものというほかあるまい。「仮にロシア政府が失敗したとしても、この文脈ではほとんど同じです」と、朝河はここでさりげなく書いている。ほとんど見落としかねない一文だが、朝河の他の厳しいロシア批判の記述と合わせて考えると、彼の確信であったことが理解できる。

朝河はその生涯の大部分をアメリカで過ごしたが、最期まで日本国籍を放棄しなかった。その朝河を日米戦争のさなかにおいてさえも、アメリカ社会が受け入れたのは、イェール大学のアカデミック・フリーダムである。当時のシーモア総長以下、同僚教授たち（たとえばアービング・フィッシャー）が朝河の学識を必要としていた。朝河は彼らの質問に答えて、日本軍国主義の跳梁跋扈の理由を分析し、戦後の民主日本再建にとっての「象徴天皇制」の意義を語り続けた。

2　日本史における天皇制の意味するもの——大化改新から明治維新までの通観

武田清子の労作『天皇観の相剋——一九四五年前後』は、内外の天皇観の相剋を周到に論じているが、ここで相剋する二つの観点として対比されているのは、「明治期に確立された天皇制」と「戦後の象徴天皇制」である（岩波書店、一九七八年、のち同時代ライブラリー版、一九九三年）。朝河によれば、「明治期に確立された天皇制」は、もともと大化改新に源流をもつ。そこで私は、朝河の博士論文『大化改新』の要約から出発する。

『大化改新』における天皇制論

西暦六四五年、中大兄皇子（六二六〜六七一）らによって行われた大化改新とは、古代中国の政治思想を導入して、天皇制を基軸とする国家制度を構築した政治改革である。しかし、日本はその国情にふさわしい制度は導入したが、適合しないものは導入を避けた。そこには深い智慧が輝いている、と朝河は古代史を読む。

当時の日本と比べると、中国の国情は、次の点で著しく異なっていた。

まず①日本の天皇制（the institution of the emperor）と中国の皇帝のちがい、次に②国家組織のちがい、最後に③国づくりの方向性の違い、以上三つの相違点があった。

①天皇制と皇帝のちがい

中国では、皇帝は創始者であり、国家組織全体の中心であった。日本で大化改新をもたらしたのは、天皇という個人ではなく、天皇という制度であった。主権を正当化したのは、中国では美徳の教義だが、日本では玉座世襲の神授説であった。

中国の皇帝は主権の象徴として、人民の法律を支配し、モラルを支配した。日本の天皇は主権の象徴としての人民の法的支配権をすでに失い、モラル支配は想定したことさえなかった。中国と日本の間には、このように大きな違いが横たわっていた。

②国家組織のちがい

中国は長らく国家を形成してきたが、それは国民の形成によるものではなかった。中国のまとまりは、国民感情によるものではなく、文化に対する誇りによるものであった。

では日本はどうか。日本はあまりにも原初的であり、実際の氏族あるいは擬制の氏族に依拠していて、国家の名には値しなかった。

中国では、黄河流域の原初的居住地の諸部族が一国民（a nation）から、諸国民（nations）へ拡散した。日本の国家は、小さな概して孤立した、おそらくは人口密度の低い島に住む、一つの優勢部族によって作られた。

中国では家族制度こそが、今日に到るも最も現実的な基礎である。国家の部族組織からは、歴史が書かれる以前に離脱していた。

日本では、征服部族の家長にとって、困難が少なく、競争相手も少なかったので、皇位継承理論を作り易く、天皇制という国家の疑似部族組織を永続させることができた。

日本の改革派が唐の国家制度を模倣しようとしたとき、彼らは天皇の直接の敵対者を除けば、それで十分であった。まだ国家（a State）とはいえず、いわんや国民（far less a nation）とはいえなかった。

③国づくりの方向性

七世紀の日本の政治家によって作られた、ある国の制度を別の国に完全に意識的に適用する記録は、人類史ではまれなものだ。急進的改革に伴ういくつかの疑問を挙げるとすれば、新しい制度のもとでの古い玉座論の位置づけ、完全に新しい国家概念と依拠すべき制度を導入した方法、新しい日本の精神的な基礎、そして新観念と新制度が人民に与えた影響である。これらの疑問が解けたのは、改新から数世紀以後のことであった。

朝河の大化改新論全体の結論はこうだ。

――大化改新は「天皇個人」によってではなく、「天皇という機関」(the institution of the emperor)によって引き起こされた事実が、運動全体の決定的な特徴である。天皇を無視したのは疑似氏族制であり、それが国家の行政をほとんど停滞させていた。氏族制度を取り除くことによって、天皇は百姓(the people)ともはや邪魔な仲介者なしに直接に向き合うことができた。日本は、天皇の権威について固有の教義を発展させてきた。政体が君主制的な皇位継承論であるかぎり、その性質は両立できた。皇位継承により日本は最上の利点をつくることに成功した。

改新の原則は、国家組織は中国のもの、主権理論は日本のものであった。六四五年大化改新は天皇自身が実行しなかったとすれば、ほとんど革命と称してよい。大化改新以前の日本の組織は疑似氏族を基礎とした虚構の階層構造であり、理論的に破壊されたが、その付属物たる天皇は高められた。単一部族論は破壊されたが、家父長制の支えのない王権継承論は残された。損失は国家という輸入概念によって償われた。両者はどのように調和されたのか。

――解決策は明治維新まで待たねばならなかった。二つの基本的に不適合な要素、すなわち天皇と国家はたがいに徐々に引き離され、天皇の権威は彼をとりまく高位の文官と同じ一族から発する者によって完全に奪われてしまった。天皇の力は封建勢力によって完全に曇らされていたので、西洋勢力が鎖国日本の門戸開放を要求したとき、強制的に目覚めさせられた国民感情は国家の権威が弱められることへの同情の念にむすびつけられた。

明治維新で生じた国民感覚の夜明けが天皇と国家の矛盾を解決した。封建時代の到来は国家の改新と天皇制の不調和から生まれた。七世紀に天皇の位置が一新されたことは一九世紀における明治維新を示唆するものであった。

これらの引用からはっきりと分かるように、朝河が大化改新を執筆したとき、その射程は明らかに明治維新まで届いていた。

3 『入来文書』——幕府権力と天皇主権

ここでは朝河が主著『入来文書』でまとめた「論点の要約」D体制—I全般の項から、「幕府の理論」の一節を引用し、それに基づいて「幕府権力と天皇主権」との関係を考察しておきたい。朝河は㋐〜㋓の四項に分けて、問題の核心を説明している。

㋐幕府権力についての二つの対立する理論について。

「幕府権力」の本質をどう見るかについては、〈ア・①〉幕府自身がどのように自らの統治権力を正当化したかという観点と、〈ア・②〉天皇の主権を簒奪したものとする見方、と二つの相反する見方がある。

朝河は前者を、〈ア・①・1〉幕府自身の統治力の行使についての正当化と、〈ア・①・2〉徳川幕府の追加的正当化に分け、ついで後者〈ア・①・2〉を(a)美徳と力――「美徳」が強調され「力」が含意される、および(b)天皇の権力による正式な認知と細分して、それぞれの根拠を示す文書を挙げている。

さらに朝河は、〈ア・②〉の「主権借用・簒奪」説を「主権の借用と簒奪としての封建統治という敵対する解釈」として並記している。このような腑分けを踏まえて、朝河は事実をして何を語らしめているのか。

〈ア・②〉は「借用」といい、「簒奪」といい、表現は異なるが、実質は「天皇が行使すべき権力」を「幕府が行使した」と見る見方である。歴史的経過を見ると、まず、❶徳川幕府による主権の行使があり、やがてそれは❷「美徳と力」によって正当化され、ついで❸「天皇の権力」によって「正式な認知」を受けるに至ったことが記されている。

こうした歴史的発展から分かることは、❶天皇のもつ権力が❷「幕府による統治権行使」を❸「認知する権能」に転化したことである。すなわち、すでに象徴天皇制に向かって踏み出していたことが分かる。

㋑共通する政治思想について。

朝河は次の説明㋑において、両者に共通する政治思想を摘出する。すなわち前者❶が含意し、後者❷が宣言している内容は、❸「天皇が主権」であること、そして❹政府の仕事は「責任をもつ代理人」によるべきだとする考え方であり、この脈絡で「両者は一致」している。

この思想が中国から導入されたものであることを朝河はこう説く。「この教義の理論的基礎は中国の政治教義であり、これは❶支配者が主権者であり、❷人々は主権者ではなく、「支配の主な対象」だとする考え方である。

この教義の系として、次の解釈が生まれる。「❶政府は役人によって、役人の行為として行われるべきである。それは❷権力を役人に委任したゆえに、最終的に責任を負う天皇のために行われる」。「天皇と役人」の関係をこう説きつつ、朝河はこう解説した。「この中国の教義は七世紀の改革者によって日本に導入され、自らの政体すなわち単一王朝の主権の継承を強化するために採用された」と。

㋒「委任」の関係について。

朝河は❶権力を「委任する天皇」と❷「委任される役人」との関係を、委任が終了した時点に着目して、次のように考察する。㋒これらの原則の共通の基礎は、将軍が一八六七年に、「委任された」行政権を「返還した」ことである。大名は、一八六九年にその封土を天皇に差し出した。それゆえ新しい帝国政府は、七世紀における国民政体（the national polity）の「復古」とみなされる。

㋓鎌倉時代から徳川時代における「天皇と将軍の関係」について。

ここから、将軍は簒奪であれ天皇の同意であれ、「公的な政治権力」を多かれ少なかれ行使しているとみなされる。徳川幕府が認めたようにそれは進歩的であった。つまり、❶天皇の認知によって、❷幕府権力は「公的権力」として認められたわけだ。

頼朝が鎌倉幕府を創設した当初は、「将軍のもつ三つの権力、すなわち❶領主的権力、❷封建的権力、❸役人的権力」は、多かれ少なかれ明確であった。だからこそ「彼の❶私的権力、❷公的権力、❸疑似公的権力は、調和せず不完全であった」。幕府のもつ三つの権力は、まだ融合せず、たがいに癒着していなかった。

しかしその後、「内戦を通じて、国の支配は、より完全に封建化され、❶封建的権力と❷公的権力は、概して癒着した」。

そして「江戸時代には❶家臣と❷官僚層の連合が完成した。❶天皇は控え目な所得、名誉を与える権力、深い社会的尊敬を受けることで満足したが、これは❷幕府が天皇に残すことを選んだものであった」。

鎌倉時代から戦国時代を経て江戸時代に至る過程で、将軍の複数の権力が融合し、公的権力に転化していく過程を以上のように総括し、「この発展は封建体制、すなわち軍事体制、行政体制、法的体制、財政的体制にとってますます重要な側面になった」と朝河は結んでいる。まさに❶天皇主権のもとでの❷将軍による権力行使の発展過程にほかならない。

4 『明治小史』における天皇主権の解釈

シカゴ万国博覧会と日本史教科書のこと

日本史を「英語で語る」試みは、どのような経緯で実現したのか。そこから天皇主権と、将軍による権力行使を整理してみたい。米国シカゴ市でコロンブスの名を冠した万国博覧会（「コロンブス世界博覧会」）が開かれたのは、一八九三年（明治二六年）のことだ。これを契機として、米国市民に日本史の概略を紹介する計画が持ち上がり、『にほんれきし教科書』が書かれた。校閲は、重野安繹《やすつぐ》、星野恒《ひさし》、編纂は高津鍬三郎、三上参次、磯田良《まさる》であり、大日本図書株式会社から一八九四年（明治二七年）に出版された。この間の事情を『にほんれきし教科書』「緒言」は、こう説明している。

——昨明治二六（一八九三）年米国シカゴにおいて「コロンブス世界博覧会」が開設され、わが臨時博覧会事務局は簡単な本邦歴史を編んで出陳した。これを博覧会に関係した各国紳士に頒ち、わが国体の特異なゆえんを明らかにし、わが文化の由って来るゆえんを外国人に示そうとした。その編述を文部省に依嘱し、文部省はこれを文学士高津鍬三郎、同三上参次、同磯田良の三人に命じた。その稿が成り、文学博士重野安繹、同星野恒が校閲した。ジャパンメール新聞社長フランシス・ブリンクリー（一八四一～一九一二）が英文に翻訳し印刷して、臨時博覧会事務局より米国に送り、博覧会に出陳した。本書はその邦語原文を大日本図書会社で出版したものである。

本書はもと右の目的を以て編述したものだが、おのずから尋常師範学校、尋常中学校をはじめとし、「中等教育における歴史教科書」としてすこぶる適当であろう。西洋史の体にならい、本書においては実権の所在、政体の沿革によって、三大時期に分割した。

すなわち第一期は天皇親政の時代とした。すなわち「皇威の発達および盛運の時期」であり、政府と皇室とが同一体であった時代である。国初より平安京時代の終わりに至る。詳細にいえばこの間にも、政令全く天皇より出た時代、豪族が政権を執った時代、あるいは政権が上皇に帰した時代等の区別がある。

第二期は政権が武門に落ちた時代である。この時期は源氏が幕府を鎌倉に開いたことに始まり、徳川氏が政権を奉還して江戸の幕府を閉じたことに終わる。その間には政柄を執った武家に盛衰興亡がある。また幕府の所在も変わったが、施政の体制はおよそ封建制度であり、上に皇室を戴くとはいえ、実際政権を執った氏族は、みな武家であった。

第三期は明治の今代である。すなわち政権皇室に復帰したことに始まり、次いで憲法が制定され、議会が開設され立憲君主の政体と一変し面目を新たにした時代である。

明治二七（一八九四）年六月。著者識す。

これは和装、袋綴本、上中下全三巻として、明治二七年（一八九四年）七月に出版された。現在の所蔵状況を見ると、東大史料編纂所、筑波大学図書館、徳島大学図書館等に全三巻があり、大阪市大中央図書館、東大図書館、福教大図書館等に一部の巻がある。

明治三九年（一九〇六年）二月、この三冊本は文学博士三上参次の手により上下全二巻（上巻三五銭、下巻五五銭）に圧縮され、三上参次編『中等教科 にほんれきし』として出版され、その後、五版まで版を重ねた。再版状況は以下の通りである。明治三九年二月一九日印刷、同月二三日縮約初版発行。明治三九年三月一四日訂正印刷、同月一七日二版発行。明治三九年一一月五日訂正印刷、同月八日三版発行。明治四〇年一月四日訂正印刷、同月七日四版発行。明治四四年一二月二三日訂正印刷、同月二六日五版発行。

縮約三版の「緒言」を三上参次はこう記している。

——（原書は）文部省の中等学校教授要目に拠るが、教育に経験ある諸友の説を参酌し、また私に見る所を加えて縮約した。特に注意したカ条は以下のごとくである。

一　古代を簡略にして、現代に近づくに従い、やや詳密の度を加える必要により、一年級用には、平氏の滅亡までを包含した（今年公布の「中学校要目」も、この趣旨に拠る——訂正五版で補足）。

二　忠君愛国の情操（「に富める、善良なる国民」を、訂正五版で補足）を養成する点においては、特に注意した。ただし、これに関する記事も、なるべく科学的研究の結果と背馳しないようつとめた。

三　韓国は、すでにわが保護に属し（「韓国すでに我に併合せられ、南満洲、我が勢力圏内にあり」を訂正五版で補足)、日本と列国との交渉は益々繁多になるので、本書は比較的に対外関係の記事を多くした。

四　わが国民は、概して年代の観念に疎なり。故に本書は大事件の条下には、明治四〇年(訂正五版では四五年)より起算して何百何十年前と分注した。

五　人名・事件名等の、やや読みにくいものには、発音通りに、傍訓を施したが、傍訓は必ずしも、従来の仮名遣いに従っていない。挿画類の多くは、東京帝国大学文科大学史料編纂掛で蒐集したものに拠る。

明治三九年(一九〇六年)九月　編者(三上参次)志るす。

こうして明治時代に文部省が重野・星野に託した最初の通史『にほんれきし』は、日露戦争後の一九〇六年に装いを新たにして三上参次編『にほんれきし教科書』に生まれ変わり、版を重ねた。以上の書誌資料はすべてライブラリアン故高橋光夫(一九三一〜二〇一四、元東大史料編纂所図書整理掛長、図書運用掛長)の調査に基づく。記して謝意を表する。

朝河版『明治小史』の背景

では、『にほんれきし教科書』の英語版の運命はどうであったか。一八九三年、シカゴで万国博覧会が開かれた機会に「シカゴ万国博覧会日本帝国委員会」のもとに、高津鍬三郎、三上参次、磯田良らによって編集され、文部省が東京で出版したものが① *History of the Empire of Japan*, edited by Dept. of Education, Japan, 1893 である。

これはブリンクリーによって再編集され、次の② *Japan: its history, arts and literature*, New edition by F. Brinkley. J. B. Millet Co. Boston , 1904, 1905 となった。

朝河はブリンクリーの求めに応じて本書に明治期の経済発展を分析した二つの新しい章を付加した。付加部分の内容は③ *Japan, with supplementary chapters*. *History of Nations*, Vol. 7. Rev. ed. by Henry Cabot. Lodge. J. D. Morris and Company, Philadelphia, 1907. and 1910. The H. W. Snow and Son Company, Chicago, 1910 の第一八章と同じものである。日露戦争以後、日本への関心はいよいよ高まり、この英文書③は「諸国民の歴史」シリーズ（Henry Cabot Lodge, *The History of Nations*）に収められたものであった。

朝河はロッジが③を編集した際に、「第4部全6章」を付加した。これは事実上、朝河版『明治小史』と呼ぶことができる内容となっている（本書ではあえて朝河著『明治小史』と略称する）。

三上参次と朝河の交遊

朝河はなぜ三上参次の依頼を受けるに至ったのであろうか。両者の交遊関係を調べてみよう。三上参次は一八六五年生まれ、朝河より八歳年長だ。一九三九年、すなわち朝河より九年前に死去した。東京帝国大学文科大学史料編纂掛事務主任などを経て一九〇〇年四月～一九年七月は史料編纂所長相当を務めた。阿部善雄『最後の日本人』は、朝河と三上の交際をこう描いている。一九〇六年の最初の帰国の際、朝河は東大史料編纂所に通って、東大の歴史学者たちと交わったが、そのなかに三上がいた（阿部善雄『最後の日本人』、九六ページ）。朝河はイェール大学図書館およびアメリカ議会図書館のために、それぞれ洋風製本で三五七八巻（一万余冊）、九〇七二巻（四・五万冊）を収集したが、この際、三上参次は史料編纂所長として積極的に協力した。『朝河貫一書簡集』には三上宛書簡が三通収められている。すなわち第一信（一九一二年一月二〇日）、第二信（一九一二年三月二四日）、第三信（一九一六年一〇月一五日）である。

第一信は、正閏《せいじゅん》問題および井伊問題（開国をめぐる大老井伊直弼の評価をめぐる問題）についてのコメントである。正閏問題とは、一九一一年尋常小学校用の国史の国定教科書改訂にさいして南北朝を対等に記述したことが帝国議会で改めて問題とされ、執筆者の喜田貞吉（のち京大教授）が解任され、主査の三上も担当を辞任した事件である。宮内省では北朝を正統としてきたが、第二次桂内閣の上奏により、「南朝を正統とすること、北朝歴代の祭祀は従来通り」と決まった。

三上は辞任に至る苦衷を朝河に訴え、朝河は次のように返信した。

「日本学界のために嘆息し、ご苦衷のほどご推察申し上げます。これに限らず日本では未だ事物の真実を語ることを憚るように見え、嘆息しています。どこの国でもこのような事情がないわけではないのですが、日本はいわゆる文明国の中で、最も多い」。「ことにその国体と政治に関する部分では、最も慎重であったとしても徐々に真実は現われます。真ならざるものが決して永久でありえないのは、歴史の証明するところです。いつまでも真実を蔽うのは、急劇な破裂を招くものであり、国の為に忠とはいえない」。「私ら海外にあって日本史を論ずるものは、日本の旧思想等に掣肘されない利便があると感じております。欧文で書いたものは、少しも日本諸学者の注意を引かず、なんらの手応えもないことにはあきれるばかりですが、欧米の識者の参考に供することができます。日本よりも欧米の学者に注目され比較史学の素材となります。欧米の識者に訴える場合、細事を論ずるにも、広大な着眼点より論じないわけにはいかない。日本読者だけの独り合点の見地を離れて、人類社会発達の方式という見地から論じないわけにはいかない。日本において、他人の研究結果を焼き直して欧文で書くようなことをやらなくとも、根本史料に即して、以上のような見地から研究すれば、日本では得にくい新鮮な結果を得ることができます。」(『朝河貫一書簡集』一八五―一八六ページ)

ここには、朝河の考え方がよく示されている。①国体および政治に関する部分において、いつまでも真実を隠蔽し続けることはできない。②朝河が海外で、欧文を用いて日本史を書くと、旧思想の制約を受けないのは有利な条件だが、日本からの手応えはない。しかし欧米の学者にとって比較史学の素材になる。③歴史研究の目的は、日本の独り合点ではなく、人類社会発達の方式という普遍性を追求すべきである。

朝河は①で三上を慰め、②で日本学界に対する自らの不満を述べつつも、欧米学者の反応に満足を見出し、③では、歴史学の本質的課題を「人類発達の方式の見地」に求めている。いわば年長で失意の三上を慰めつつ、みずからの史学方法論を語ったものだ。なお、正閏問題に悩まされる三上と朝河の往来は、阿部善雄『最後の日本人』（同時代ライブラリー版、七六ページ）に詳しい。

朝河の第二信は、第一信の二ヵ月後、すなわち一二年四月二二日発である。これは史料編纂における日米協力についての具体的な提案である。

「近頃、大日本古文書の幕末外交文書を見て居りますと、前年（一九一一年）以来胸中に抱いた思想を一層深く印象づけられます。ペリーおよびハリスに関する日米間外交文書のうち、米国側のものは、既に出版された公文書のほかに、未だ未公表のものの多いことは、私が推察してきたところです。おそらくワシントン政府に保存してあるのでしょう。一九世紀五〇〜六〇年代の秘密文書は、今日すでに研究者に公開されているのかどうか不明ですが、中国に関する同時代の秘密文書の例から推測すると、イェール大学または日本政府のような筋から紹介請求があれば、日本関係文書を見せるであろうと思います。」

「貴史料編纂所においては、幕末の米国側の文書もことごとく出版する計画ありと仄聞しています。その実行法は決定したのでしょうか。もし計画段階で、未だ実行法を立案していないのならば、事情によっては私がその任に当たってもよい。ただし、これは数年来、日本近世に関する米英の外交文書を大量に読みなれたことから申し出たものであり、本務の教授上の参考としたものであり、私自身の専門分野ではありません」。「それゆえに、私の切望するところではなく、また以下のような条件が叶わないのならば、お断り申し上げます。これに対する私の報酬は不要ですが、ワシントンへの私の往来と滞在旅費、およびタイプライター写字生の実費をお支払い下さること、また右の材料を大日本古文書の中に収めて出版する場合は、私が編纂したことが分かるように序言で明示してほしい。私の履歴に加えるcreditを得られない仕事に従事する余裕はないのです。以上の条件が整うならば余暇を得て、米政府蔵書を編纂し写し校正し、さらに日本で印刷し校正いたします」(『朝河貫一書簡集』一九〇ページ)。

朝河の提案に対して三上がどのような返信を書いたのかは、不明である。いずれにせよ、この提案は実現しなかった。三上宛三信は四年後(一九一六年一〇月一五日発)である。

「このたび来年六月より向こう一年余の休暇を与えられ、日本に帰り専らこの方面の研究を致すことを許されたので、ご高見を伺って在邦中の方針を定めたいと思います」。「主として調査したいのは、武士が庄園に入り込んだ有り様で、鎌倉の地頭制以前がこの問題の要点です。もう一つは、武士の手に入った後、庄園がその性質を変じて戦国時代におよぶ有り様です」「これと関連して、種々の難題があります。ことに作人の事、所当課役のこと等は、最も不明なところです。以上の目的を一ケ年専ら研究するには、どんな方法が最良でしょうか。ほとんどすべては文書の研究となることはもちろんで、日本にいなければ見られない文書です」「以上の問題に最も必要な文書は、どこに最も多く保存されているのでしょうか。おそらく貴史料編纂掛(のちの史料編纂所)にも多いのでしょうが、詳細を拝承いたしたい。もし高野山、東寺、醍醐、高雄等の寺院文書が最も豊富にて最も有益だとすれば、これらは閲覧できるように各寺院で整理しているでしょうか」(『朝河貫一書簡集』二四六ページ)。

この二回目の帰朝で、朝河は真っ先に三上を訪問し、挨拶している。研究生活のスタートはやはり史料編纂所であり、まず「東寺百合文書」と「東大寺文書」を調べ、後者の四千通にのぼる文書の目録を完成させている（阿部善雄『最後の日本人』、一〇二ページ）。

帰朝一年後の一九一八年七月関西へ旅立ち、一九日から東大寺文書などの調査を行った。翌一九年六月四日に入来村・伊集院村を訪ね、ひとまず鹿児島に戻った。六月八日入来村を再度訪れ、一六日村を出た。このわずか九日間に超人的スピードで『入来文書』を筆写し、それが一〇年後に『入来文書』として結実したことは、あまりにも有名な事実だ。朝河は滞日中世話になった三上に英文の『エブリマンス・ライブラリー』二五巻を贈って感謝の意を示し、九月一三日横浜港を出て二六日にシアトルに着き、鉄道で東海岸に行き、一〇月二日ニューヘブンに着いた。これ以後、朝河が母国の土を踏むことはなかった（阿部、一一〇ページ）。

第7章　明治憲法の「天皇主権」論と戦争への道

朝河は『明治小史』序文で次のように断り書きをした。――この改訂版（*Japan :From Japanese Government History*, Edited with Supplementary Chapters by K. Asakawa, The H. W. Snow and Son Company, Chicago, 1910. 以下『明治小史』）は、オリジナル版（*History of the Empire of Japan*, 1893、シカゴ万国博覧会日本帝国委員会版）に取って代わることを意図していない。それどころか、オリジナル版の高い品質は、日本史を学ぶすべての学生に推薦さるべきものだ。その仕事は「日本史学の正統的見方と呼ばれてよいもの」を見事に体現しており、「保守的な歴史家による非科学的な方法」とは異なっているし、「急進的だが科学的ではない学生の浅薄な推測」とも異なっている。

しかしながら、かりに本文の筆者（朝河貫一を指す）がオリジナルな日本史を書くとすれば、いうまでもなく、主題に対する彼自身の考え方に基づいて、全体の叙述を変えるであろう。この改訂版では、著者〔朝河〕はオリジナル版の全体の順序を変えず、明らかに時代後れのいくつかの資料を単に訂正し、省いてもよい小さい事実を省略して、一般的な語り口をいくらか滑らかにしただけである。しかしながら、「第四部〔本書でいう『明治小史』〕は、編者〔朝河〕自身の仕事である。本書の主たる目的は、『日本帝国の歴史』が一二年前に準備されて以来生じた国家の進歩のある局面について、民衆的で正確な評価を提供することであった」。

朝河は三上参次の仕事をこのように高く評価しつつ、明治維新以後の日本史を四つの章で補足した。すなわち「第一六章　帝国憲法の理論と実際（一八九三〜一九〇六年）」「第一七章　政党と政治（一八九三〜一九〇六年）」「第一八章　経済的進歩（一八九三〜一九〇六年）」「第一九章　日清戦争（一八九四〜一八九五年）」「第二〇章　韓国と満洲における日本とロシア（一八九三〜一九〇四年）」「第二一章　日露戦争とその帰結（一九〇四〜一九一〇年）」の全六章である。ここでは、第一六章に即して、朝河が帝国憲法における天皇主権論をどのように解釈したかを読んでおきたい。

天皇主権の意味するもの

『明治小史』（「第一六〜二〇章」）の中から明治憲法を論じた箇所、特に天皇主権に係わる部分を点検して見よう。

憲法が天皇により与えられたという事実は、注目すべき要点であるが、天皇と国民の妥協の結果とはいいがたい。帝国憲法においては、天皇が完全な主権をもち、国民（the nation）の代表と丁重に関係づけられている。それゆえ人々（the people）は、一定の権利を与える側ではなくて、受け手側である。しかしながら権利の割譲は天皇に与えられた主権を減少させるものではない。この根本的観念は、一八八九年の憲法を徹頭徹尾特徴づけるものであり、いくつかの重要な点で「曖昧な拡大解釈しやすい文言」を含んでいた。

「天皇は、国の元首にして、統治権を総攬し、この憲法の条規に依ってこれを行う」(第四条*)。

＊ 坂野潤治『明治デモクラシー』は、「伊藤博文は、この第四条は後半の『此ノ憲法ノ条規ニ依リ之ヲ行フ』を付け足したいために、前半部をわざと重複させたようである」とコメントして、「統治権を総攬するは主権の体なり。憲法の条規に依りこれを行うは主権の用なり。体ありて用なければ、これを専制に失う。用ありて体無ければ、これを散漫に失う」とする伊藤の解説を引いている(岩波新書、一三八ページ)。伊藤博文の解説は明らかに中国の「体用論」を踏まえたものであり、体＝主権、用＝憲法というコンセプトで説いたものであるから、これはいわば「国体憲用」論とでも呼ぶべきものだ。用を説くためには、体を前提しなければならない。これは単なる重複と見るべき条文ではなく、「起草者の元来の用意」と読むべきであろう。

この権力はどこから生まれるのか。

「天皇ハ神聖ニシテ侵スヘカラス」(第三条)と書いたことについて、制定者・解説者であった伊藤は言う。「憲法は天から授けられたもので、神聖である」。「君主は法律を敬重しなければならない」が、「法律には君主を責問するの力を有せず」と。「法律には君主を責問するの力を有せず」とは、君主は法律の適用を受けないの意味であろう。

憲法前文では天皇自身がこう述べた。「国家主権は、祖先から継承したものである」と。伝統によれば、「祖先」が「子孫に対して」国の統治の責任を永遠に負わせたものである。

「日本特有の理論天皇の神授王権」は、憲法第一条に基づく。そこでは「大日本帝國ハ、萬世一系ノ天皇之ヲ統治ス」と書かれたが、これは人々によって広く熱心に支持された。

その主権からして、「天皇ハ法律ヲ裁可シ、其ノ公布及執行ヲ命ス」（第四条）とされ、さらに「天皇ハ帝國議會ヲ召集シ、其ノ開會閉會停會及衆議院ノ解散ヲ命ス」（第七条）と帝国議会に対する職権が書かれた。

さらに第八条では「天皇ハ公共ノ安全ヲ保持シ、又ハ其ノ災厄ヲ避クル爲、緊急ノ必要ニ由リ帝國議會閉會ノ場合ニ於テ、法律ニ代ルヘキ勅令ヲ發ス」と書かれ、第九条では「天皇ハ法律ヲ執行スル爲ニ、又ハ公共ノ安寧秩序ヲ保持シ、及臣民ノ幸福ヲ增進スル爲ニ、必要ナル命令ヲ發シ、又ハ發セシム。但シ命令ヲ以テ法律ヲ變更スルコトヲ得ス」（第九条）とされた。

さらに「天皇ハ行政各部ノ官制及文武官ノ俸給ヲ定メ、及文武官ヲ任免ス。但シ此ノ憲法又ハ他ノ法律ニ特例ヲ掲ケタルモノハ、各々其ノ條項ニ依ル」（第一〇条）。これは「天皇の行政大権」と呼ばれるものだ。

「天皇ハ陸海軍ヲ統帥ス、天皇ハ陸海軍ノ編制及常備兵額ヲ定ム」（第一一条、一二条）。前者は統帥大権、後者は編制大権と呼ばれる。

「天皇ハ戰ヲ宣シ、和ヲ講シ、及諸般ノ條約ヲ締結ス」（第一三条）。外交大権と呼ばれる。

天皇主権を制約するもの

これらの広範な特権が列挙されているが、これらの文言は、「天皇の権力に対する制限」が一切ないことを意味するものではない。天皇はここで「言及されていない権利」でさえも、主権者として執行できる反面、他方で次のような規定があり、「天皇は単独で権限を行使するものではない」ことが明記されている。

天皇は他の機関、枢密院、内閣、国会によって輔弼され、それらに対して重要な譲歩を行う。天皇は、前述のように、陸海空軍の編制を決定し（第一二条）、戦争を布告し、和平を行う（第一三条）が、「國家ノ歳出歳入ハ、毎年豫算ヲ以テ、帝國議會ノ協贊ヲ經ヘシ」（第六四条）とされており、編制大権と外交大権とは、予算面から「議会の制約」を受けている。

議会は財政面から天皇を制約するだけでなく、立法も行う。「天皇ハ帝國議會ノ協贊ヲ以テ、立法権ヲ行フ」（第五条）と明記されていることから、天皇は「財政と立法」の両面から、「議会の制約」を受けていることは明らかだ。

国事に関係するすべての法律、帝国の法令、そして詔勅は、「国務大臣の副署」を必要とする。「國務各大臣ハ天皇ヲ輔弼シ、其ノ責ニ任ス」（第五五条）とされており、「天皇の執行権力」は「無制限」ではない。

司法界では、司法行政全体が法廷で施行され、手続きと組織は法律によって決定されるので、天皇の役割は少ない。すなわち司法権は、「天皇ノ名ニ於テ、法律ニ依リ、裁判所之ヲ行フ」のである。「裁判所ノ構成ハ、法律ヲ以テ之ヲ定ム」（第五七条）と明記されている。

憲法のあれこれの原則に対して、天皇はみずからと子孫が主権を行使する際には、つねに「憲法に従う」ことを誓約している（前文）。

法律では、「完全な主権」は、天皇だけに賦与されているが、法律ではまた「主権が国家の他の大きな機関」との「自発的な協調」によって、「微妙な三位一体主義」に分割されている。朝河がここで天皇主権とは、他の国家機関との「自発的協調による微妙な三位一体主義」と総括したのは、伊藤博文の『憲法義解』を踏まえてのことであり、その発想はのちの美濃部流の天皇機関説につながるものであろう。

加えて朝河の独自性は、日本史における天皇の位相についての朝河流の解釈に見られる。朝河曰く、これら「日本の主権に特有な原則」の背後には「皇室に対する国民の広範な忠誠心」が認められる。これは過去数十年にわたって、それを理解しない外国人観察者たちを驚かせてきたものだ。今日、「日本国民という有機体」のなかで、「天皇の占める正確な位置」は、「社会生活における重要な中心人物」であり、「深い団結を鼓舞する人格」であり、「人々の野心を吸収する対象」と定義されるであろう。これが朝河の考える天皇と国民のイメージだ。

「天皇という司令機関」がなかったら、「人々の国民生活」は「過度の外圧」と、「未熟で不器用な国内闘争」によって、突然終焉したかもしれない、と指摘する。ここが朝河の天皇論の核心であろう。

天皇の政治責任を回避するための伊藤博文の智慧

一九〇一年三月、衆議院で採択した伊藤博文首相の増税案に対して、貴族院が伊藤ら政友会の党利党略を理由にこれを否決する事件が起こった。貴族院の抵抗に手を焼いた伊藤は、明治天皇と協議して、貴族院が法案成立に協力するよう求める、「いわゆる勅語」を出してもらい、「貴族院を勅語に従わせた」ことがある。

この事件について、朝河は特に着目し、「憲法の立場」と「天皇の政治的責任」との関係を次のように論じている。

この文脈で貴族院議長に対する伊藤博文首相の言明は、非常に意味深長である。最近の「天皇のことば」を、「詔勅」とみなしてはならない。なぜか。「国務大臣の副署*」がないからだ。勅語は「天皇と首相との個人的協議」から出されたものである、と伊藤自身が説明している。伊藤首相は、首相として天皇の行為に責任があり、「憲政的には首相は主権のすべての政治的行為に責任がある」と指摘した。

＊「大臣の副署」を伊藤博文は『憲法義解』で次のように説いていた。「大臣ノ副署ハ、左ノ二様ノ効果ヲ生ズ。一ニ法律勅令及其ノ他国事ニ係ル詔勅ハ、大臣ノ副署ニ依テ始メテ実施ノ力ヲ得。大臣ノ副署ナキ者ハ、従テ詔命ノ効ナク、外ニ付シテ宣下スルモ、所司ノ官吏之ヲ奉行スルコトヲ得サルナリ。二ニ大臣の副署ハ大臣担当ノ権ト責任ノ義ヲ表示スル者ナリ。該国務大臣ハ、内外ヲ貫流スル王命ノ溝渠タリ、而シテ副署ニ依テ其ノ義ヲ昭明ニスルナリ」（伊藤博文『憲法義解』、七二ページ）。朝河は伊藤に習って、「副署」の意味を重く解し、それによって天皇と大臣との機能分担を説いたわけだ。

貴族院議長に対する伊藤博文のこの言明は、高度な意義をもつことに、朝河は着目した。「憲法の起草者・解説者から出たこれらのことば」は、「重要な先例として」として解釈されよう。「天皇は政治的行為」について、幸いにも「責任を免れた」のであり、「首相は、自らの責任のもとで」、「単に責務を引き受け」、「その手段を採る」ことを、『天皇に求めた』のであった。「将来の政治的発展にけるこの論点」は、「大いに興味ある事柄」となるであろう。

憲法の根本的観念が以上に記述したごとくであることからして、日本の政治生活は、概して「天皇の個人的見解と性向」に依拠するようにみえる。しかしながら、そのような観点は「きわめて重要な二つの考慮」を無視するものだ。

一つは新体制のもとで正規の方針が成立したあと、国家の生活（the life of the state）は、ますます「慣行的に運営される」ことである。二つは、「建国以来の長い歴史を通じて蓄積されてきた伝統」として、「臣下側の妥協精神」と、最高統治者側の、政治上で個人感情を交えない習慣の見られることだ。

こうして「主権者個々の特異性」は、日本の「将来の政治生活」にとって最も重要性の小さな要素であることが明らかになるであろう（『明治小史』一九九―二〇一ページ）。

朝河貫一と伊藤博文の出会い

朝河は一九〇六年五月二八日、伊藤博文と直接面談している。それは横井時雄（当時衆議院議員、政友会）らがアーネスト・サトウのために開いた歓迎会席上でのことだ。サトウは清国駐在英国公使の任務を終えて帰国の途次、昔勤務していた日本に立ち寄り、連日大歓迎を受けたが、二八日午後三時半から日本倶楽部で開かれた会には、伊藤博文や小村寿太郎も出席していた。伊藤は当時初代韓国統監の職務にあったが、満洲問題のために一時帰国中であり、同じく一時米国から帰国していた朝河との歴史的な遭遇となった。小村は清国大使を一月に辞めて、七月に英国大使として赴任に就くまでたまたま日本にいた。

朝河が伊藤博文と面談した事実は、当日夜に書いた朝河の伊藤宛て書簡（『朝河貫一書簡集』一六六ページ）で知られていた。「先刻、サトウ公使招待の席上、すでに申し上げ候えども、なお失念なきよう重ねて申し述べ候」の書き出しで始まるこの書簡で、朝河はこう訴えた。「長らく研究討議し取捨遊ばれたうえにて帝国憲法を制定された道筋には、フェデラリストのごときものあるべく、またエリオッツとのデベートのごときものもあるべく、もしこれを整理して世に発表され候わば、世人を利すべきはもちろん、欧米の比較政治学者、法制学者を益すること莫大なことは疑いなく候」。

朝河はすでに伊藤博文の『憲法義解』を引用して帝国憲法を論じていたが、もっと詳しいコメントを求めたのであった（山内晴子『朝河貫一論』二六六ページ、三九四―三九六ページ）。伊藤はその三年後、すなわち一九〇九年一〇月二六日にハルビン駅頭で暗殺された。伊藤の旅行鞄には朝河の近著『日本の禍機』が残された。これを伝え聞いた朝河は後年、すなわち一九四四年三月五日付の「名宛人匿名の書簡」に「この本は伊藤公爵が一九〇九年に満洲への旅に持って行かれ、一韓国人に暗殺される瞬間まで持っておられたといわれています」と書いた（山内、二九七ページ。『朝河貫一書簡集』三〇、三四八ページ）。

朝河の天皇主権論は、執筆者伊藤博文の解釈を踏まえたものであり、のちの美濃部達吉の天皇機関説（美濃部達吉『憲法講話』一九一二年）にもつながる。この文脈で、伊藤・美濃部・朝河の解釈は、同じ流れに位置する。ちなみに美濃部は朝河と同じ年に生まれ、同じ年に死去した文字通りの同時代人であった。

軍部大臣現役武官制

さて朝河は敗戦直後にウォーナーに宛てて書いた「長文書簡」の一節において、軍部がどのような経緯を経て、天皇の名を僭称して、軍部の独裁を実現するに至ったかを次のように分析している。

最初のステップは日清戦争の勝利であった。予備役制度が確立されると、陸軍大臣桂太郎は、一九〇〇年には慣行であったものを制度化して、「陸海軍大臣は現役であるべき」だとした。朝河はここで「定員表」の備考に付される形で成立した「軍部大臣現役武官制」に着目し、ここから話を始める。「当時、軍人側の権威は、日清戦争の勝利の結果、高まっていた。その権威は日露戦争の成功を通じて一層高まった。しかし一九一三年までには潮流は変わっていた。」

朝河のいう「潮流の変化」とは、「軍部大臣現役武官制」から「現役」の二文字を削除する民主化への動きであった。すなわち「一九一一年に第二次西園寺政党内閣が成立したが、『責任内閣』を主張する自由党は、陸海軍大臣のみを『全体責任から除外すること』に反対した。この時、陸軍大臣〔上原勇作〕は韓国業務のために二個師団増設を主張したが、閣内の反対に遭い、突然辞任した」。

これは文治派伊藤博文が暗殺されたことによって元老間の権力均衡が崩れ、武断派山縣有朋の発言力が増大したことを背景としている。また中国における辛亥革命も「陸軍増強」への声を強めた。しかし、行財政改革を進める西園寺内閣が「増強を拒否」したところ、上原勇作陸軍大臣がこれに抗議して辞表を提出した。そして陸軍は「軍部大臣現役武官制」を盾に取って「後任陸相の推薦」を拒否したので、西園寺内閣は総辞職に追い込まれた。こうして「軍部大臣現役武官制」が内閣を倒した。これが第一幕である。朝河は続ける。

――西園寺公望首相は空席を埋めるにふさわしい高官を探せず、残りの閣僚とともに辞任を余儀なくされた。こうして陸軍は、「軍の反対する政策を主張する内閣を倒す能力」を示したが、しかし「自由党への期待は、そのためにますます強まった」。この影響下で一九一三年に山本権兵衛（一八五二〜一九三三）の新内閣が成立し、木越《きごし》安綱（一八五四〜一九三二）が陸軍大臣に就任した。木越は陸軍の意向に逆らう形で「軍部大臣現役武官制」の改正に同意し、「現役」の二文字を削除して、予備役でも就任できるように改正された。

これが第二幕である。

――しかしながら木越は一九一三年六月に辞任し、山本内閣もまたシーメンス贈収賄事件で一四年三月に総辞職した。陸軍の意向に逆らった木越は、その後冷遇され陸軍大将に昇進せず、定年前に予備役編入されてしまった。木越の辞任後、後を襲った楠瀬《くすのせ》幸彦中将（一八五八〜一九二七）は、山本内閣の総辞職とともに、辞任し、岡市之助陸相（第二次大隈内閣）と交代した。

こうして❶「軍内紀律が破壊され」、❷「統帥権の基礎自体」が掘り崩されるに至る。軍の意図は挫折し、現役武官制は修正されたものの、実際には現役武官以外からの陸海相の任命があまりにも実行不可能だったので、「現役除去の文言」にもかかわらず、内閣交代の都度「現役の慣行」は受け継がれた。これが第三幕である。

——二〇年後、「一九三六年に、新たに誕生した広田〔一八七八〜一九四八〕内閣に反対する軍の攻勢のもとで、「法は一九〇一年の状態に戻された」。こうして再度「現役」の二文字が加えられ、明文化された。とかくするうちに軍は「陸軍大臣の権限を削減する新制度」を導入した。陸相は高官人事について、「参謀長と教育総監の同意」を得ることを要求されるようになった。これがいわゆる「三長官会議」である。「一九三六〜三七年の出来事〔二・二六事件〕は、上述の問題点が現れたもの」だ。こうして「国家の政治的運命を支配する軍の有力者」を作ることになった。

陸軍の「三長官会議」について朝河はこう解説している。

——「陸軍の三長官会議」と「海軍の対応する組織」は内閣に類似していた。軍事会議から枢密院まで、陸軍大臣と海軍大臣から元老まで、海軍軍令部から天皇・枢密院書記官長まで、地方部隊、師団等、艦隊等から自治体、県庁までが類似していた。陸海軍の制度的独立は、一九〇七年に天皇裁可による命令のやり方で実現した。しかしながらそれ以前は、これらの命令は慣習的に下され、緊急にして国会の同意を得られない場合は、民政当局の命令と同様、勅令の形で行われた。これらは必ずしも「首相の副署」を必要とせず、しばしば当該所管大臣だけが署名した。

朝河絶筆は、ここで途切れる。「その上さらに」（Moreover）とあるが、何を付加しようとしていたか明らかではない。しかしながら、軍部が内閣を打倒し、軍部に都合のよい内閣をつくるに至ったのはなぜか。その経過を、朝河が明治憲法の「統帥大権」や「編制大権」の規定に求めているのではないことは、以上の引用から明らかであろう。朝河は明治憲法のなかに民主主義を発展させられる規定の存在することを見極めており、日本国民や東アジア世界の人々に大きな惨禍をもたらした一九三〇年代以降の軍国主義の悪性膨張の根拠をむしろ、外では国際環境、内では国民性の弱点に見出そうとしていた。

天皇の特異な地位――アービング・フィッシャー宛て朝河貫一書簡（一九四四年一〇月二日付）

朝河は終戦一〇ヵ月前に、イェール大学での同僚アービング・フィッシャー教授に宛てた書簡（一九四四年一〇月二日付）で、太平洋戦争の戦局をこう分析している（朝河貫一のI・フィッシャーに宛て一九四四年一〇月二日書簡、『朝河貫一書簡集』六五〇―六五七ページ、英文pp.141-145。書簡集の訳者は大芝亮だが、訳文は少しく変えた）。

――日本の「国民感情」が不明瞭なのは、「国民の政治的思考能力が悲しいまでに未発達である歴史的理由」と、武力により接収したものを維持したいという「国民の無理からぬ希望などの今日的理由」による。人民の正当な権利に関する「自らの明確な政治的信条を守ることが愛国者の義務であるとする思想の伝統」は日本には存在していない。より重要なのは指導力だが、「長い歴史の中で危機のたびに日本は驚異的なほど寛大な精神を発揮して、斬新で健全な道程を歩む能力」を誇示してきた。こうした現象は、指導がうまくいった場合にのみ現れた。

朝河がここで「指導がうまくいった場合」として想定しているのは、いうまでもなく、「日本史における二つの革命」と彼が称する政治改革である。――日本史上の重大な危機に際して発生した大化改新と明治維新において、共通の重要な事柄がある。それは、主権者・天皇の認可と支持である。日本史上天皇の支持を欠いたまま、あるいは天皇の名前と切り離されて、政治上の重大な決定が行われたことは皆無である。

天皇の特異な地位を理解するには、❶「天皇の主権は絶対的」だが、❷「天皇は自らの発意でそれを行使することはない」事実に着目すべきである。これを朝河は「受動的主権という慣習」と呼ぶ。言い換えれば、❸天皇は主権者ではあるが、❹専制君主ではない。❺天皇は顧問官の進言を待ち、正規の国家機関を通じてのみ行動する。❻天皇の「受動的主権という慣習」には危険性も潜む。最近一〇年（二・二六事件の前夜以来の一〇年）のように、❼「邪悪なる奸臣」が地位を占め、天皇の気が進まないにも関わらず、その政策を押しつけ、これに法的拘束力を賦与することは一再ならず起きている。しかし「これは稀であり、この事態は長続きしない」。

朝河は明治憲法下における天皇の役割をこのように認識して、それは「受動的主権（passive sovereignty）」と呼ぶべきものであること、そしてまさに「受動的」性格のゆえに、「君側の奸臣に悪用される」危険性をはらむ事実にも留意しつつ、「この事態は長続きしない」、いずれは軌道修正されるものと認識していた。豊下楢彦『昭和天皇・マッカーサー会見』（岩波現代文庫、二〇〇八年）は「能動的君主」（一九九ページ）として論じている。朝河史学とはまるで逆の解釈である。

歴史的に形成された天皇制を「受動的主権という慣習」と認識する朝河にとって、米国の軽薄な論調は容認しがたいものであり、彼はこう批判した。

――米国の専門家気取りの人々の天皇論と国民感情についての論議には、「あまりにも的はずれのことが多い」。「にわか仕立ての自称設計者たちは、天皇制廃止を必要条件だ」としているが、米国の宣教師精神に基づいて、休日の気晴らしのように処理できる問題であろうか（p.144）。

この書簡の名宛人であるフィッシャー教授は高名な経済学者であり、スティムソン陸軍長官とイェール大学の同期生、しかも有名な秘密クラブ、スカル&ボーンズの盟友でもあり、その親密な間柄はつとに有名だ。フィッシャーは、若い朝河が日露戦争論、満洲問題を『イェール・レビュー』に投稿したころから、同誌の編集委員として、すなわち二〇世紀初頭から朝河の見識に注目していた、イェール大学、そしてアメリカを代表しうる知識人の一人である。

補注　開戦についての天皇自身の認識

御前会議

ここで『昭和天皇独白録』から、終戦までの事態を天皇自身がどのように認識していたか、拾ってみよう。

――いわゆる御前会議といふものは、おかしなものである。枢密院議長を除く外の出席者は全部既に閣議又は連絡会議等に於て、意見一致の上、出席してゐるので、議案に対し反対意見を開陳し得る立場の者は枢密院議長只一人であって、多勢に無勢、如何ともなし難い。全く形式的なもので、天皇には会議の空気を支配する決定権は、ない（文庫版、五六ページ）。

御前会議は、昭和元年から太平洋戦争開戦まで八回開かれている。第一回は南京攻略後の昭和一三年一月一一日、第二回は漢口攻略後の同年一一月三〇日、この二つは日中戦争に対する方針を決めたものである。第三回は日独伊三国同盟の締結を決定した昭和一五年九月一九日。そして一一月一三日に第四回会議が開かれ、日中戦争は持久戦へ動く。その後の四回は、すべて昭和一六年であり、七月二日、九月六日、一一月五日、一二月一日に相次いで開かれ、日米開戦となった。この八回の会議のうち、一六年九月六日を除いて、昭和天皇は無言のうちに国策を裁可した。

昭和一六年九月六日の御前会議について、天皇は次のように述べている。

――確か八月の初旬か或るはその少し前か永野〔修身〕海軍軍令部総長が戦争の計画書を持参した。米国の一〇月の軍配備状態を予想して之に対する攻撃の計画である。私は之を見て驚いて之はいかんと思ひ、その後及川に対し軍令部総長を取替へることを要求したが及川はそれは永野の説明が足らぬ為だから替へぬ方が良いと云ふのでその儘にしたが、九月五日午後五時頃近衛が来て明日開かれる御前会議の案を見せた。之を見ると意外にも第一に戦争の決意、第二に対米交渉の継続、第三に一〇月上旬頃に至るも交渉の纏らざる場合は開戦を決意すとなってゐる。之では戦争が主で交渉は従であるから、私は近衛に対し、交渉に重点を置く案に改めんことを要求したが、近衛はそれは不可能ですと云って承知しなかった。私は軍が斯様に出師準備を進めてゐるとは思っていなかった。近衛はそれでは、両総長を呼んで納得の行く迄尋ねたら、と云ふので、急に両人を呼んで、近衛も同席して一時間許り話した。この事は朝日新聞の近衛の手記に書いてある事が大体正確で、この時も近衛は、案の第一と第二との順序を取替へる事は絶対に不可能ですと云った（文庫版、七三―四ページ）。

――翌日の会議の席上で、原〔嘉道〕枢密院議長の質問に対し及川が第一と第二とは軽重の順序を表はしてゐるのでないと説明したが、之は詭弁だ、と思ふ。然し近衛も、五日の晩は一晩考へたらしく翌朝会議の前、木戸の処にやって来て、私に会議の席上、一同に平和でことを進める様諭して貰ひ度いとの事であった。それで私は豫め明治天皇の四方の海の御製を懐中にして、会議に臨み、席上之を読んだ、之も近衛の手記に詳しく出て居る（文庫版、七六ページ）。

近衛の手記の該当部分は次のごとくである。「しかるに、陛下は突如発言あらせられ、『只今の原枢相の質問はまことにもっともと思う。これに対して統帥部が何等答えないのは甚だ遺憾である』とて御懐中より明治天皇の御製『四方の海みなはらからと思ふ世に、など波風の立ちさはぐらむ』を記したる紙片を御取出しになってこれを御読み上げになり、『余は常にこの御製を拝唱して、故大帝の平和愛好の御精神を紹述せむと努めておるものである』と仰せられた。満座粛然、しばらくは一言も発するものなし」（近衛手記）。

この昭和天皇の一言は、陸軍を震撼させた。「東条陸相は『聖慮は平和にあらせられるぞ』と叫び、杉山参謀総長は蒼ざめた顔面を小刻みにけいれんさせていた」。

やむなく開戦

しかし、天皇の平和意図は具現されなかった。政府、すなわち近衛首相は原案の廃案はおろか、改訂をすら実行しなかった。原案とおり、日本は自存自衛のために対米英戦争を準備し、外交交渉が一〇月上旬ごろになってもうまく解決できないときには、開戦を決意することになった（文庫版、七六—七七ページ）。

再び天皇の独白に戻る。

――総理になった東条は、九月六日の御前会議の決定を白紙に還すべく、連日連絡会議を開いて、一週間、寝ずに研究したが、問題の重点は油であった。及川の戦争回避案は、内地で人造石油を造るにある。その為に二〇〇万トンの鉄が入用で、之は陸海軍から提供せねばならぬ、又非常に多くの工場を使用せねばならぬ関係上、内地の産業は殆ど停止の危態《ママ》に陥ることとなる。之では日本は戦はずして亡びる。実に石油の輸入禁止は日本を窮地に追込んだものである。かくなった以上は、万一の僥倖に期しても、戦った方が良いといふ考が決定的になったのは自然の勢と云はねばならぬ、若しあの時、私が主戦論を抑へたらば、陸海に多年錬磨の精鋭なる軍を持ち乍ら、ムザムザ米国に屈伏すると云ふので、国内の輿論は必ず沸騰し、クーデタが起ったであらう。実に難しい時であった。その内にハルの所謂最後通牒が来たので、外交的にも最後の段階に立至った訳である(文庫版、八四―八五ページ)。

――翌三〇日、高松宮が昨日の様子をききに来た、そして「今この機会を失すると、戦争は到底抑へ切れぬ、一二月一日から海軍は戦闘展開をするが、已にさうなったら抑へる事は出来ない」との意見を述べた。戦争の見透に付ても話合ったが、宮の言葉に依ると、統帥部の豫想は五分五分の無勝負か、うまく行っても、六分四分でかろうじて勝てるといふ所ださうである。私は敗けはせぬかと思ふと述べた。宮は、それなら今止めてはどうかと云ふから、私は立憲国の君主としては、政府と統帥部との一致した意見は認めなければならぬ、若し認めなければ、東条は辞職し、大きな「クーデタ」が起こり、却て滅茶苦茶な戦争論が支配的になるであらうと思ひ、戦争を止める事に付ては、返事をしなかった。一二月一日に、閣僚と統帥部との合同の御前会議が開かれ、戦争に決定した、その時は反対しても無駄だと思ったから、一言も云はなかった（文庫版、八九―九〇ページ）。

これらの引用から分かるように、八回にわたる御前会議のうち、天皇は七回は、閣僚と統帥部との一致した意見を裁可し、昭和一六年九月六日のみ「第一に戦争の決意、第二に対米交渉の継続」の計画について、案の第一と第二との順序を取替へるよう要求し、用意した明治天皇の御製を示して平和を説いたのであった。つまり、天皇は日米開戦に反対の気持をもっていたが、閣僚と統帥部とが開戦を決定したからには、これを追認することが「立憲国の君主として」なすべきこととする慣習がすでに成立しており、天皇自身はこれに従ったのであった。天皇がこれを拒否した場合に、クーデタが起こることを危惧していた。天皇がここで二・二六事件の二の舞を想定していたことは確実である。

ポツダム宣言受諾の決断

では、次にポツダム宣言受諾をめぐる状況を天皇がどのように認識していたかを検討しよう。

――外務大臣はこの案ならば受諾できるといひ、陸軍は出来ぬと云ふ、木戸は受諾すべしと解釈した。この頃の輿論に付一言すれば、木戸の所に東大の南原〔繁〕法学部長と高木八尺〔東大教授〕とが訪ねて来て、どうしても講和しなければならぬと意見を開陳した。又有田八郎は直接英米に講和を申入れろといふ意見を木戸に云って来た。〔中略〕かくのごとく国民の間には講和の空気が濃厚となってきた（文庫版、一四三―一四四ページ）。

――政府も愈々ポツダム宣言を受諾することに意見を極めて、八月九日閣議を開いた。又最高戦争指導会議も開かれた。海軍省は外務省と解釈を同うするが、陸軍省、参謀本部及軍令部は、外務省と意見を異にした。領土を削られることは強硬論と雖も、余り問題とはしないが、国体護持、戦争犯罪人処罰、武装解除及保証占領の四点が問題となった。軍人たちは自己に最も関係ある、戦争犯罪人処罰と武装解除に付て、反対したのは、拙い事であった。閣議も会議も議論は二つに分かれた。会議は翌一〇日の午前二時過まで続いたが、議論は一致に至らない。鈴木は決心して、会議の席上私に対して、両論何れかに決して頂き度いと希望した。会議の出席者は、鈴木総理の外、平沼、米内、阿南、東郷、梅津、豊田の六人。国体護持の条件を附することに於ては全員一致であるけれども、阿南、豊田、梅津の三人は保証占領を行はない事、武装解除と戦犯処罰とは我が方の手で行ふこととの三条件を更に加へて交渉することを主張し、戦争の現段階では、この交渉の余裕はあるとの意見であったに反し、鈴木、平沼、米内、東郷の四人はその余裕なしとの議論である。そこで私は戦争の継続は不可と思ふ、参謀総長から聞いた事だが、犬吠埼と九十九里海岸との防備は未だ出来てないと云ふ、又陸軍大臣の話に依ると、関東地方の決戦師団には九月に入らぬと、武装が完備する様に物が行き渡らぬと云ふ、かかる状況でどうして帝都が守れるか、どうして戦争が出来るか、私には了解が出来ない。私は外務大臣の案に賛成すると、云った。外務省の原案中、天皇の国法上の地位といふ字句に付ては、平沼の修正が通り、却てその為に後で非常に具合の悪い事になったが、とにかくこの会議は私の裁決に依り、ポツダム宣言受諾に決定し、スヰスと瑞典《スウェーデン》とを通じて受諾の電報を出すことになった。終戦後元侍従武官の坪島〔文雄〕から聞いた事だが、一番防備の出来てる筈の鹿児島半島の部隊でさへ、対戦車砲がない有様で、兵は毎日塹壕掘りに使役され、満足な訓練は出来て居らぬ有様だった相だ。之を聞いて私は自分の見透の間違でない事を知った。当時私の決心は第一に、このままでは日本民族は亡びて終ふ、私は赤子を保護する事が出来ない。第二には、国体護持の事で木戸も同意見であったが、敵が伊勢湾付近に上陸すれば、伊勢熱田両神宮は直ちに敵の制圧下に入り、神器の移動の余裕はなく、その確保の見込が立たない、これでは国体護持は難しい、故にこの際、私の一身は犠牲にしても講和をせねばならぬと思った（文庫版、一四六―一四九ページ）。

――開戦の際東条内閣の決定を私が裁可したのは立憲政治下に於る立憲君主として已むを得ぬ事である。若し己が好むところは裁可し、好まざるところは裁可しないとすれば、之は専制君主と何等異なる所はない。終戦の際は、然し乍ら、之とは事情を異にし、廟議がまとまらず、鈴木総理は議論分裂のままその裁断を私に求めたのである。そこで私は、国家、民族の為に私が是なりと信ずる所に依て、事を裁いたのである。今から回顧すると、最初の私の考は正しかった。陸海軍の兵力の極度に弱った終戦の時に於てすら無条件降伏に対しクーデター様のものが起った位だから、若し開戦の閣議決定に対し私がベトー〔veto 拒否権〕を行ったとしたならば、一体どうなったであらうか。日本が多年練成を積んだ陸海軍の精鋭を持ち乍ら愈々と云ふ時に決起を許さぬとしたならば、時のたつにつれて、段々石油は無くなって、艦隊は動けなくなる、人造石油を作って之に補給しよーとすれば、日本の産業は殆ど、全部その犠牲とせねばならぬ、それでは国は亡びる、かくなってから、無理注文をつけられては、それでは国が亡びる、かくなってからは、無理注文をつけられて無条件降伏となる。開戦当時に於る日本の将来の見透しは、斯くの如き有様であったのだから、私が若し開戦の決定に対してベトーしたとしよう。国内は必ず大内乱となり、私の信頼する周囲の者は殺され、私の生命も保証出来ない、それは良いとしても結局狂暴な戦争が展開され、今次の戦争に数倍する悲惨事が行はれ、果ては終戦も出来兼ねる始末となり、日本は亡びる事になったであらうと思ふ（文庫版、一五九―一六一ページ）。

朝河貫一は最晩年に、日本の民主主義がなぜ軍国主義の跋扈を止められなかったのかを考察した。一方、昭和天皇の戦争責任にかかわって豊下は、開戦詔書の解釈をめぐって「昭和天皇が戦争責任を東条に転嫁しようとした」と批判している（『昭和天皇・マッカーサー会見』一二六ページ）。いわく「御前会議では立憲君主として振る舞った天皇は、裏舞台では、東条に強制されたのではなく、逆に天皇が東条に下命して御前会議の最終方針を事実上決していたのである。ここには『専制君主』と『立憲君主』との間を巧みに行き来する天皇の姿が象徴的に示されている」と。

ここから分かるように、豊下の天皇像は、「専制君主」と「立憲君主」と二つの顔をもつ天皇だ。豊下の「能動的君主」像とは、これを総括した表現だが、これは史実に合わないし、朝河貫一の「受動的君主」とは正反対の天皇像である。

第8章　歴史家朝河貫一、平和への最後の闘い

私は旧著『日本の発見――朝河貫一と歴史学』（花伝社、二〇〇八年）の「はじめに」において次のように記した。

――歴史家三上参次（朝河貫一の八歳年長の畏友）が正閏《せいじゅん》問題に悩まされていた明治末年、「日本学界のために嘆息し、兼ねては御苦衷のほど御推察申し上げ候」と三上を慰め、また「いずれの国にも、かくのごとき事情なきにあらず候うとも、日本は文明国中、最もこれ（正閏問題）が多きように存じ候」、「私ら海外に在って日本史を論著する者は、日本の旧思想等に掣肘《せいちゅう》されざる利便あるを感じ候」と指摘した。／日本史におけるタブーについて、その三年後にはこう書いた。「海外の研究者は、内国にて及び難き思想の自由あり、比較の着想を錬磨する便あり、材料の量は劣るとも、内的研究において特殊の長所を養うの利あり」と（『史学雑誌』一九一五年五月）。朝河がここで指摘した日本における「思想の自由」の欠如は、明治末から大正初めの状況だが、この傾向は昭和に入ってますます悪化し、ついには朝河自身の論文「嶋津忠久の生い立ち」（「嶋津忠久の生い立ち」『史苑』一九三九年七月号。のち矢吹晋編訳『朝河貫一比較封建制論集』柏書房、二〇〇七年所収）さえも検閲の犠牲となった

(一九三九年)。神がかりの皇国史観は、いまや猛威を振るっていた。朝河はこうした狂気の時代が長く続くことはありえないとする見通しのもとに、戦後復興・戦後改革の構想を練っていたが、その努力が実を結ばないうちに心臓麻痺で逝った（矢吹『日本の発見』八―九ページ）。

同じく旧著『朝河貫一とその時代』（花伝社、二〇〇七年）からも一節を引いておきたい。――「嶋津忠久の生い立ち」のもう一つの意義は、その時事評論的な意味であろう。この論文が発表された一九三九年は日中戦争が始まって三年目、国家総動員法の翌年であった。朝河は「空漠な日本精神論」「前途危険な軍国主義の類い」といった表現で、日本を覆う戦争の影に警告を発したのは一九三五年であったが、それから四年を経てますます軍国主義への歩みを早めていた。そのような状況で書かれたこの論文には、歴史の偽造に対する朝河の怒りが直截に表明されている。現にこの論文も一部が検閲で伏字とされた（『朝河貫一とその時代』二八三ページ）。

以上の二つの引用からも、朝河が皇国史観を厳しく批判していたこと、まさにそれが一因となって、戦前の史学界において朝河貫一のリベラルな日本史研究（以下、朝河史学と略称）が黙殺されてきたことは明らかである。しかしながら戦後の日本史研究は、皇国史観の過ちを糾弾する勢いが余って、盥の水と一緒に赤子、すなわち日本書記と古事記を流し去る類の愚行に狂奔した。その後遺症は戦後半世紀以上にわたって史学界を席捲し、近年ようやくその反省が生まれつつあるように見受けられる

（たとえば吉川真司『飛鳥の都』岩波新書、二〇一一年など）。戦後の考古学の発掘結果は、そのほとんどすべてが日本書記や古事記の記述を裏付けるものばかりだ。これらの記紀から何を読み取るのか。神話と史実とを「腑分け」しつつ、「神話と史実を結ぶ接点」を確かめることこそが古代史の方法だと、私は朝河『大化改新』を訳しながら考えたが、近年になってようやく朝河史学の一部が実証されつつある、と私は素人なりに古代史研究の進展に注目している。

とはいえ、戦後俗流史学の後遺症は重くかつ深い。醜態を演ずる戦後歴史学に大きな悪影響を与えたものの一つがいわゆる津田史学であり、私はこれを旧著において批判した（矢吹『日本の発見』I部第一章「鳥なき里の蝙蝠――津田史学批判」）。皇国史観全盛期に記紀がすべて史実であるかのごとく教えてきた誤りを批判する仕事は重要だが、問題は何をどのように批判するかである。

朝河の見るところ、実は「衷心より神祖神話を史実として確信した者は誰一人いない。また天皇の神性は、天皇自らこれを主張して民に告げたことは、勅語の文言として伝承を繰り返すほかに、史上唯一の例さえも見ることはできない」（本書補章「第三節アメリカ人の国民性解剖」、七項　神道について）。

これは朝河が一九四七年のいわゆる天皇の「人間宣言」に接して書いたコメントの一部である。戦後の史学界において広範に流布した潮流、すなわち皇国史観と天皇制と直結させるような軽薄な思考方法を朝河は厳しく批判し、日本史に根付いた伝統としての天皇制と、軍国主義者によって不本意な行動を迫られている昭和天皇の苦衷を峻別していた。朝河はその際に、明治憲法下の天皇の役割を「受動的な君主」と認識し、そこに起因する制約はあるが、これらは一時的なものにとどまり、やがては克服されると信じていた。

1　日米開戦回避のために

ウォーナー提案と「幻の大統領親書」

日米開戦直前、いまや朝河の使命感は、空前に高まっていた。その一つが米国大統領「ルーズベルトの名で、日本の天皇宛てに親書を送る」企画であった。この案を思いついたのは、朝河貫一の八歳若い友人、L・ウォーナー（一八八一～一九五五）であった。ウォーナーは一九〇三年ハーバード大学を卒業し、ボストン美術館に勤め、そこから日本に留学し、岡倉天心や六角紫水に師事した。ウォーナー夫妻は一九二三年に『推古朝の日本彫刻』（イェール大学出版会、一九二三年）を出版したが、その執筆過程で朝河はウォーナー夫妻の疑問に種々の教示を与えただけではなく、序文を書いて本書を評価することさえした（序文は矢吹編訳『朝河貫一比較封建制論集』柏書房、二〇〇七年所収）。

その後も、朝河とウォーナー夫妻との交流は続いており、日米開戦の前夜、すなわち一九四一年一一月一八日、ウォーナーは朝河に宛てて一通の手紙を書いた。朝河によるルーズベルト親書原案は、イェール大学スターリング図書館にある朝河ペーパーズ第三箱に保存されている。ウォーナーは朝河に相談をもちかける二日前、すなわち一一月一六日付『ニューヨーク・タイムズ』はウォーナーの投書「東に向かって――われわれの直面する戦争か平和かの問題」を掲載していた。

ウォーナーは投書で、「われわれは日本問題では忍耐しつづけてきたが、二週間後には危機に至り、われわれはもはや決意せざるをえなくなるかも知れない」と指摘していた。これに対して朝河は一九日付でウォーナーに次のような返信を書いた。

「お手紙をたいへんありがとう。あなたが『NYタイムズ』に送られたお手紙を、私はもっと慎重に読むべきでした」、「あなたはこの問題の輪郭を　私よりもずっと上手に言い表しています」、「日本の当事者たちは自分で作った網にがんじがらめに縛られており、もう何も考えることさえできなくなっています。やるべきことは、第一に〈日本内閣の〉人事更迭、第二に一八〇度の方向転換、第三に迅速な処置、すなわち『軍部を政治から切り離す』ための法律の改革、中国からの思い切った撤退などです」、「この改革に著手するには、〈天皇の〉勅令によるしかありません。勅令さえ出れば、あとは他のいかなる国よりも事はやさしく運ぶでしょう」（『朝河貫一書簡集』五九〇―五九一ページ）。

日本軍の真珠湾奇襲の三週間前、朝河の状況認識はこのようなものであった。そしてウォーナーをこう激励した。

「ルーズベルト大統領が天皇に直接連絡をとる、という君の提案は素晴らしい。これは思いもよらぬ希望を与えてくれます。それは世界の元首のなかでも、ルーズベルトだけができることです。一八五二年にフィルモア大統領が彼の『偉大なる親友』〈徳川将軍を指す〉への手紙をペリー提督に届けさせたことを思い出しています。そしてルーズベルトの行為は、彼の過去の業績のいたすところによって、他の誰からのものよりも好意的にとられるでしょう」。「気をつけなければならないことは、いくつかあります。天皇はしきたりからして、制定された機関あるいは合法的当事者の輔弼がなければ、政治的行為を行うことはできません。これはたぶん枢密院と改造内閣によってできると思います。ルーズベルトにはもちろん内政干渉はできませんが、こういった改革や法的手続き開始に至らしめるように、親書を書くこともできます。」

「日本での実際行動の最初の手段は、最も迅速に事を運ぶ必要があり、こうして短期間に絶対に変更不能にしてしまうことです。これにはやはり、外からの直接干渉はいけませんが、敏速な行動をうながすように親書を書くことです」、「国策の完全な逆転を納得させるには、第一に部分的な調停による安全はありえないことを示唆します。第二に、日本は過去の国難を乗り越えるために、驚くべき力を発揮した事実にかんがみて、大変革の処置により、禍を転じて福とすることです。第三に、あなたが手紙に書いたように、日本の政策転換によって必然におこる、日本を幸福に導く国際関係全体の突然にして徹底的な変化を描き出すことです」、「その実行可能性をあなたが少しでも信じるのならば、いかなる提案でも、私は喜んで実行しましょう。ルーズベルトに考慮してもらうよう、あつかましくも親書草案を送ることさえいたします」。

この手紙から、朝河はルーズベルト大統領のために、大統領から依頼されてもいない親書の草案を執筆した背景がよく理解できよう。大統領親書運動の契機は、「ウォーナーの提案」であったことが分かる。むろん朝河には日本の開戦準備を緊急停止できるのは、天皇の勅令以外にはないことを冷静に認識していた事実があり、その認識をウォーナーが共有することによって、ウォーナーが行動を始めたのであった。

一九四一年一一月二三日、朝河は親書草案を起草し終えて、タイプを始め、同時にウォーナー宛てにこう書いた。

「あなたの提案にしたがって、ルーズベルトに考慮してもらうメッセージの草案を起草しました。タイプが済み次第お送りします。成功の見込みは百万に一つと思うが、奇跡の起こることを祈ります」。「メッセージは短くあるべきだ、というあなたの考え方は正論です。私は草案をできるだけ凝縮したものにしました」。「私の希望は、第一にメッセージを電報で送り、同時に新聞に発表することです。これはメッセージの中で、そう断った上で行ってもよいでしょう。新聞に発表することが重要です。すなわち、日本の新聞に転載を余儀なくさせることであり、それによって国民を鼓舞し軍部をたじろがせる雰囲気をつくるのです。同時にとるべき第二の手段は、相応の訓令と権限を与えられた特使を、たとえばクリッパー〔快速帆船〕で送ることです。その人選には深慮が必要です」（『朝河貫一書簡集』五九二―五九三ページ）。

朝河がウォーナーに宛てた二通の手紙から、米国大統領のために、日本人朝河がルーズベルト大統領のために草案を書くという珍しい企ての舞台裏がよく分かる。この朝河草案を受け取ったウォーナーが一一月二七～二八日、ワシントンの要人たちにその趣旨を説いて回った。その経緯は、阿部善雄著『最後の日本人』に詳しい（同時代ライブラリー版、二一三―二一五ページ）。近年のものとしては、山内晴子『朝河貫一論』にウォーナー宛ておよび金子堅太郎宛て書簡の受信者一覧表がある（四五三ページ、表27、四五三―四五四ページ）。

では、ルーズベルトが「実際に天皇に宛てた親書」と「朝河草案」の文言を比較してみよう。

朝河草案とルーズベルトの最後通牒

朝河草案には、彼の危機感が色濃く滲み出ている。それを象徴する言葉が「危機」（crisis）であり、この単語が五回現れる。すなわち「偉大なお国が直面する重大な危機」、「現在のそれと多くの点で酷似する深刻な危機」、「過去の時代と同様に重大な危機」、「最近の出来事に起因する危機」、「前世紀あるいは一二〇〇年前の危機」。

ここで朝河が「前世紀の危機」と呼ぶのは、幕末明治維新であり、「一二〇〇年前の危機」と呼ぶのは、むろん大化改新を指している。ここから朝河が日本史の大きな流れをきわめて大づかみに把握して、「大化改新と明治維新」とを「日本史の二大革命」と位置づけていることが分かる。この「日本史の二大革命」という言い方を朝河はしばしば繰り返している。そして朝河の見るところ、日米敗戦はこれら日本史上の二大事件に匹敵するようなクライシスなのであった。

朝河の「危機」認識に対して、ルーズベルト親書が用いた用語は、「緊急事態」（emergency）の一語であった。朝河草案は天皇に対して「陛下よ Your Majesty」と九回呼びかけている。このほかペリー艦隊に触れて孝明天皇、ポーツス条約に触れて明治天皇の名を挙げている。ルーズベルト親書は、

表6　ルーズベルト親書と朝河貫一草案との比較

比較項目	朝河親書草案	実際に届いたルーズベルト親書
語数	1135 words（1.4 倍）	810 words（1）
危機 Crisis もしくは 緊急事態 Emergency	5 回 ・the grave **crisis** confronting your great country ・a serious **crisis** similar in many ways to the present one ・a **crisis** of like magnitude to those of the past ages ・the **crisis** is of but a recent origin ・the **crisis** either of the last century or of twelve hundred years before	1 回 the deep and far-reaching **emergency** which appears to be in formation
大化改新の危機	言及あり	言及なし
明治維新の危機	言及あり	言及なし
無比の Unique	2 回	言及なし
努力 Effort	2 回	言及なし
陛下よ Your Majesty	9 回	7 回
陛下 His Majesty	孝明天皇 Emperor Komei 明治天皇 Emperor Meiji	言及なし
ペリー艦隊に関わって、孝明天皇への言及	Millard Fillmore, sent Commodore M. C. Perry with a personal message of goodwill addressed to Your Majesty's illustrious forefather, His Majesty, Emperor Komei（陛下の祖父、傑出された孝明天皇）	a message extending an offer of friendship of the people of the United States to the people of Japan.（孝明天皇について言及なし）
日露ポーツマス講和会議	offered his good offices to bring about the successful conclusion of an honorable treaty of peace between Japan and Russia（日露間の名誉ある平和条約への天皇の貢献）	言及なし
仏印進駐についてのヴィシー政権との合意	言及なし	an agreement with the Vichy Government by which five or six thousand Japanese troops were permitted to enter into Northern French Indo-China

「陛下よYour Majesty」と七回呼びかけているが、孝明天皇と明治天皇の名を挙げてはいない。両者の語数を数えると、ルーズベルト親書は八一〇語であるのに対して、朝河草案はその一・四倍、すなわち一一三五語だ。これらの簡単な比較だけからでも、事実上の「最後通牒としてのルーズベルト親書」と、「開戦阻止を意図した朝河草案」の決定的な差異は明らかであろう（表6）。

朝河草案が「ダイナマイトの樽」に化けた

「ルーズベルト親書」は確かに天皇に届いた。だが、それは一二月八日午前三時であり、真珠湾奇襲の直前であり、遅すぎた。「私は短波で、ルーズベルトから親電が来るであらうといふ事は豫め知ってゐた、木戸も心配して待ち受けたが一向来ない、どうなったのかと思ってゐると、遂に一二月八日午前三時に東郷〔外相〕がもって来た。之に付てグルー大使は自ら拝謁して渡し度いと云った相である」（『昭和天皇独白録』文春文庫版九一ページ。なお、福島テレビ「まぼろしの大統領親書」一九九八年八月一五日放映はこの問題を扱い、矢吹が解説した）。

朝河の提案通り、米国の新聞にも直ちに公表された。しかしその内容は朝河草案とは似て非なるものであった。それを読んだ朝河は失望し、日米開戦の二日後、ウォーナーに宛ててこう書いた。「〔前略〕さて、ルーズベルトですが、彼の『ダイナマイトの樽』の手紙は、〔米国同様、日本でも〕公表されておれば内閣の反感を買って今までにないほど反感を強めただけです。彼は日本国民の感情とその君主を承服させるに足る訴えはすべて避けました。私は、その手紙が当時公表されなかったことをむしろ嬉しく思います」。

朝河はルーズベルトが実際に天皇宛てに送った開戦回避を目的とした書簡を、意外にも「ダイナマイトの樽」と形容している。朝河が開戦阻止のために書いた草案は、換骨奪胎され、ついには「ダイナマイトの樽」と化していたのだ。それゆえ、公表されなかったことを「不幸中の幸い」と朝河は受け止めた。そして、こう付加した。「もちろん今となれば、それはどうでもよいことです。検屍の意味で、親書の原案を同封します」。

開戦阻止のために用意した草案にもかかわらず、その草案からルーズベルトの鬼子が生まれたのであるから、「鬼子」と「流産した親書原案」との違いを検証するために、朝河はあえてウォーナーにその原案を再送し、その比較を「検屍」と称したのであった。この表現からも朝河の無念が察せられるであろう。

朝河やウォーナーの願望にもかかわらず、日米戦争は火蓋を切った。その真珠湾奇襲について朝河はこう評した。

「私の考えは君の二通目の手紙にあった意見と同じです」。朝河はウォーナーが、「予告なしに攻撃されて打撃をこうむったことは、多分アメリカにとっては幸いであった。あれほどに決定的でなかったならば、議会での長談義は終わらず、アメリカは結束できなかったであろう。いまやわれわれは本当に真剣である。戦争が片づくまでには、二年やそれ以上かかるのは確かであるが、遺恨が癒え、穏便な関係ができるまでには何年かかるか分かったものではない」と指摘したことについて、同意した。

そして「出来事があのように起こったことは幸いでした」と付加した。「われわれは当面の目的〈開戦阻止〉には失敗しましたが、価値のないことをやったわけではありません。あなたも同意見でありましょう。あなたの提案とあなたの尽力への私の永遠の感謝を汲み取ってくださることを心から望んでいます」（『朝河貫一書簡集』、五九六ページ）。

大統領親書運動は失敗したが、ここで蒔かれたタネは、後日米国の占領政策に活かされることになる。日米戦争が始まると、アメリカは敵情研究に精力的に取り組む。戦略情報局ＯＳＳは「日本計画」の立案を行うが、その基礎になったのは、朝河の天皇制民主主義論であった。

アンティオーク大学総長のアーサー・Ｅ・モーガンは、日米開戦について朝河に見舞いの手紙を書いた（『朝河貫一書簡集』、五九四ページ。一九四一年一二月一〇日付）。モーガンはかねて親書を届けるために国務次官補バーリ*に連絡をとってもよいと、朝河に申し出ていたいきさつがあり、こう書いた。「大統領から天皇宛に親書が送られたという事実から、あなたの提言が採用されたのだと思います」としたためた（山内、四四八ページ）。

＊　アドルフ・アウグストゥス・バーリ Adolf Augustus Berle（一八九五～一九七一）——ルーズベルトのブレイントラストの一人、一九三八～四二年はラテンアメリカ担当の国務次官補。

朝河は一四日付で返書を書いた。「ご好意あふれるお手紙をいただき、心から感謝しております。……大統領は六日、天皇宛に親書を送りました。……日米関係が断絶された後に本文が公表されましたが、これは私の提言したものとは明らかに全然違う性格のものになっており、私が強く希望した行動計画を開始させるには役に立たないものでした。いわば検屍のために、私の草案を同封いたします。けれども、すぐにご返送くださいますようお願い申しあげます」（『朝河貫一書簡集』五九七ページ）。

朝河の大統領親書活動のことは、米国知識界で一定の範囲で知られていたこと、しかしながら、実際のルーズベルト親書と朝河の書いた原案との間には、天地ほどの差異があり、朝河はその悔しさを「検屍」の一語で表した。

2 なぜ軍部が跳梁跋扈したのか――ウィルコックス宛て書簡（一九四二年二月二二日）

朝河は日米開戦二ヵ月後の一九四二年二月二二日、イェール大学の大学院で歴史学の博士論文を指導したW・B・ウィルコックス、すなわち最も信頼できる弟子筋の人物に宛ててこう書いた（朝河貫一のW・B・ウィルコックスに宛て一九四二年二月二二日書簡、『朝河貫一書簡集』六一八―六二一ページ、英文 pp.126-128。書簡集の訳者は故金子英生、故金井圓だが、訳文は少しく変えた）。

――現在の状況は西暦六四五年〔大化改新〕と一八六八年〔明治維新〕と類似しています。二つの危機には、成文憲法はありませんでしたが、「天皇は政治に直接関与せず」という伝統はありました。しかし両方の危機に面して、天皇輔弼の臣たちは有効な道を取り、必要な人事更迭と思い切った国策転換をすみやかに成し遂げたのです。両回とも、勅諚はわけなく皆の従うところとなったのですが、それは勅旨発布の手段が信服させるに足るものであったからです。そして国民はただちに見事な忠誠をもって運動に加わったのです。

——私の小さな望みは、「軍部を改心させる」ことではなく、可能な唯一の権力＝天皇による「軍部の追放」でした。内閣は天皇の任命によるものですから、〔天皇が自ら任命した内閣の更迭を行うことは、自縄自縛に陥り〕不可能と思うかもしれない。たしかに天皇は代々「大臣の助言によって」行動してきましたが、理論上、主権は天皇にのみあり、行政・立法・司法のすべての機関は、その存在理由と権力を「天皇主権の執行者」として持つのです。それゆえに「憲法の条項」は、天皇は「君臨しかつ統治する」ことを特に明確にしたのです。

「任命期間中の諸官の権限」は保証されていますが、それは委任された「職権を逸脱、乱用しないかぎりにおいて」です。実際には、天皇は違犯者をただちに免職することはせず、内閣の場合は「辞職を待つ」のです。しかし理論上は、「天皇の意志と信条をたびたび侮辱し」、「大多数の臣民の希望に反して行動した内閣」を免職させることができない理由は、国家組織のどこにも存在しない。言論機関が黙して、国民の感情が明瞭な形で意志表示されることはありませんでしたが、ここ何年かは、庶民の不満と反対は明らかに広まっています。

天皇の意志を強く表明すべき直接的な理由は、「内閣の横暴な行為」に対する「天皇の憂慮」を内閣も国民も知っていることにあります。誰の目にも「天皇の祖父君の制定した憲法」が害されつつあることは明らかでした。また「天皇の平和的意図」はすべての人々の知るところでした。

天皇はいかなる方法を取ることができたでしょうか。それは「枢密院から始めるべき」であった。

たしかにその機能は諮問機関としてですが、枢密院の多数派の信条に従って毅然たる態度に出れば、有効に行動できたのです。「そのような信念」はほんとうに存在しました。「現行内閣〔東条内閣〕によって国の運命が危うくされる」という決定的主張を天皇が歓迎することを密かに確かめることもできたでしょう。

この朝河書簡には、明治憲法下において、天皇はどのような権能をもつか、内閣との関係はどうか、その内閣が天皇の意に反して行動し始めた昭和一〇～二〇年代において、なぜそのような政治がもたらされたのか、これを是正する道はどこにあったかについての朝河貫一の見解が分かりやすく説かれている。

第9章　「国民性の弱点」が日本の民主主義を葬る
――ウォーナー宛書簡を読む――

1　日本の敗戦に接して

殺戮は終わったが、激しい憎悪はどこへいくのか

朝河やウォーナーたちの親書運動は、開戦阻止という「当面の目的」には失敗したが、そこで深められた両者の友情、そして朝河人脈は、「日本計画」やその他のチャネルを通じて、戦後改革への米国からの提言に活かされることになる。ウォーナーは一九四五年八月二二日、日本の敗戦七日後に朝河に宛ててこう書いた。

「ここ数週間、奇妙なことが続いてあなたのことが気にかかり、筆を執りました。少なくとも大規模な殺戮は終わった、あるいはほぼ終わったといえるのは幸いです。しかし激しい憎悪はどうなるのでしょうか。われわれはできるだけ早く日本の友人たちに連絡をとり、辛いことながら、再び最初か

ら確かな人間関係を築き上げていかなければなりません。あなたは日米両国語に堪能なので、ペンの力によって多くのことができますし、すでに始めておられるのは当然です。またあなたは日本の歴史および宗教上の先例を駆使して、日本の指導者に訴える方法を直感的にわかっておられるはずです。われわれみんなが納得できるような、真のヤマトダマシイを築くわけにはいかないでしょうか。」

「個人的に私ができることはあまりありませんが、私の美術の授業〔ウォーナーはハーバード大学の美術史教授で付属美術館館長を務めた〕や私の知っている学部学生を通じて正しい方向にともかく何か始めることはできそうです。この二年間、私は〔米国〕陸海軍の兵士たちに対し、海外占領行政のための訓練をしてきましたが、彼らには一般に非常に協調的な態度が見られました。しかし、もちろん彼らは驚くほど無知です。でも、いま私は、文化遺産の保存のために米国の軍隊が働いてくれるであろうといささか希望を持っております。少なくともそれは正しい方向へのゼスチェアとなり、ひいては意見対立の余地がない分野で、日本人と接触する基盤を与えることになろうと思います」（『朝河貫一書簡集』七九七―七九八ページ）。

日本敗戦から半年後の一九四六年二月七日、ウォーナーは朝河にこう書いた。「二～三日以内に私は命により日本に行き、二～三ヵ月間〔結果的には半年に及ぶ日本滞在となった〕、美術品や文化遺産の保存の仕事を始める予定です。ことづけたい手紙、あなたの友人やご家族に伝言することがありましたら、お知らせください。あなたの手紙が私の出発後に届いた場合には、私のオフィスが転送してくれることになっています」。「太平洋に文化の架け橋を再び築くためのなにかいい考えをご教示いただければ幸いです。早速必要な基礎を築かなければなりません。個人間の接触はこの〔占領〕初期が特に重要です」(『朝河貫一書簡集』七九九ページ)。

「私の手紙はたいへん長くなりそうです」

朝河は一九四六年六月二三日、ウォーナー夫人ロレーンにこう書いた。「ラングドンが仕事で日本へ出発する寸前に、私に手紙を下さり、親切にも私の友人や親類のものに何か伝言があれば、代わって伝えると申し出てくれました。そこで私は生死もよく分からない友人への手紙ではなく、ラングドン自身に宛てて長い手紙を書き、日本における最近の出来事、日本人の向かっていると思われる進路、日本人が特に留意すべき点、そしてラングドンが日本滞在中に、特に注意して観察してきて欲しいことについて、私の見解を述べようと考えました」、「このように考えてラングドンから手紙を受け取るとすぐに草稿を書き始め、かなりの枚数を書きました」(一九四六年二月~六月ノート)。

「最近、私には言いたいことがたくさんあるため、私の手紙はたいへん長くなりそうです。ごく少数の方にしか言わないこともラングドンにだけは伝えておきたいのです。この手紙では、過去二〇~三〇年の日本の大きな事件や出来事に触れるつもりです。」

「しかし間もなく明らかになったのですが、これらの事柄について正確に述べるためには、事件の前後関係や予想外の方向に次々に変化する外部環境に対応して作られた陸軍の企図の変遷について、私自身の記憶を新たにしなければなりません」。「実際にやってみると、私が長年収集してきた膨大な資料[*]を集中的に検討することになり、今もなお資料の真っ只中で苦労しています。」

＊朝河の研究用カード集 *Japan Chronicle*（日本誌）等を指す。朝河は膨大なカードを作り、*Japan Chronicle* 執筆の準備をしていたが、未完のままに終わった。そのカード類は、イェール大学史学科の院生セルデン入江恭子がジョン・ホール教授の指揮のもとに焼却した。「朝河文書整理のこと」『甦る朝河貫一』国際文献印刷社刊、一九九八年、所収。

「という次第で、ラングドンがこれからどの位の期間、日本に滞在する予定なのか、ご存じならばお知らせくださいますよう。もしまもなくご帰国ならば、それまでに長文書簡を書き終えることは不可能です。その場合には、ラングドンにはたぶん帰国後に読んでもらうことになると思います。彼が日本でどんなことをしているか、楽しんで仕事をしているかなどもお知らせいただければ幸甚です。」（『朝河貫一書簡集』六八八―六八九ページ）

以上の経緯を経て、一九四六年二月に書き始め、朝河が「長年収集してきた膨大な資料を集中的に検討すること」によって書き続けた未完の覚書か、いわゆる「ウォーナー宛て長文書簡」にほかならない（タイトルは、To Langdon Warner, as the letter leaves for post-war Japan, Asakawa Papers, Box3, File 36. 以下、「ウォーナー宛書簡」）。

一時は出版さえも考慮した四〇〇字約一〇〇枚の手稿には、戦後改革に寄せる朝河の希望が書かれている。一部に判読不能箇所も見られるが、その論旨は十分に読み取れる。直接的名宛人はウォーナーだが、むろんウォーナーを通じて、日米のすべての有識者に宛てたものと解すべきである。こ

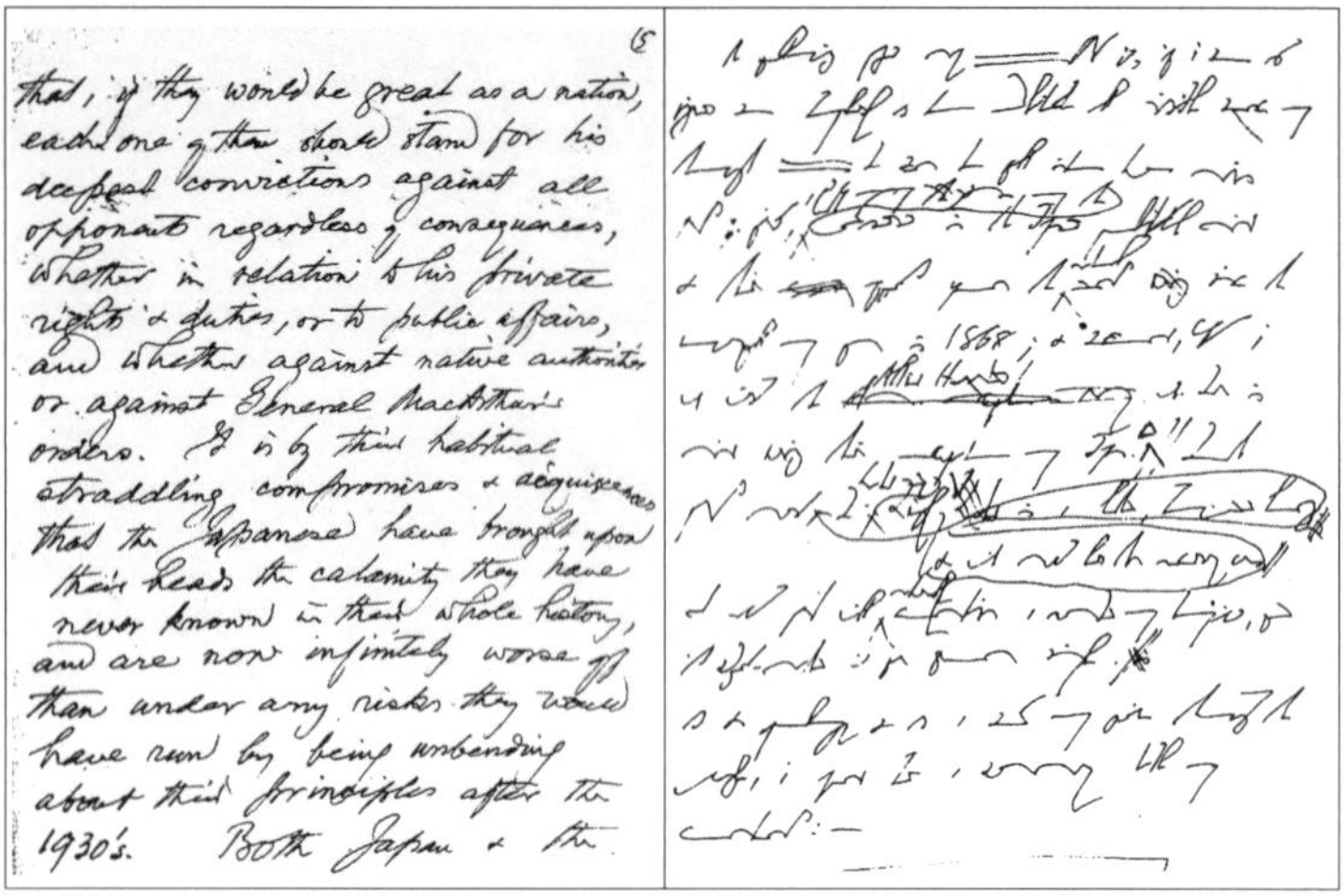
that, if they would be great as a nation, each one of them should stand for his deepest convictions against all opponents regardless of consequences, whether in relation to his private rights & duties, or to public affairs, and whether against native authorities or against General MacArthur's orders. It is by their habitual straddling compromises & acquiescences that the Japanese have brought upon their heads the calamity they have never known in their whole history, and are now infinitely worse off than under any risks they would have run by being unbending about their principles after the 1930's. Both Japan & the

ラングドン・ウォーナー宛長文書簡
注）左は朝河貫一の筆跡、右は速記体の朝河貫一メモ

の「ウォーナー宛て書簡」をのちの「絶筆（新生日本展望）」（本書補章）と比べると、問題意識はかなり重なる。主題は、明治憲法下の日本でなぜ軍部の暴走が破局まで進みつつあるのか。それを許した日本の国民性の弱点はなにか。戦後の日本再生においてどのような着眼点が求められるのか。朝河はこれら一連の問題群と必死に格闘していた。それが行間ににじむ。

2　「ウォーナー宛て書簡」の論点

日本の検閲について

ここでは、在米の朝河が日本の友人と連絡が途絶えていたことを知らせ、共通の友人への伝言を依頼している。

「一九四〇年ごろまでは私はきわめて自由に〔日本の〕海軍の友人と通信ができましたが、いまは先方からの手紙を待つのがよいと思われます。それが妥当でしょう。それはさておき、もしあなたが仮に私の旧友に出会ったならば、私が元気でいること、再度手紙をもらう日を辛抱強く待っていると伝えてください。書けるようになったら、すぐにでも書いてくれるように促してください。もしあなたが帰国されたら、われわれは際限もなく話しましょう。あなたを悩ませるようなだらだらと長い手紙を書かせてほしいものです。そうすれば、私にのしかかっている荷物の一部を肩から下ろすことができます。」

朝河の家系について

ここで朝河は自らの出自を語っているが、これは珍しい発言である。

「私の先祖はサムライで、祖父も母方の祖父も叔父も一八六八年の戦争〔戊辰戦争〕で亡くなりました。私の父はいつも武士道の厳しい原則と忠誠に基づく頑《かたく》なな名誉意識とを私に教えました。これは民主主義と西欧文明の基礎でもあります。米国における長い生活で私は自分の行動において妥協したことは一度もありません。時には孤立しましたが、そのときでさえ屈伏することはなかったのです。もし私が屈伏していたならば、いま同胞の弱点をあげつらう権利をもたないでありましょう。もし日本が真の民主主義国ならば、政府の形態は特に、市民の個人的責任感、市民の良心の上にのみ樹立されなければなりません。」

サムライの子としての誇りを胸に秘めて、米国生活を生き抜いたことを淡々と語っている。

思考を束縛する漢字文化について

次は朝河流の中国文化批判である。朝河は中国文化の価値を高く評価したが、その欠点を批判することも忘れなかった。

「人々は気づかないうちに、非現実的な独断思考の奴隷になります。人の知性は、高邁に聞こえて内容は空疎なものによる束縛を打破するうえであまりにも無力です。漢字は、当初は人を鼓舞し浮き浮きさせますが、いまや漢字が人を支配し、命令するのです。人々の政治思想の領域では、未熟練の場合には、害悪は二重に深化されます。中国と日本の長い歴史において生み出された政治的著作群のなかで、どのページ、どの文章をとりあげても、中国ならば『書経』の古典から今日の共産主義者およびその敵対者に至るまで、相次ぐ時代の数えきれぬ悲憤慷慨《ひふんこうがい》があります。日本ならば、『日本書紀』から北畠親房『神皇正統記』まで、一八五三年ペリーの来航まで、一九二〇年代の煽動家たちの宣言（北一輝『日本改造法案大綱』一九二三年）や一九三〇年代初期の暗殺（五・一五事件、二・二六事件など）に至るまで、これに続く軍部の公式文書と宣伝は、すべて嘆かわしい事実を証明しています。この点において日中二つの国民の唯一の違いは、観念化したフレーズの接触が異なる点だけです。」

「それぞれの歴史発展の差異に応じて異なりますが、書かれた文言への信仰において両者は共通しています。あれこれの理由からして、政治的思考における日本人の能力は、幼稚な段階にとどまっています。これはすでに示唆したように、あまりにも妥協しやすい事実とおそらく密接な心理的関係がありあります。両者には『因果関係あり』とまではいえないとしても、二つの習慣が相互に深め合う関係は小さなものではありません。普通の人々は、よく考えて批判するどころか、当局にしたがい依存して、綺麗に飾られた命令を喜んで実行するのです。」

天皇の主権行使について

天皇の主権行使は「調和を踏まえて」行われたのであり、これは日本人の国民性が基礎となっていることを説いている。

「天皇は主権の行使において伝統的に受け身であった日本のような国では、権力簒奪は一九三〇年代に一再ならず実際に発生し、ついには軍が政府権力を掌握して天皇と国民を強制し、野蛮な破綻という極点に達したのです。しかし憲法発布の時には、いま述べた重大問題とは、かけ離れたものでした。異なる見解や感情を闘わせて相手を『屈伏させるよりは、調和させる』という人間の習慣は〔日本人に〕生得のものです。政治家が自由主義体制下でも最後に目的を達するために敵対者をしばらくは懐柔する技術をもつことを誰も否定できないでしょう。否、妥協は民主主義において、本質的な美徳でさえあります」。「日本人の文化史は法的にも政治的にも、同意できないものに対して自らの権利と信念を守る個人の価値の感覚を養成できなかったのです。この感覚こそが西洋社会の古典的・現代文明の基礎なのです。個人の考えを主張して相手を不愉快にすることはニッポン人にとって、やってはならない道徳的義務であるばかりでなく、明白な利己主義なのです。二～三名が集まると、各人は他人の意見や感情に静かにみずからを合わせて調和の雰囲気を作ろうとして、本能的にそのように語り行動します。」

「妥協を好む日本の国民性」について

朝河は日本の国民性について次のように指摘している。

「もし二人が論争に陥ると、一方は相手側の小さな修正を聞くや、まだ論点は一致していないにもかかわらず、突然議論をやめて歩み寄ります。この現象は外国の訪問者をしばしば驚かせます。結局、一部の日本人にとっては真実を論争よりも重視すると、その場の社交性が無用に混乱するとでもいいたいのでしょうか。精神においてはリベラルな政治家でも容易に服従できないはずの保守主義者に対して自衛するのは、脆弱な歴史的伝統によるものでしょうか、意見の対立が不都合な出来事を引き起こすのをおそれてのことでしょうか。それとも政策が成功して彼らを啓蒙するまで、あるいは地位を保持できなくなるまで、放置したいのでしょうか。」

明治維新に即して日本人の根深い心理を説く

「明治維新の結果から若干の例を引用しましょう。新時代は土地の封建制度を一掃した後に幸運にも迎えたので、新役人に対して無気力、言い逃れ、引き延ばしなどの根深い心理的習慣と一定の権威主義的風潮（全体主義的とまではいわないが）を静かに残しました。徳川体制三〇〇年の遺産は、地位と先例や息のつまりそうな形式主義と結合していました。これらの習慣が創造的政治家精神の内部を超えて日常の機関のなかで行われたので、この習慣は大きな害にはならないように見えたのです。しかし新制度が全体として安定し、定着して来ると、権威があり、より自由な人々でさえも、長い義務から、少しずつ、類似の影響を受けて、官界の雰囲気は類似の呼吸となりました。」

「万世一系」について

「もし日本人がその伝説を客観的真実として信じているかと単刀直入に問われるならば、おそらく十中八、九は、なぜそんな馬鹿げた質問をするかと反問するでしょう。」

「統治王朝の皇孫伝説は、その極致が天地創造の物語だが、より大きな歴史的影響を与えてきました。『万世一系』と定められた天皇主権の理論の基礎を構成するからです。この神話は国家と国民の心の中に絶え間なく生きてきました。実際の力においては神話以上、理論以上のものです。それは最も深い感情であり、全体の下地なのですが、外国の観察者が見逃し易いのです。」

万世一系についての朝河の理解は、彼の考える神話と歴史の結節点を実に巧みに説明している。あえて、一言敷衍すれば、万世一系とは、そもそも大化改新で拒否した中国の政治文化たる「易姓革命」を強く意識して成形された日本独自の政治観念にほかならない。「易姓革命」を排して、逆に「皇統の継続性」を重んじたが、それは天皇主権論の基礎を構成するためであり、それを天上まで格上げしたのは皇国史観の誤りにすぎない。

日本史は由来、「天皇制の権威」と政治力をもつ「将軍制の権力」との両者間のチェックアンドバランス」「権威と権力」との相互牽制関係によって危機を乗り切ってきたのであり、朝河の見るところ、象徴天皇制こそが大化改新と明治維新という二つの革命を通じて確立された日本史の核心である。朝河自身は「象徴天皇制」という五文字を直接用いることはしていないが、言外の論旨はそれを語り続けている。

象徴天皇制への洞察

そこから少なくとも二つの系が導かれる。

一つは、天皇制に集約される日本史の核心部分を、たとえば昭和史に見られるような一時的混乱と同一視してはならないことである。朝河も繰り返しているように、軍部あるいは武装勢力が天皇の権威を無視して暴走した事例は、日本史上いくつか見られるのは事実である。しかし、日本史はまたそれらの危機を乗り越えてきた歴史でもある。一時的混乱を根拠として「天皇制廃止」を説くのは、軽率・近視眼であり、日本史への正しい理解を欠いたものだ。

もう一つ。昭和史において、アジアとの戦争、欧米との戦争のような大いなる惨禍が生まれたことについては、これを許した「国民性の分析」から着手して「天皇制の分析」に及ぶべきである。二〇世紀の戦争は諸国民間の戦争、諸国民間のナショナリズムの闘いである。ならばそのように相手国民に対して敵対意識を育てた国民性＝ナショナリズムはどのように形成されたのか、それこそが歴史学研究の課題でなければならない。すなわち朝河歴史学とは、ただちに平和学でもある。それ以外に歴史学研究の目的はない。

「天皇」と「独裁者」の違いをこう説明している――「最も注目すべき事実は、天皇は主権者ではあるけれども、時代を通じて独裁者であったことはなく、その国民的家族の家父長的保護者であった事実です。理論上は統治するが、実際には天皇が任命した大臣や役人を通じてそれを行ったのです。天皇はその任命においてもアドバイスを受けいれて受動的に応諾したのであり、国民は天皇を無限の寛容性をもつ慈悲深い天子と尊敬しました」。

天皇が軽視される事件は、数回発生した――「悪人の意志によるものであれ、時勢の力によるものであれ、長い日本史には数回生じているのは、天皇が虚名のみをもち、真の支配が離れて蘇我氏〔蘇我入鹿は大化改新の打倒対象になった〕や足利氏〔たとえば足利義満は日本国王を僭称した〕に移った事件です」。

マルクス主義者のドグマについて――「一部の者が天皇体制をやめようと主張しています。歴史的文脈を十分に理解しない外国人か、あるいはマルクス主義者の独断を信ずる者のみが客観的事実を尊重する共通の義務を忘れています。後者の精神状態は多くの国々に拡大しつつあり、世界の真の自由と平和の障害になっています」。「もし日本の『天皇制』を破壊することに成功するならば、その惨禍の大きさは、巨大なものとなりましょう。天皇個人についていえば、私の知る限り、みずから天皇の神格を求めたことはありません。天皇はその臣下が天皇のせいにしたときに公然と非難することはなかったのですが、今年新年に初めてそれを行いました」〔いわゆる人間宣言あるいは神格否定宣言の通称で知られる昭和天皇の詔書は、「新日本建設に関する詔書」とも呼ばれる。朝河貫一の遺作の表題はこれを踏まえたものである〕。

制度としての天皇か、個人としての天皇か――「天皇は個人というよりも、制度として尊重されているのです。実際、個々の天皇の欠点や性癖は側近には明らかであり、ゴシップの種になり、ひどく批判されたりしたことは、異なる時代の顧問や大臣の数多くの日記や覚書に明らかです。若干の天皇は重大な事柄でも、あるいは日常の些事でも側近にもらして、個人の心配や他の感情を癒しています。この文脈で、孝明天皇〔一八三一～一八六七、明治天皇の父、幕末に公武合体運動を推進した〕が親しい廷臣や島津斉彬〔一八〇九～一八五八、島津氏第二八代当主、西郷隆盛ら維新の志士たちに慕われた〕男爵に宛てた書簡に勝る感動的なものはありません。」

天皇の名において悪事を正当化する危険性に警戒せよ――「日本の天皇制についていえば、潜在する唯一の危険は、天皇の伝統的受動性と人々の怠惰な従順のために、すでに示唆したように、時には天皇の名において悪事を正当化する道具になることです」。「天皇がなければ、共通の生存のための中心人物が失われ、国民は一人一人が絶望的な冷笑ムードに陥り、権威を認めず、グループ間のデタラメな衝突が起こるでありましょう。もしそれができるならば、主権たるもの（秋津神と神《かん》ながら）は、『古事記』と『万葉集』以来のすべての詞歌集と年代記を満たし、国民が呼吸するすべての空気を満たすはずです。ここにも混乱がありますが、今回は信仰あるいは伝統、そして客観的真実です」。

国民と天皇の協調について――初期の神話の編纂者にとって、いくつもの人種からなることは、今日よりもはっきりしていたのです。しかし、この説が明治の支配者に始まるとする左翼の言い方の当否は難しいのです。一八〜一九世紀の日本古典のルネサンス期に皇室の子孫の伝統はもっと初期に自然に成長していました。明治以来の新発展と考えられるものは、もし私に誤りがなければ、天皇は宮廷を越えて人々と接することがいっそう困難になり、最大の形式的厳粛性を備えたことです。この条件が皇室の権威を強めたとしても、他方で一定の懐疑主義さえ少数だが生まれた。後者の可能性は、一九二〇年代に突然アナキストが生まれ、現在の共産主義者とともに反天皇制を主張しました。左翼の口実の多くは、行われたばかりの新国会の総選挙において国民から静かに拒否されました。陸軍の挑戦を許し、文民政治が敗北したのはなぜか。この部分は明治憲法を論じた箇所ですでに紹介しました……。

朝河のウォーナー宛て書簡は、まだ終わらない。この一句のあとに、「その上、さらに（Moreover）」の一語があり、以下の原稿が欠落している。ここまで書き進めて、未完に終わったことは分かるが、その理由は明らかではない。先に紹介した朝河のウォーナー夫人宛て書簡では「資料の真っ只中」にあった。文民に対する軍部の勝利〔日米戦争前夜の文民統制の失敗〕の過程は、それを許した国民性の欠点とともに、ほぼ明らかにされたが、朝河の脳裏には、「その上、さらに」なにものかを付加したかったごとくであるが、その内容は分からない。

さてウォーナーが半年の日本滞在を終えて帰国したとき、朝河は彼をイェール大学で開かれる予定の「博物館会議」に招待した。残念ながらそのときはウォーナー側の都合がつかず、戦後日本構想にかかわる「朝河・ウォーナー対話」は実現しなかった。ウォーナーの日本視察報告はいくつかの点で朝河の予想通りであり、彼を安堵させるものであったが、朝河にとっては、懸念すべき諸問題はそれに尽きるものではなかったであろう。朝河は翌々一九四八年夏に死去し、その七年後にウォーナーも死去した。

補章　マッカーサー占領行政を叱る——新生日本の展望（朝河絶筆）——

解題

一九四五年七月二六日、ポツダム宣言が発表されると、朝河はただちにその分析に取り組み、それが占領軍によってどのように推進されるかを見極めて、翌四六年暮にルーズリーフに細かな文字で約一〇〇枚の覚書を書いた。図版のように、覚書本文は「漢字交じりカタカナ文」だが、キーワードはすべて英語を用いており、英語による発表を想定した覚書と見られる。英文資料の引用も少なくない。絶筆となった覚書は、こう書き始められている。

——「この〔ポツダム〕宣言は（第八項に四島を名指すなどの細事のほかは）、多分チャーチルの筆になるものであると私は信ずる。なぜなら、語句に彼を想起させるものがあるだけでなく、脅迫の着想（すなわち第一項、第三項、第一三項末尾）は、蔣介石やトルーマン等の政治家の期待するものではない色彩があるからだ。最も明らかな証拠と思われるのは、宣言の根茎にある騎士道観念とヒューマニズムだが、チャーチル以外に、この精神は考えられない。彼のこの素質の表われを例示すれば、第三項で民主諸国民の潜在力を提起して日本人にこれを悟らしめ、第四項で日本人の理性に

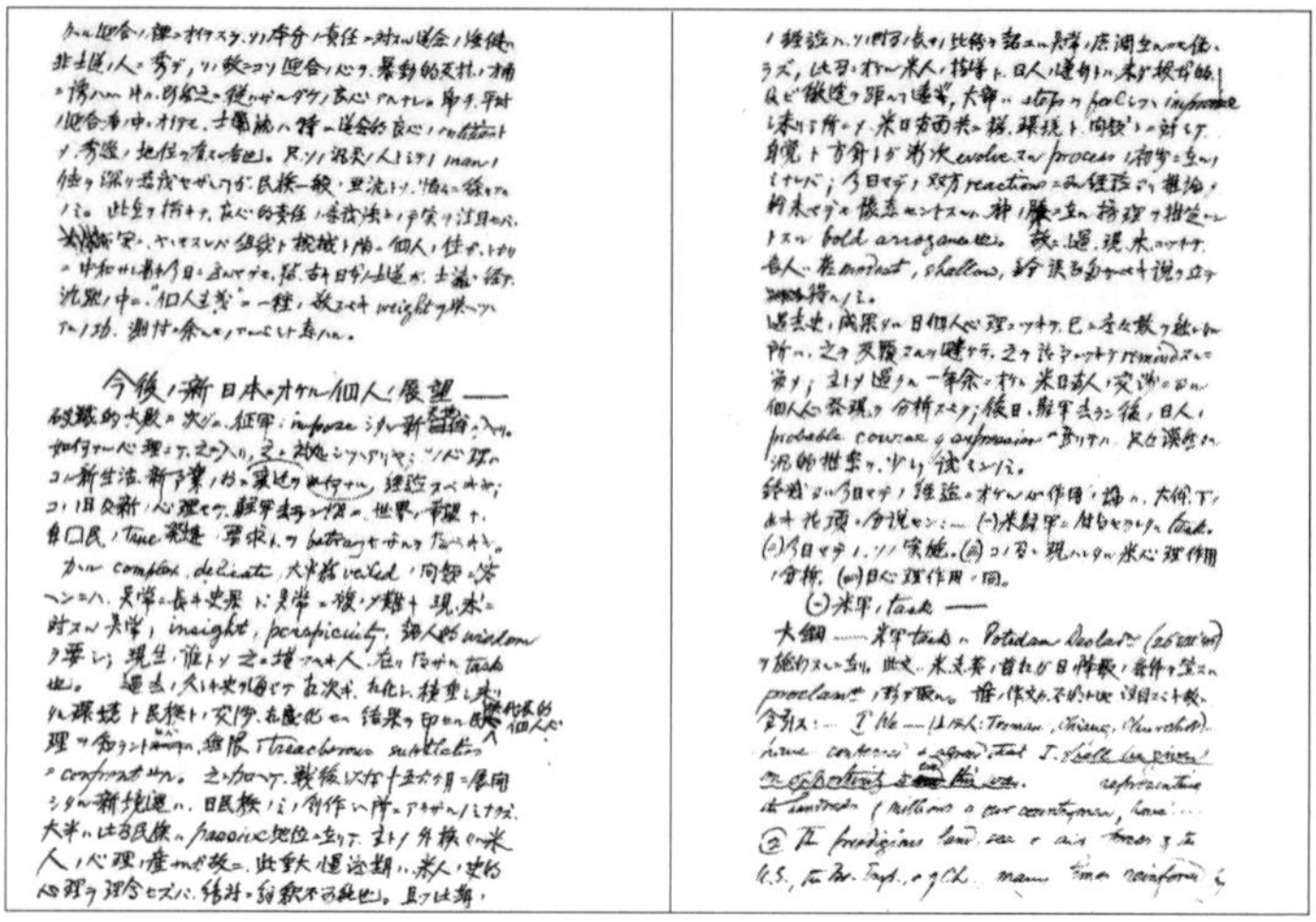
今後ノ新日本ニオケル個人ノ展望

図版　新生日本の展望（朝河絶筆）

訴えて、降伏の止むを得ざること、利なることを反省させようとしたこと、および以下の諸条である。……」（イェール大学スターリング図書館所蔵のAsakawa Papers)。

この朝河覚書は、短い手紙等を除けば、絶筆と見てよいエッセイである。タイトルを読むと、「I　新日本における個人の展望」および「II　個人の将来運命の展望」の二つの部分からなる。「ポツダム宣言一三ヵ条」の分析に始まり、駐留米軍の課題とその一年半の成果を縦横に分析している。中身は、占領行政を厳しく叱り、新生日本に希望を寄せるもので、まさに歴史家朝河の遺言と解してよい。

その構成は以下のごとくである。

新日本における個人の展望

第一節　駐留米軍の任務
第二節　今日までの、任務の実施
第三節　アメリカ人の国民性解剖
第四節　日本人の国民性解剖
個人の将来運命の展望

前書きに曰く「日本は破滅的大敗に次いで、占領軍の課した新天地に入った。いかなる国民性をもってこれに入り、これに対処しつつあるのか。その国民性は、この新生活・新事業のために、いかなる変遷を経験すべきか。この旧新の国民性をもって、占領軍の去った後に世界の希望と自国民の真の発達という要求とを裏切らないためには、何をなすべきか」。「こうした複雑微妙な、かつ大半はなおベールに覆われている問題に答えるには、長い歴史的成果と複雑・困難な、現在・未来とに対する異常の洞察と明快さ、超人的智慧を要する。現生の誰を想定しても、これに堪えうる人物を見出せないような課題である」。

「過去の久しい歴史を通じて相次ぎ、積み重ねて来た環境と民族との交渉から感化された結果としての国民性を知ろうとすれば、限りなく捉えどころのない微妙な問題に直面する。加えて敗戦以来一五〜一六ケ月に展開した新しい境遇は、日本民族が独自に創作した要素ばかりではなく、大半はこの間、受動的地位にあり、主としてアメリカ人の国民性的産物でもあるから、この重大な過渡期は、アメリカ人の歴史心理を理解することなしには解釈できない。」

「しかもこの経験は、異常の闊達さにも係わらず、アメリカ人の指導と日本人の遵守とは、大部は段階を感じながら間に合わせですませてきたので、日米ともに、環境と問題とに対して、自覚と方針とが漸次進展する過程の初歩段階である。今日までの双方の対応による経験から推論し、将来までも予想しようとするのは、神の膝下にある摂理を推定しようとするもので、傲慢を避けられない。小論にはたぶん誤りも多いであろうが、心中の考えを述べたい。」

ここでは、「第三節　アメリカの国民性を解剖する」「第四節　日本の国民性を解剖する」の要旨を紹介したい。便宜上、中見出しを付した。

新生日本の展望

（中略）

「第三節　アメリカ人の国民性解剖」

一項　総司令部施策の評価

占領軍総司令部（ＳＣＡＰ）施策の中には、絶賛に値すべきなみならぬ長所がある。それは以下の国民性篇の中で説くのが便利である。ここでは主として施策の短所のみを考えよう。

消極面のうち、一九四六年一月四日「公職追放令」は、あまりに機械的であり、甚だしく日本人の歴史的心理への理解を欠如したものである。追放に含める要人の中には、軍部方針を禍因として天皇と国への不忠誠と信じながら、現勢上これを覆すことは不可能と信じ、これを破壊すればかえってさらに過激の方針を劇成すべきことを見透してしばらく従った者も含まれる。軍と同列に立ちつつ彼らの甚だしき「野望を緩和し、破綻を極力回避し、徐々に機を待って穏当の方針に復旧すべく努めた愛国者」が少なくない。また国民の有識者もまた人過半は同じ態度であろう。日本の実情から実務的に論ずれば、この措置は合理的ではないといわざるをえない〔見られるように、ここでは朝河の厳しい占領政策批判が展開されている〕。

第一に、日本の国民性は、「妥協によってしばらく反対者と同行し、これを和らげ・悟らしめ、または機を得てこれを克服しようとする傾向」が深く大きい。さればこそ追放令は、軽率にも玉石を混じ、一網に打ち尽くし、「中心は忠誠・真正にして、人物は思念と経験と経世の技量を兼ねる者」を、「松岡〔洋右〕、東条〔英機〕、荒木〔貞夫〕らの黒羊」とともに排除・制裁し、名誉を傷つけた。彼らの過失は、一時凶漢と同舟に乗ったことにすぎない。これ実に、一時の外面の集団を見て、「恒久の内心・動機を度外視するもの」であり、「人を人として見ず、物として扱う」に等しい。単に法的に見ても意図（Absicht）を無視するのは、公正ではない。これによって近衛〔文麿〕を自殺せしめ、鳩山〔一郎〕のごとき国家有用の材の公的奉仕を不可能にしたのは、人物払底の今日、日本と世界とに深刻な損失をもたらした〔朝河はイェール大学留学の先達鳩山和夫を通じて、子息の一郎を個人的にもよく知っていた。朝河は長期にわたってイェール大学日本留学生同窓会の事務連絡役を担当した〕。

まことにアメリカ国自身の政界の過去一四年間〔一九三三〜四六年〕における憲法上の罪悪〔戦時期を理由として、ルーズベルト大統領が三選、四選されたこと〕をこれと比較すべきである。「憲法の精神と正反する諸原則・施策」を繰り返し、「憲法に致命的傷を与える」こと甚だしいものがあった。その犯人を求めるならば、前大統領〔フランクリン・ルーズベルト一九三三〜一九四五年大統領、民主党〕、政府委員を始めとして、民主党全党が直接の責任者であり、反逆罪を犯した。労働派の無責任を限りなく奨励したのを免罪するのみならず、同一人を第三期〔一九四一〜四五年一月〕、第四期（一九四五年一月〜四月）に大統領とし選挙した国民幾百万人は、間接の煽動者である。もしアメリカ国が日本の地位にあり、敗戦し征服者が来てこれらの犯人を制裁しようとし、その罪状を列挙し、弾劾したらどうなるか（ルーズベルトの三〜四選を「占領軍の用いた論理」で批判し、これを容認した「アメリカ民主主義」を、占領軍の日本批判を援用して、反批判している）。

「財閥」への迫害（財閥解体への批判）および「農地の強制的没収」（農地改革批判）もまた、機械的・無分別な、極めて荒っぽいやり方であった。アメリカ国自身が極度の不公正を排除できないのである。そのやり方は、すでに専制的・全体主義的である（ボルシェビキ主義とともにニューディーラーたちの思想を「専制的、全体主義的」と批判した）。枢密院による統制管理を解除し、「実質一院制の議会」としたのは、実に「日本の政権を一党専有に委ね、共産側に国家を贈与する禍因をあえて作る」に等しい。これは「アメリカ自身が自国で決定できない行為」ではないか（財閥解体や土地改革、貴族院の廃止を批判）。最後に、新憲法によって「日本を永久に自国防衛の兵力なしを固定したこと」は、「将来の日本をロシアの侵略の非力な犠牲者とするもの」（新憲法第九条の非武装政策を批判）。ソ連軍の侵攻に対して誰がどのように防衛するのか」であり、「新議院の危害を実現する危険性を秘めたもの」である。これは実にイタリアといえども、黙諾すべからざる極端な不公正かつ致命的な欠陥である。アメリカ自身にとっても、一瞬でさえ聞く耳を持たないことに属する。その一表現のみを挙げるならば、「駐留軍の面目と安全のために、総司令部は新聞とラジオの検閲を保つ」としたが、その理由は「アメリカ兵の不道徳、不法行為の宣伝させないため」である。一方では日本人に、

「かつて知るところのなかった表現の自由を享受した」と自讃しながら、他方でこのような矛盾の行為を行っている。これでは「汝〔日本〕は法律に生きよ、われ〔米国〕は法律の上にあり」というに等しい〔アメリカ本国において、実行不可能な政策を占領地日本に適用する傲慢を厳しく批判した〕。

積極施策のうち、「憲法制定と議会総選挙」とが「円滑かつ速やかに行われたこと」は著しい大成功であり、総司令部の智慧と堅忍不抜は、日本人の公正とともに称賛に値する。なかんずく「新憲政における内閣と議会の関係」を有機的ならしめたことは、アメリカ自身の憲政の根本弊害を避けさせるものであり、日本の作案者の常識と総司令部の公平恒懐との記念碑である。しかも積極施策の経済面は、憲法制定に比して困難なゆえに、今日まで日本政府が総司令部の裁可を得て実施したところは、なお未だ浅考暫行であり、過渡期の間に合わせの一歩にすぎない。いまだ実質上の調和、統一的施策から隔たったもので暗中模索の歩径であることは、アメリカの経済政策と異ならない。幣制や食料・原料・必需品の生産と輸入物の分配、みな貧窮の中にあり、生存に対して曙光さえ与えるに至っていない。「征服者側にある根本的過失」が、ことさらにこの困難を加重しつつある事実を看過することはできない。その一、二のみを挙げよう。

第一は、日本がなお形式上「敵国」として、法的にはいまだ「敵対状態」に留まることである。その理由は「征服者の宣言」のみである。この根本的な法的地盤を正常化しない間は、通商交通その他の中心的方針を立てることができない。

この困難を激化させているのは第二に、賠償問題である。これまた未だ征服者連合間に基本原則すら考慮するに至っていない。その間に立つアメリカのポーレー案[*]のごときは、なおモーゲンソー主義[**]の範疇にとらわれ、利己的、不公正かつ非実務的、愚かなほど機械的なブルドーザーである。賠償の何たるかは、日本人の生存が可能か否かの生死にかかわる根本問題であり、これを未だ原則すら定めないポーレー案のごときものをもって、日本人を落胆させるのは、名状すべからざる短見の罪というべきである。

* エドウィン・ウェンデル・ポーレー Pauley, Edwin Wendell（一九〇三～一九八一）――アメリカの実業家。一九四五年アメリカ賠償委員団長として来日し、きびしい内容の最終報告をまとめたが、連合国極東委員会間で意見がまとまらず、対日賠償条件はつぎつぎに緩和された。

** モーゲンソー計画――第二次世界大戦中に立案されたドイツ占領計画のひとつで、ドイツから戦争を起こす能力を未来永劫奪うために過酷な手法を用いる懲罰的な計画。

第三、これは些事ではあるが駐留軍自身の便宜が総司令部施策に幾分の影響を与えている。すなわち駐留軍はなるべく少数少費にして、かつ住民の暴挙からの安全を望む、と。さらに妬ましいというべきは、駐留軍が「征服者としての意識」を持ち、一般軍人の常として、「平民の財産・利害を斟酌する観念は浅薄」である。このため住民よりは良好の衣食住を享受するのみならず、公共建物が壊れ、市民が多く住宅をさえ失う最中に、金殿玉楼ともいうべき良屋を傲慢にもこれを住居とし、ついにその妻子をも招いて住民の住まいを徴発している。

以上に挙げた三点のうち、アメリカ政府、連合国政府の責任に属する第一、第二を除けば、第三の駐留軍に関することは総司令部の専項責任であるから、宜しく反省・改悛を強めるべきである〔①連合国の責任、②米国政府の責任、③駐留米軍の責任を腑分けして論じた〕。

かくのごとくにして、なお駐留軍があるいは憎悪されず、少なくとも軽蔑されないのは、ドイツの類例と対比して著しい差を示すものである。これまたアメリカ人と日本人とのある美質の相感化した合成である。すなわちアメリカ人の無頓着ぶりと、日本人の常に新鮮な、子供らしい好奇心のためである。*

* 敗戦ドイツと敗戦日本の比較対照は、朝河にとって国民性分析の生きた材料であったが、とりわけ朝河が注目したのは、「アメリカ人と日本人とのある美質の相感化した合成」によって、戦勝国による占領が敗戦国との間で大きな摩擦、衝突を生じなかったことであった。

二項　GHQ施策の諸欠点の根因

米軍の地位に基づく総司令部の行為は、みなその創意から出たものではなく、第一に「ポツダム宣言執行の義務」がある。その他の根本原則については、「アメリカ政府の訓示」と「同盟国間の方針とに準拠する」必要がある。また東京において「監視する連合国軍の論評」に対応する必要がある。これは当時、「ロシア代表が最も頑固な評者」であるから、総司令部は（高位の当局の命令を遵守するほかに）、「アメリカ国民とはほとんど正反対の政治哲学からの干渉」を防止することに精力の一部を費すべき地位にある。しかも同盟内の直接の日本征服者たるアメリカ国は、すでに専的に方針を定めて、他同盟国に課した重大談件がある。その主要なもののうち、ここには「被征服国・日本の領土」と「国体への干渉」という二重問題を指示した。ともに「ポツダム宣言が曖昧に示唆する所」を、アメリカが不当にも「削領の地処」といいなし、「国体干渉の様式」とを定言して、これらをアメリカの権限内において不当な主張として展開し、一方的な方針を立て、その執行に着手したものである。ことに「領土問題」については、ポツダム宣言のみならず、カイロ決議をも逸脱している。

三項　領土問題

さすがにアメリカ政府はアメリカ史初年に「アメリカ・インディアンに対して行ったように無償に土地を奪うこと」をなさず、ただ占領駐留軍の要する土地・建物・物資を駐在期間に限り専用してある。領土の削取においてもアメリカが従来、メキシコに対してなしたるほどには、統合領土を奪っていない。

「委任統治諸島」を取った事実は、(今日これとアメリカの単独支配とする企図もあるが、それは未決に属するゆえ、しばらく論外に置くとしても)、「征服という事実」に照らして、「かつての日本の非法行使」について、「日本は正当化できない」とアメリカがかつて「批判した根拠」が失われることを意味する。日本の統合領土を取ったことは、委任統治とは別事であり、日本の非法行使の過失を問いにくい。なかんずく「台湾・澎湖諸島は一八九五年清国と条約を定め合法的に日本が獲た処」ではあるが、少なくも「カイロ決議の没収地に含まれる」という法的根拠がある。ただこれを「アメリカが手に収めた」のは専断である〔一九五二年の日華平和条約で台湾・澎湖諸島の中華民国帰属は明らかになるが、朝河稿の執筆時点では、その帰属は曖昧であった〕。これに反して、「沖縄ことに伊豆諸島（硫黄・父母島）」に至っては、カイロ決議においても「日本の史的統合領土」を認めている。ポツダム宣言にいう「不限定島の範囲」に含めうるものではなく、「アメリカが専取した」と解するほかない。これは「ロシアが千島・南樺太を取ったことに比すべき征服」という非難を免れない。千島も沖縄も、他の同盟国が黙認し、日本が黙せる事実のほかには、弁解の余地のない地域である。

それだけではない。沖縄ことに伊豆諸島はすでに一八五三年ペリー来艦時に「一部占取を提言」して、「本国政府（フィルモア大統領）の断固斥けたところ」なので、この百年前に比すれば、アメリカは征服戦の機を見るに及んで、先頃の「政府の良心」を「沈黙の潜伏した欲望」に委ねて実現したものであり、あたかも「ロシアが前世紀初より屡々企てた北地奪取」を今におよび、「宣戦と日本の降伏とを利用しついに実行したのと同轍なり」といわざるを得ない〔なお日本の領土をその歴史的過程、国際法との関連で細かく腑分けしている箇所は、加藤哲郎『象徴天皇制の起源』の紹介した米情報戦略局（OSS）『日本の戦略的概観』（一九四一年）に酷似している。これは朝河が『概観』を参照したのではあるまい。このOSS報告書の基調こそが「朝河日本学」に学んだ結果とみたほうが妥当ではないのか〕。

四項　ＧＨＱは日本「国体への干渉」を行うなかれ

総司令部が日本に駐留し、占領行政を展開するにあたって、「日本の元首（天皇）」と「平行する地位」を取らず、「日本の元首の上位」に己を置いて、これに「命令」し、かつその命令がついに「日本全体の長遠の歴史」を根本から覆して、「米国の好む国体」に変革させるに至ったのは、文字通りに「征服者としての行為」である。これも日本が受諾した「ポツダム条件」には含まれておらず、「アメリカ政府が専ら課した」にすぎない。一九四五年八月一一日ジェームズ・バーンズ国務長官が書いた日本降伏を仲介したスイス政府への答弁書に曰く、「降伏の瞬間から国家を統治する天皇と日本政府の主権は、総司令部に従属し、総司令部が降伏条件を遂行するに妥当と判断した措置を取るであろうと（バーンズは天皇の統治大権に変更を加えないことを条件とした日本の最初のポツダム宣言受諾回答を拒否して、「天皇と日本政府の権威は連合軍最高司令官に従属する」という趣旨の「バーンズ回答」を起草した。日本政府は最終的にこの「バーンズ回答」を受け入れて無条件降伏した。朝河はこのバーンズ回答に怒りを表明している）。

これは平常心で読めば、「アメリカの平素の自由主義」から見て、絶驚に値する。「ポツダム宣言を逸脱する」だけでなく、「事の重大さは、若干の領土を奪うことを遥かに超える」ものだ。アメリカは開国以来、かくも片務的に「他国の史的主権を否定」したことはない。これでは「国憲・国体変革措置をさえ司令官に委ねたことになる」ではないか。

他国といえどもこのような行為は、まったく非難すべきものとして一般に排斥し、史上に永く汚名を賦与する所である。たとえばアメリカが一八九八年フィリピン、一九〇〇年サモアに対して、同盟国が一九一七年ドイツに対して、一九四四年イタリアに対して、一九四五年ドイツに対して、そして日本が一八九五年清国に対して、一九〇五年ロシアに対して、そのような事をなしたであろうか〔厳しい口調でSCAPの越権行為、ポツダム宣言逸脱を批判している〕。

「アメリカの命じる変革は人道的改新である」から、「征服者の私利のために擁立したる汪精衛と〔ポーランドの〕ビエールトの傀儡政権と比較してはならない」と弁ずるとしても、「同盟国の承認を求めず、「わが意のままの変革を強いた事実」は被うことができない。「国体変更の方針のごとき根本的問題」に関しては、総司令部は「直接的な構成者」ではなく、「執行者の地位」にある。もちろん領土方針は、直接にGHQの軍的成業に基づくが、将来に対する方針はアメリカ政府の指定による。国体変革について、政府方針はマッカーサーの献言を考量したのであろうか。あるいはマッカーサーは特定の訓令を与えられたのか。これに関してGHQが政府よりいかなる特定の訓令を受けたにせよ、彼の在駐以前の国体関連の施策が試行錯誤の方法によった点があり、ことに経済にまたがる諸施策の経過をも並観するときは、GHQが執行のやり方・方法・細則の諸側面にわたり、自立的斟酌模索(experimenting)を行う余地の大きかったことは、否定できない所であろう。

五項　GHQ専断の「責任範囲」を逸脱してはならない

以上に論じたように、「ポツダム宣言」と「日本領土・国体等の方針」にかかわる根本問題に対するアメリカ政府の認識においては、「GHQの資格」は「直接構成者」ではなく「執行者の立場」である。なかんずく領土問題は直接にGHQの軍事的成果に決定されるが、これは、マッカーサーがみずから政府に提言したのか。これらの問いについては、根本文書がいまだ公表されず、秘密に属するゆえ、揣摩憶測はむだである。しかも事理の当然として、征服軍総司令の地位に伴う専責任の量とこの責任を果たすに要する裁量の広さとは、遥かに通常の外交使節に超えるはずである。なかんずくすでに見たごとく、「ポツダム宣言」は単に粗枕大葉を描出したものであり、執行国たるアメリカと、執行者たる総司令部とにすこぶる巨大の裁量権を与えている。

上に見るごとく、現に執行国は領土・国体についてこの大きな裁量権を展開して、専断の越権行為とさえ見るべき方針を作った。執行者自身が、この方針の執行に関してどのような具体的訓令を政府より与えられたかは、未知ではあるが、その進駐以前の行跡を見れば、国体関連の施策には、幾分試行錯誤の途を取ったように見える。憲法の作案を日本側に命じつつ、ある決定的な指定を与えたことをGHQより漏れたことは、一九四六年四月の総選挙がその指定によるもので、その実を見て意を安んじた点のあったらしいこと。政党の構成と、その成果についても同様であるらしいこと、幣原〔喜重郎〕内閣を吉田〔茂〕内閣と代わらせて、一月四日の過激な公職追放を政府に実施させつつ、その経過について、その後数度の誘導を与えたこと、これみな模索進歩の例証である。

さらに、新議会の性質、財閥および小作制に関する見解（労働に関する指令）、その他については（以下に国民性の項に一瞥しよう）、GHQは当初は著しく左傾を現じ、ためにアメリカ国内では決して行わない一院制的議会、資本・土地に公正さを隔てるでたらめな平等施策を創造し、もって重大な禍根を植えつけた。さらに、GHQの左傾が（あたかも前に軍部が将卒の度々の暴挙、非行の動機を愛国忠誠と称して、国情を表現したことの感化に似て）、日本人間の軽率な左傾の反法的暴挙を奨励する結果を生ずるにおよび、驚いてその防止を志し、「駐留軍部内の左派人をさえ、淘汰せざるを得ない」ことになった。これらの行跡より推して総司令部がポツダム宣言と本国政府の方針との協力については、そのやり方、方法の細部の諸面にわたって自主的の斟酌・模索・実験を行うべき膨大な余地を与えられたことが、いよいよ否定できないことが分かる。そして内的精神とは、まさしく「アメリカ人本来の国民性に根ざすもの」の多いことはもちろんであり、これを自覚する点でGHQと同様なアメリカ政府が、この精神についてまで訓令・指示しえないこと、訓令すべからざることは、明かである。それゆえGHQの施策はアメリカ人国民性を無意識に発露しないわけにはいかない。この国民性を把握しなければ、具体的施策の本義を十分に理解することはできない。

六項　アメリカ人国民性の長所

進駐後わずか一年にして、GHQ施策の最も効果を及ぼした諸側面の中には、アメリカ人国民性の賢明・大胆・寛大等の異常の発動が例証される。この長所はもとよりアメリカ人の誰もが持つというものではない。大胆と寛宏とは、他のアメリカ将軍が総司令官になった場合にも多少期待できるかもしれないが、これを結ぶ遠大な見識と抽象論理および具体的事実に縛られない洞察力とをもつことは恐らくは、マッカーサーのみがなしうるところであり、彼が司令官であった事実は、日本・アメリカ・世界にとっての多幸というべきであろう　実際彼は、他のアメリカ軍人に見られない政治的ビジョンと智慧をもつことを証明した。しかも進駐後、証示した政治家としての見識は誰も予想しなかった所であり、彼自身にとっても、自ら経験したことのない新方面において、初めて潜在能力を実証したようである〔占領行政の行方を危惧する朝河にとってマッカーサーの手腕は高い評価に値した〕。

賢明――内外の左派が主張するのと異なり、「天皇制を廃絶し、天皇を戦犯として」扱うことをしなかった。天皇制を留保し、十分にこれを「敬遠し、その史的受動的地位を利用」した。ただアメリカ政府の従前の方針のように、天皇に責任を負わせ、その実行を監視した。そして政府に指令する所は、主として大綱を命令し、禁止するのみに止め、細部は政府をして責任をもって作案・試行させ、その改補もまた多くを政府に委任した。憲法は実にこのようにして作られ、議会を通過して、今や日本自ら発布するのを待つ。

ＧＨＱの行為は、ただ政府にその案の原則を助言し、その成案を可決するのみである。議会選挙、政党の組成、内閣の変更等もまた、みな日本をしてなるべく自らの作業として表現させるべく務めたことは上述のごとくである。財閥資本の処理法、農地の分配法、幣制の断行、細民救済の実施も、主として日本に作業立法を施行させた。ただ暫用の輸出入施策には、総司令部創意の部分がやや多い。

七項　神道について――国家神道の扱いを止める措置

神道については、直接的に徹底的に命令しつつも、それは単に「国家神道の扱いを止める措置」にとどまり、これに対する「信仰の自由」には触れず、自己の宗教的実像をもって「他の宗教と競わせる地位」に置いた。こうして一、二の個別項と諸項目の大体との外は、日本人をして自ら悟り、自ら考量し自ら実施させることを方針とした。神道に伴う「天皇の神性」は、これを口実とした「神道の国家神道扱い」を止めただけで、神性そのものには微細の干渉でさえも避けた。こうして天皇は創意をもって、一九四六年一月一日勅語〔人間宣言〕をもって「民信する神性」を否認するに至った。要するに、このことと「神祖伝説」のごときは、もとより神々しい史的伝承として伝え来たものである。その天皇位に密着して説かれたものであり、それゆえに人はその史的事実の当否を論ずることの無意味を感じてきた所であるにすぎない。

衷心より神祖神話を史実として確信した者は誰一人いない。また天皇の神性は、天皇自らこれを主張して民に告げたことは、勅語の文言として伝承を繰り返すほかに、史上唯一の例さえも見ることはできない。ただ臣が神性を常に天皇に寄せる言を行うこと禁止しなかっただけである。天皇の民心における深く強い地位は、実に（下述のごとく）すでに久しく他の遥かに強力なる事実を基礎としたので、神性の外皮を失うとしても、なんら動揺すべきものではない。

八項　受動的主権の受動的屈辱から脱した人間宣言

なぜなら、従来は天皇が歴史的に「政務の上」に立ち、直接に「責任を問わるべからざる地位」にあった。「武家政治の七〇〇年」は、この伝説をいよいよ固定した。明治維新において「天皇政を回復した」けれども、実は依然として「受動的主権（passive sovereignty）を保った」ゆえに、安固であった。しかし烈しい列国戦争、諸主義の侵入する時期に入った以上は、内には極右的武的統制派が起こり、その野望を行おうとして「天皇制を利用して仮面とした」。外よりは極左的数量統制主義〔社会主義的思潮を指す〕が入って、天皇制・憲制を覆そうとした。広い経済的苦痛による不平・懐疑が広がるならば、この混乱の間に旧来無言であった空虚・架設の天皇神性の念は突然として大多数の民間に信用を消失する。表向きこの念の上に築いて来た天皇権の根茎は、地盤より動揺するであろう。

久しく私は考えた――日本の為政者はこの史的潮流を直視して徐々に、ただし微妙に、従来の神話学を黙することとますます多く、日本が幸いにして史上牢固に作成した真の天皇主権の根拠、すなわち代々の天皇の無数の詠歌に表わされた君民の共愛同憂の大家族団の普遍意識を唯一真正の根茎として宣揚することである。

そして革新とはいえ、単に現存の「虚を虚とし実を実として、実を強める」ことであり、新地盤を始めて創造するものではない。これ中国のごとき禍乱を不可能にし、これを完全に防止できる基礎をもつ日本がすべからく執るべき途であることは明らかである。しかるに過去の日本政治家の中には、これを断然主張し遂行する勇気と実力とを欠き、沈黙して推移する間に果たして、一九三〇年代からは民間には極右・極左の暴力的革新の諸運動が起こり、軍部は極右を標榜する同種革新を試みるに至った。左といい右というのも、その統制的で史的勢力を排除しようとする点は相同じく、容易に左より右に、右より左に転回する。または左右多主義を併用しようとする態度ならざるものはない。ただ右派は表に「天皇のため」と称し、左派は初めより「天皇政《ママ》を除く」と称するが、天皇制にとって実の敵である性質はまったく同じである。

こうして征服軍として天皇の上位に立つＧＨＱが到来するに至った。ＧＨＱは天皇制に対して何らかの史的・情的制約を行い、あるいはこれを廃絶し、天皇を犯人として制裁するに十分の力を有する。幸いにして、アメリカ政府ことにマッカーサーは、このような解決の不賢明を熟知して、前述の如く賢明に処置した。

天皇自身もまた賢くも、この新地位の自然に指示する方向に出て、「元旦勅語」〔一九四六年元旦〕を発した。これ実にＧＨＱの賢明の方針がいちいち日本側の行動を指令せずとも、その漲らせた自由の光明のもとに、従来無言に日本が受容してきた不条理に自ら耐えられなくなったものである。すなわち天皇制はＧＨＱの賢明が日本をして自発的に偽り（falsity）を超脱させて、以てその「受動的屈辱」を脱して、国家が地盤から動揺する患いから免れさせた最大の実例である。

九項　アメリカ人国民性の短所

特に目立つⓐ「器械的思考」とⓑ「無意識の優越感」、この二点のみを挙げよう。

ⓑ（優越感）は英米共通といわれるが、英は外国文化との接触の豊富なること久しく、史的に教化された文化の薫育のゆえに、著しく他民族・他文化を理会し、これに共感しうる緻密性をもつ。アメリカはこれを欠くゆえに、ⓑ（優越感）の過失が特に鋭く発現する。またⓐ（器械的思考）は、今日の混雑の世にあって、ことに軍人は、諸国民に幾分共通の弊だが、とりわけアメリカ人は、実に文武・上下・実業家・学者・文人を通じて最も著明な欠点である。そしてⓐ（器械的思考）はまた、アメリカ人のⓑ（優越感）をも感化する。ただし両者ともに、これを説くに際して一瞬も忘れてはならないことは、これらの短所がアメリカの長所たる寛大と楽天的陽気な気分ややり方と、密接に結合して発動する事実である。たとえばロシア人は、ⓑ（優越感）を欠くがⓐ（器械的思考）は著しくアメリカに似るにもかかわらず、これを大いにやわらげるアメリカ人の長所を持たないので、ロシア特有の絶倫の自我中心の専断をもってⓐ（器械的思考）の失を深化・先鋭化し、しゃにむにローラーのようにわが主張を行う。これはアメリカが時として近づくが、遂にはロシアには及ばない所である。

ⓐ表面の具体事象に基づく器械的・浅薄・断片的、不統一な思考

これはアメリカ人の内外におけるほとんどあらゆる行為に顕著であり、世の周知する所なので、改めて分析・説明する必要はない。またその原因を説く暇もない。要するに、主として近世の科学工芸の偏向的進歩が欧文化を非人間化した結果であり、新しい国で、史的文化の訓育の浅い上、新工芸

の世上最も進歩したアメリカ国民が、この弊の結果のみを体して他の国民性空虚なまでに見えるのは、自然の現象である。いまはGHQの日本における施策のなかに一、二の例証を挙げよう。

最も笑うべきは、「財閥」・軍部・天皇制・官僚・政党・地主などすべて日本本来の特徴のうち、わが好まざるものを、その前封建的・反封建的・非封建的なものをも含めて、みな封建的（feudal）・封建制的（feudalistic）と称し、マッカーサーを始めとして駐留軍も、アメリカ記者もみな毎日公私の文章にこれを繰り返し慣用化したことである。

軽々しく封建的の語を用いることは、アメリカ国内においても久しく行われた所ではあるが、アメリカの大資本家・大銀行・大トラスト・ウォールストリート・鉱業所有主・農場主・石油の大物・ニューディール官僚・AFL―CIO〔労組〕などの諸圧力団体・政党までも「封建的」と称することは、アメリカでは見られない。

日本のこれらの相方をGHQが「封建的、封建制的」と称するのは、日本の左右暴動者の言論が、みなわが当面の敵を封建的と称したことに感化されたものである。単に用語上で感化されたのみならず、上院・資本家・地主については、施策までもこれに感化されたものだ。これは英人ならば、ありえない浅劣である。

ⓑ無意識の優越感

この優越観は無意識のものなので、アメリカ人固有の快活さに中和され、他民族をいらいらさせる程度は、幸いにして少ない。かえって、日本人にとっては、その快活さ、寛容さは、崇拝すべき魅力である。これはアメリカ人と日本人との美点の交錯した結果である。アメリカ人の優越感は、およそ無自覚だが、もし自省してこれを分析するならば、主として「アメリカは世界最高度の自由国である」という漠然たる信念である。加えて「戦後のアメリカの実力が世界最大である」ことは随所に発見でき、この事実に基づく。

この無意識の優越感を感ずる形にもまた、アメリカ人の特色がある。その著しい形を挙げるならば、日本の明治二〇年代末までの複雑多方面の自由要求の充実した活動の存在したことを知らず、日本のごとき圧制国には、このような活動が存在したはずはない、と予断をもち、今やアメリカが自由を与えつつあり、それによって復活した自由の諸運動（労働、婦人など）は、いまやまったく「米英の自由が史上始めて生起したものだ」としている。

しかしながら、これほどまでに日本人に自由を授ける責任を引き受ける者は、さすがに浅薄、軽浮のなかにも、賞すべき誠意があるものだ。多数のアメリカ人は、このような形の公的精神をさえ欠き、いたずらに日本の諸事を軽んじ、これを「未開・野蛮・圧制の結果」なりとし、古来日本人は「自由の何たるか」を知見しないといい、「天皇を神」として「迷信的に崇拝」してきたといい、天皇は「自ら神と思ってきた」と言う。

もし公卿日記や王朝文学の半片でさえ実際に知るならば、個人とその天皇の趣味、小さな欠点や恋などの失行、政治の間違いが、常に自由なゴシップ批評の対象であったことに絶驚するであろう。崇拝されたのは、明らかに「天皇個人ではなく、天皇の位」であった。臣は常套語として天皇を「あきつ神」と称してきたが、もとより伝統的レトリックであり、英王を英人がmajestic〔陛下〕といい、graciously〔慈悲深くも〕、云々というに異ならない。タクシー運転手が私と話すときに、王をlucky bugger〔下司野郎〕というのと何ら矛盾しないのと同じことだ。かつ天皇が「自ら神を気取る」ことは、「唯一の史例さえない」ことはすでに見たごとくである。アメリカ人はこれを知らずして、「嘲ることが快事」、その「解体（break up）はなおさら快事」とする。その政治・民情に及ぼすべき禍乱は、アメリカ人の想いおよばない所である。かつてアメリカの旅客がヨーロッパの一寺院を訪い、ガイドが祭壇の蝋燭を指して、「古来幾百年消えずに保った」と誇るや、彼はこれを吹き消し、「いま消えた」（It's gone now!）と、大笑いした、という。ペリー提督が日本を訪問して、要求を幕吏に提出するや、同時に白旗を与えて曰く、「もし要求を拒むならば砲撃し江戸城を一砕すべし。この白旗を掲げて降伏の意を示すならば、砲撃せざるべし」と提言したことは事実である。*

＊　この指摘に依拠して、矢吹は「ペリーの白旗論争と朝河貫一」を書いた（『日本の発見——朝河貫一と歴史学』花伝社、二〇〇七年、一二八ページ）。

「第四節　日本人の国民性解剖」

この節こそが私〔朝河〕のエッセイ全篇の目的である。あえて説く所は、大半は傲慢な推測かもしれない。日本はいま国史上、絶対特異な時代に入ったので、その多くの点において新奇な事情が作用しつつあり、かつ今後も作用すべき国民性に至っては、すなわち日本特殊の国民性と、そこで生まれた特殊個人のことにほかならない。今後については、新事情における経験がいかにこの史的民族心と個人とに影響すべきか、その影響を加える国民性、個人がいかに今後の歴史進化に反応すべきかを考える必要がある。

一項　根底の史的国民性

私はこれについて、以下の三項に分けて説きたい。

島国としての天然的地理――幾千年間、特殊の島国としての天然的地理と、大陸・海洋の出自、征服と融合とによって成熟した家族的国家生活、極めて多岐、豊富な政治・社会・宗旨・文化史の進化、その他の合成により、遂に薫育され来った民族はあまねくあり、かつ特殊の国民性を創造した。進化が孤立して、甚だしく長久なるため、成果の国民性は、独特なだけでなく、よく混血し密着して、まだらな色彩はあるが、際立って同質な調和のとれた混血となった。試みに、その中心を求めるならば、それは妥協・調合・同和の普遍性、無意識のうちにかえって強烈な傾向と称することができよう。

この根本的かつ消し去ることのできない傾向の日常生活における発動の一側面は、父母・君・友・社会、あわせて加護神仏などの恩に対するに深い感謝の念がそれである。これは中心性状の一側面ではあるが、その要因は上に挙げた民族性の諸因のうち、特にひとえに家族的な国家社会における長い共生史にある。

親子・夫妻・兄弟・主僕、君臣の主従共従など、みな一様にその絆は、相互の権務の権衡・与授ではない。命令と順従よりも相互の忠誠よりも深い、上者の恩恵と下者の感激による子としての互依・共愛による。

無形の神仏、天然力に対しても、民の敬虔な行為は帰依・尊崇の行為と相等しく、謝恩行為として現れる。この普遍現象は、もちろん法制的・段階的な自我束縛と、教練・制裁による部分が少なくないことは明らかだが、日本の感謝の根本特質は多くの社会関係が家族的生活に似て、これを理想・標準とし、これを上下みな願うことである。これをもって単に、権利にかかわるもの、あるいは倫理的なものと見るならば、その過半の現象を理会できないであろう。

最もこれを証するものは中国との比較である。以上の人的関係は、儒教の五常と等しく、実に日本は、古来儒教を学び、かつ学者は常に（君臣の外は）儒学をもって合理化してきたが、儒学においては決して「感謝」を中心的原則として高く説くことはない。

主として「義務」観念を高調するのに対して、日本の倫理は義務の念に加えて、「恩愛に対する感謝」がこれを根底より鼓舞している。言語上は、儒教を奉じて義務を表面に置くけれども、実情においては「感謝」が無言にしてなおかつ深甚である。

中国人が古来民主国であると誇る一理は、近世の法的語を借りて、君臣間の非人格的・非情緒的な事実を逆証するものにほかならない。こうして日本は儒教を受容したことは、その社会の形がこれを受容するに適したことを示すと同時に、元来、中国の倫常との根本に大きな差異のあることを併せて証明するものである。

その根本は家族的政治社会生活に外ならない。その実現能力が分化した所以である。日本の学者が古来、日本は中国と違って、孝を「五常の主位」に置かず、「忠が孝を超える」と論じたのは、わずかにこの共生の一面を見たものであり、日中倫常の最大・最深の対照を示すものである。

さて、感謝の一面を示す中心的妥協・同和の国民性は、実に史前より日本史に徴すべき特色であり、歴史を通して、あらゆる変遷を経た共生の枠内に常に発動し、ますます深まって来たことが分かる。

花鳥の自由な美に閉眼し、またはこれを無心に挟む。雲霞・秋葉・晨星のあわれに鈍感なことは、同席者の感情を傷つけるに等しく、忍びない。外国人・外来文物が来れば（ある反動の運動、または政治的必至など異常な事情に妨げられないかぎりは）、これに対して、通常は新鮮な、抗いがたい好奇心・受容力を示すことが毎度繰り返され、あたかも無限の蓄えがあるかのごとくである。もとよりこの敏感・妥協は、美弊が生来に相伴い、相表裏することはいうまでもない。

要するに日本人は訓練された子供のような従順さとナイーブな新鮮さの持ち主であり、試練を受け、経験深い、分別のある大人ならざる趣きがある。

二項　平時の常識、非常時の根本的自省・超越

日本人は常時には非凡の現実的常識があり、直感的にそうであるようだ。多分これは貧乏の物資の

中に、古来農作し商工を営み、必然的に計量し貯蓄し、細密に生存の諸事をあんばいすることによって自然に獲得したものが多いからであろう。

その反面では、上記の如く、常に老枯しない敏感さ・好奇心を保ちながら、同時に一面には慎重さ、現実的判断、適切な細部の値を獲た一因であろう。手指の器用さ、動作の正確さと細密さに始まり、農場や会社における整理整頓、一村一藩の気配りに到るまで、近世においては科学研究の厳密な調査と資料の組織化から、大戦の戦略、複雑な法制構成・実施に到るまで、随所に優越性を示したのは、主としてこの常識による。

ただ惜しむべきはわが直接の環境以外には、妥協・迎合の他力依頼・習俗惰性をこととし、平常責任的に思考することを避ける積弊によって、古来史上、度々、全国の政治進路を難局に導き、同時に外難に襲われて国の危機にさえ瀕したこと少なくなかった。

しかも日本人はここにもまた天賦の能力があり、自ら救うべきことを示証した。常識は異常だが、それは日本特有ではない。ほとんど世界上に比倫なき過激な反省・回転・自己超越・反対の新方向に新天地を開拓する力をもつからであった。

その著しく大きく輝ける優越性は、大化改新・大宝期と明治初年に、欽明天皇以前の抑仏、聖徳太子などの改新、頼朝の武政新創、織豊時代から徳川初期に進んだ当代武制の改築、嘉永期の幕府の外交回転、その他は小規模にして、中には明暗を交えた優越性である。

一九四五年八月のきっぱりした降伏とその後の従順の歩みと天皇の諸勅語の示す個的行為とは、半ば他動なりも、難局における惜しげを挟まざる方向転換は、大化改新・明治維新と同一心によるものだ。

一九四五年後半以後の大転歩は、なおいまだ初歩を踏み出したのみだが、またその歩武の躊躇の印象があるが、それは困憊を極めたる上に大敗の人破壊に幻惑されて駐留軍の手引きに導かれた地位のゆえに、もし深くこの優柔不断のやり方を注視するならば、もとより明治維新のごとき活力は見えないが、遅いながらも、明治維新に介在したごとき懐疑・不平の気分のまったく欠きて、その間おのずからに統一的真誠および隠れた希望を発見できよう。

一つは、内に政治行きづまる時、正しく外国よりの危難迫れる秋にして、内外より国家が危機に瀕したことである。二つは、これより己を救うためには、過去の天地に立てこもり、これに頑として抗することである。

正しくこの過去こそがわが危機を作り、みずからわれを死地に導いたのである。これを悟って、翻然過去を慕う心を一洗いし、惜しむ所なく、これに超脱のみならず、突然公正の直視を以て、われを脅かす外力の根茎がわれに遥かに優越することを悟り、断然これをわれに採用して、当敵たる外国とその文化との列に加入し、かつ単にこれに追従せんとはせず、かえって進んで外来文物を租借して、これと対面する地位に上り、またわが精進によって、他に貢献し、他と協力し併せて後進諸国を提誘せんとし、この目的のために、全精力を傾注し、驚くべき精到の細心大胆の自励施策によって、十分に成功することを期すべきである。

いずれの国民がこれに比すべき自省超越と持続的集中力を示したものがあろうか。ただ今日の危機にあっては、境遇上、純粋の自発を隔てること遠く、強制と自発と相合して現れ、いな強圧よりわれを救おうとしてわが創りたるにあらずして、すでに強圧に（史上始めて）敗北の苦を嘗めて後に覚醒したものである。このゆえにこそ、上に述べたような躊躇、優柔不断を取ったのである。

私がひそかに思うには、しからず、克己は正しく平常敏感・妥協または常識とその発動する根底の国民性が生死的危機において、絶大の規模と統一の形とをもって、作用するにほかならない、と。敏感が異常に働けばこそ、われを脅かす外力そのものと異常の状にて妥協するのである。そしてこの大勢とその要求とを公正に直視して、過去のわれの惰力を打ち捨て、弘大の努力と絶倫の集中力とを実現することこそ、すなわち常識の最高形である。

三項　一九二〇年代末までの自由の経験

今日における日本国民性の発現を正解し、今後の趨向を予想するには、上記の特徴ある国民性が、明治維新以後六〇年〔一八六八年から昭和初めまで〕の国民性に深く作用し、政治的側面と、これによって得たきわめて深刻な経験とを顧慮しなければ、まるで不可能である。

他民族の国民性に対するこの浅い知識と考察とによるアメリカ人の自己満足は、実にアメリカ国民性の本質的少年性の一面の注釈をなすものだ。アメリカ人は常にこの国民性をもって英仏独やスペイン・アルゼンチン、その他国民を解釈・批評し、これに対して施策しつつある。

四項　現時環境の特質

人口も領土も明治維新以来終戦まで、いずれも大いに増加したが、敗戦の結果、領土は縮小し、しかもこの小天地に増加したすべての人口を養うことになった。

領土もしくは実効支配を布く版図は、近戦にて獲た南洋の大面積〔西太平洋赤道以北の広い範囲に散在する島々はドイツ領であったが、第一次世界大戦で占領、一九二〇年同盟及聯合国ト独逸国トノ平和条約により、国際連盟の委任に基づき統治する委任統治区域とした。国際連盟脱退後も引き続き委任統治を行う〕とその豊富な物資とを失ったことを暫く措くとしても、一九〇五年日露戦争の後に比してすら満洲朝鮮を失い、一八九五年日清戦後に比しては台湾を失い、一八七五年頃に比してすら南樺太・千島を失い〔日本はロシアとの間で樺太千島交換条約を結び、樺太を放棄し北千島を領有した〕、数百年前に比してすら伊豆諸島・沖縄を失ったので、版図は一八〇〇年におよばず、一九一〇年に比せば大手術に等しい。

人口に到ってはほとんど八〇〇〇万人であり、一八四五年〔一九四五年から数えて一〇〇年前〕の三倍ほどである。そしてこの領土は諸小島を失ったのみで、古来の帝国の本源たる四大島〔本州、四国、九州、北海道〕をもつことは依然同じだが、元来この国土は面積の割合に可耕地が狭小で、米作の極度に集約的農業によってのみ辛うじて生存を勝ち取って来たものであり、農戸平均の耕作地が世界無比に狭窄であることは、アメリカの論者の考えるように富者兼併の結果ではなく、天然束縛の必然によるものだ。今やこのように縮小された土地に増加人口を詰め込んだのは、統制的整地を行い、これを各農家が超人的に勉励耕作したとしても、一家の生計さえ得難く、また国民の最低限の栄養を供給できない。

これを緩和すべき唯一の途は、工業を含めて民の必需品を供して幾分の生活苦痛を和らげ、生産の剰余を輸出するにあるのみである。これまさしく明治以来の経営をもって着々成功し、もって民と国との伸暢を助けた方法ではないか。しかも輸出は輸入と対であり、原料を輸入しなければ、生産はありえない。

しかもこのように貧窮のなかで、衣食のみを獲んと焦る念慮のほかに余裕のない国民を、われ〔米国〕は「民主」的に「教育」していると称する。これほどに悲劇的な不合理は想像すらできない。アメリカの国民性には思いやりがあり、同時に寛容でもある。あることについては、これを行いつつある人士にして、このような悲しいギャップを心にもつことは、一層にこれを悲劇的にする。僥倖にも日本民族が恨みがましくなく、本来の日本人であるゆえに、この悲劇的環境にも善く耐えて死中に活路を開くべし、と予想できる余地がある。

五項　日本の国民性の長所

最も驚嘆すべきは、一般民のＧＨＱ駐留軍に対する態度である。そのいずれの部にも、恨みがましく復讐心に燃えることなく、不機嫌さすらないだけでなく、到る所が優しい、静かな、断固とした、希望に溢れた気風に満ち、征服者たるアメリカ軍個人に対し、マッカーサーに対し、友善・信頼・感謝を示し、ただその過早に去らないことを希願する。

これに対してアメリカ人は、その誠意に感銘を受けるが、なお往々、日本政府および一般人民のあまりに不甲斐なく、張り合いなく、あまりにもGHQ依存であり、積極性を欠くと評する。

これ実に日本民族の心操と、その作用の特性とを未だ理解しない見解である。積極性が少ないのではなく、克己・自由・新生命が唯一の途なることをあまねく悟った明快な洞察力のしからしめる所だ。

極度の物資的束縛のなかにある民族の反応であることを想うならば、実にその自省的超越的大きさを評価するに十分であろう。アメリカ人は淡白に、日本人が案外にトラブルを起こさず、従順なことを喜び、協力の誠実をすら感ずるに至ったに過ぎないのだが、もし翻ってドイツ人にこれを比し、または南米人・中米人・中国人・印度人が日本人の地位にあったならば、いかに反応したかを想像すれば、対照の大きなことに驚くであろう。

六項　日本の国民性の短所

日本の国民性の内なる欠点は、すでにたびたび論じたところだが、今度の反応またよりこれを示すことを略記しておこう。

(1)　いま正しく大きな克己の途にあるが、日本人の異常な自超力は、古来国運の行き詰まる時に始めて発動するのを常とし、常時には妥協や現実的常識をもって行動するからこそ、このような危機を招来する一因となる。ことにこの前はあまりに久しく妥協・屈従を延引し、危機睫前に来る前に反省することを怠ったゆえに、始めて滅亡に巻き込まれた後の自省として発現し、間に自己改造の機を逸し、征服者の指令を施行する形を取らざるをえない地位に陥った。

もとよりこの施行の態度は、明らかに反省・自超を根本とすることは、その驚くべき順当無難の態度から証明できるが、外国人の皮相の観察には、やむをえざる被動的屈従と見えざるを得ない。畢竟、悔悟・自超は危機にあずからなければ作用しなかったのだ。この度は、妥協の慣性があまりにも民を束縛した結果にほかならない。

（2）平時に常我あり。危機に際して悔悟することは、ともに民の優点ではあるが、常我にも悔悟にも、その作用は常に「政治思考力の幼劣という欠点」に悩まされるのは、日本人の根本的な病いである。もとより久しい史的経験によって、次第に政治思考力が徐々に進歩してきたのである。たとえば大化改新〔六四五年〕と明治維新〔一八六八年〕との一二〇〇年間に、王政・荘園土地慣習の発達と運用、武家期の地方・中央における行政経営によって訓練されたために、明治維新では遥かに大化改新を超える広範な民衆の活動をもたらした。

かつ明治維新以後の六〇年ほど〔一八六八年から昭和初めまで〕は、比較的短期ながらも代議政体の新経験によって全国政治に関する思考力は著しく訓育せられた。けれども惜しいかな、村政・藩政はともかく国民的政治については妥協・従順がひたすら行われた結果、明治維新後の新訓育もなお、大部分には深い感化をおよぼさず、依然として民の政治思考力は低劣であった。これは日本のみならずアジア・欧州・南米、多くの国民に共通の弊にして、実に民主国といえども、英を例外として仏米さえもこの弊害を示さないものはなく、ただ害の程度の相異なるのみである。

また一切の合理的妥協を排して自派の主張を無理に遂行しようとするのは、あるいは無言の妥協の普遍的な習いに急に反動した結果である。いずれもみな討議によって多数の合理説を暫く受けて協同し、さらに実験と討議によって一層合理的な方針を立て行く経験を欠くことによる。

自由・有意義の政治思考を練り来たことのない諸国民は、みなこれらの行為に出るほかなく、かついずれも以上の諸パターンを同時に示さないものはない。日本人が新環境内においてなす所は正しく同一の型を示すものだ。旧世代の民間および軍人の暴動これである。思考力が乏しいゆえに、非法に頑強、非道の殺害などの乱行、極右・極左の間の容易なく転回するのはこれによるものだ。

今日における日本の左派はただ、右派が現代の不人気だからこそ、左派主義に固執するが、その行為が右派と同型なる理由もこれである。これらの暴力派は少数の現象ではあるが、国民大過半は同じく単独有責任の政治思考力が欠くゆえに、根本は悔悟の自超にいずるが、その行為は受動的・不甲斐ない雷同的に皆同じ形式に蠢然として動く観がある。

（3）　政治思考力の浅劣は、今後の新生命の中に徐々に保育される希望があるが、日本民族が（他の多くの諸国民と同じく）蔵するさらに深い欠陥があり、これを補充せんことは決して短時に可能なことではない。前に度々、論を試みたように、自由の最も堅実の地盤たる各個人内持の殿堂たる汎人意識の希薄または空虚がそれである。

この大欠陥が日本人個人の特殊性の発達をも深く感化せることもやや前に述べた。想像力の作用における思想および芸術文学の創作またこの事情のために、日本には知的分子の発現が乏しく抜本的な独創を欠き、中国には抽象的無味乾燥な概念とその粗野な演繹とに走り、小調和を誇る独善的自己満足に陥る。

日中相共に偉大・大胆にして成熟した、ヒューマニスティックな想像と哲学人生観とを出現できない。

相共に見るべきものはただ等しく繊細な天然に対する敏感と同化のみである。独善的想像とこの大欠点とは、個人の価値および威厳の情の欠乏とは、等しく汎人意識の希薄なことによる。哲学文芸の劣は忍ぶとしても自由の根底を欠くことは大きな欠点である。

精神的統制が広く現れなければ、これを保育すべき途を考えることはできない。今日のアメリカですら、科学工芸能率および数量的器械的組織の優勢のために、その史的素養による汎人を磨消する患いが多い。いわんや儒仏が淡く、この方面の影響以外の素養なき日本人においてはそうである。

七項　個人の将来運命の展望

神の摂理を誰が測りえようか。将来を予想することは多くの場合、まったく傲慢である。しかしながらこの根本的不備を自覚する心をもって、国民性の未来を自覚的に局部をのみ展望しようとするのは、史的事件を予言しようとするのに比べて許しうるであろう。

降伏後一年余の軌跡

降伏後一年余の日本人の普遍的な反応の実跡が、実に復讐や怨みを微動さえ示さないことは、第二の資産を暗示する。これは一つには、軍部および反動傾向のＧＨＱが解消に努めたことによるもので、彼らはいかに不平だとしても、反発の余地がない。

この解消が緩慢ならば、駐留軍の去るまで右派分子がしばらく屏息して後日の決起を待つことも疑いうるが、幸いにして軍部と所謂愛国諸団体との絶滅は、全く透徹したうえ、新憲法によって、日本国を「永久に軍事力のない国」とした。

私が想うに、単に外部の圧力のみによって成功できると想い、またこれによってのみ今までの成功を得たと想うのは、等しく浅思の迷想の甚だしいものである。もし反発の動機が強ければ、圧迫されるほど、解体が成功と見えるほど、後日の復活の意志を激成するであろう。軍部等を含め、全国民の武力攻略心理が改悟するのでなければ、必ずや反抗を予想できよう。

武力政略の心は、古来すべて元気ある諸民族に共通にして、今日の自由最も優れ、最も公正に近き英・仏・米もまた一人として過去に攻罪を犯さなかったものはない。もし外国に対する攻戦の度数と分量とを観るならば、一九三一年までの日本史二〇〇〇余年は、この三国〔英仏米〕および中・露・独などに比して遥かに少ない。

明治維新以後の開明の気運に入って、英米などはすでに、この古病を超脱したにもかかわらず、普仏戦争〔一八七〇～七一年〕後のドイツ兵制に則った日本軍部の中には、わが固執をこの模倣によって長養したものがあり、こうして一八九四〜九五年の日清戦争、一九〇四〜〇五年の日露戦争の二度の防国的攻戦の成功の後に、次第に純攻撃を国策とする野心を密かに画策するに至り、久しい中華民国の乱脈と、これに次ぐますます深まるヨーロッパの混乱とを利用して、ますます大胆にますます広大に、ますます具体的に攻撃策を立案し、折節、内国の経済難局に促されて危難が生じたのを好機として「内政の統制的革新」を名とし、漸く反対派を抑えて画策・拡大を実行するに至ったものである。

一九三一年の満洲事変は、その初めの一歩であり、その後中華民国との軋轢、華北進出となり、一九三七年には赤裸々な攻撃戦を中華民国に対して進撃して、ヨーロッパにおける二次大戦開戦に乗じて、一九四一年ついに日米交渉に反対し、近衛内閣を倒し、内政外交の支配を獲得し、最後にほとんど騎虎の余勢によって野蛮な世界大戦を作り出した。

この一九三一年以後の進化は、軍部のみの作為にして、国史の精神趨向や国民全体の情に反し、天皇の心に反する極度に不自然な行為であり、非歴史的な病的発生物（excrescence）ではあるが、このように増進し全国民を駆り立て、国力を傾けて断行したのは、民族の妥協・迎合の余弊にほかならい。実に国民性の一部に攻略動機が潜在したからこそ、この現象を生じたのであろう。

果たして民主的自由の主義にまで改宗したかは知り得ない。また軍策の迷いを悟ったのは天皇と民とに拒絶され、まったく信を失った事実の感化によるかもしれない。また同時に積極的に過去と新情勢を正面より座視した結果であることは疑いを容れない。

いやしくも、人間としての心情がある以上は、今日の場合自然のことであり、いまなお復仇的反発を志すほどに狂気であることはできない情勢にある。独り憲法が日本を無軍力の国と規定した事には、一片の禍機を孕まないのではない。左派の跋扈を誘い、これを政府が防ぎえず、同時にロシアの侵略甚だしきにいたるならば、あるいは右派的統制を招来する患いがある。しかしながら憲法は、主権体としての国民の合意をもって改正できるはずである。

現今までの形跡では、今後も同じく国民の常識は左党の横溢を十分に防止するに十分である。ロシアの攻出に兆しがあるならば、〔自衛のために〕国民は必ず改憲すべきである。それ旧軍首動者以外の旧一般の士卒に至っては、これ単に号令によって盲従蠢動したのと農工商の子弟の群衆にして、思想もなく軍組織以外には団結の組織もなく、何ら自発の動力がない。今は解散され、外戦地より本国送還されて町村の個宅に帰り、個別に明日の生計を謀ることに忙殺されつつあり、まるで決起の思想的動機と余力はない。さらにその過半は、過去内外の弾丸病瘴に死傷し、帰国して生存的苦境に身を投じたことをもって、ひとえに軍部指導者のために犠牲とされたものであること発見し深くこれを怨み、少なくともほとんどみな過去の悔悟をした。

ドイツの民またナチ下において多くは屈従したけれども、これを屈従せしめた史的心癖とこれを代表した国権とは、九一一年の立国〔ドイツのカロリング朝が断絶し、フランコニア家が起こる〕以来の不幸の国史経験による固有の怨みを本質とする。これに反して日本は異常の天恵を享楽する島国以内にその二倍以上の長きにわたって生活したことによって薫習した「内は同和、外に対しては敏感・

同情・模倣」を常性とする国民の国であり、ただ偶々十余年来、この性に正反対した方針に立って妥協性のみから、この目的を利用した少数の病的発生（excrescent）的団体が偶々支配的地位を簒奪したことによる。ゆえに日独の「妥協の類似」もまた、その背後には、根本的・本質的対照を認めることができよう。

大化改新と明治維新に比すべき悟超の途

日本人がいまや大化改新と明治維新に比すべき悟超の途に上がることと、攻略心ある分子の同化されたことを仮に許すとしてもなお将来の日本と世界とにとっては、更に大切な問題がある。果たして日本人は自由を伸長して他国民に伍する力があるのだろうか。この難問に答える前にまず排すべき「二つの迷想」がある。

一つは、「自由は平和なり」という迷想、

二つは、米軍が日本人に「民主主義を教育できる」という迷想である。

自由を愛し尊重すればこそ、尊重しない国民に対して大戦を行うことは、二度の世界大戦が疑いない証拠である。彼らは人として国として、自由を好まないのだ。人類と自由とは同義であり、人類史とは即自由史である。しかしながら自由ほど得難く高価なものはなく、自由を保持し完成しようとする努力ほど、多難で恒久的奮闘を要するものはない。

以上の「二つの迷想」は私の見るところ、人類史の公理のなかで、最も深遠な真実である。自由が困難なもの、長らくいや永恒に人々を煩悶させるゆえんは、自由即責任であるため、自由が法制ではなく個々の心に基づくため、である。自由の享楽ほど重い責任を伴うものはなく、責任の強化・弛緩ほど個人の意志が自由なものはない。政治・社会・文化・経済・宗旨などすべての方面の活動において、みな然りである。なかんずく政治的自由の進化過程、諸民族の実行の跡から考察すれば、一つの顕著な結論に到達できる。

ただ「自由と責任の両面並行」が国の名誉と運命とに一体化（identify）される地点まで到達した国民のみが、単独にあるいは相協合して国運を賭けてさえ、当敵を攻める行為に出るものであり、実に未だ我を攻めない国をさえ攻める。

もし勝てば、「敗れた自由反対の国民」を自由ならしめようとして、積極的行為に出るべきである。この場合の戦争は、「自由の真味をいまだ嘗めない国民」のできないところであり、自由を称賛すればこそできるのだ。

ゆえに「自由は平和なり」、というのは、諸国民の自由のある程度まで平均化された時の現象なのであり、いまなお測ることのできない遠い未来のユートピアである。

「自由は平和を好み戦いを憎む」というのは、防衛戦に限ってさえ正しくないことは前述の通りである。ただ土地の攻撃目的のためには行わないという意味においてのみ真実である。

「日・独・伊の民主主義」を外国が「教育」しようとするのは、明らかに表面的なものであり、なにげない思考と自己満足と、寛容さとの驚くべき合成物の結果である。ことに征服軍がこれをなしうると想うことは、普通の人間性の忘却をさえ意味するものだ。おそらくはアメリカ人のほか、このような錯覚を持つ者はあるまい。

専制・貴族政・哲人政治・神権政治など他の政体においては、ある程度の強制と訓練とが可能だが、民主主義は最も粗い、最も表面的（external）なレベル以上の訓練は絶対に不可能である。この厳しい制限を超えて干渉するならば、一つの失敗（faux pas）は、取り返しのつかない傷を自他に与えるであろう。

以上、平和と教育に関する二つの迷妄を論じたので、いまやこの項の初めに掲げた問題に答えを試みよう。日本民族は、自由のコースを追求することに耐えることができるであろうか。

私が思うに、必要な最低条件は、

（1）自発的な自由焦望と自発的な自由獲得への決心と、

（2）その進行に当たっては偏理・極端に走らず、現実の変遷に即した健全な常識と、

（3）この常識の発露の一つの形としての討議、比較による妥協、および実験によって進むことの徐々たるに耐える忍耐力等、

を挙げるべきであろう。

これら要件のうち穏健な現実的常識は、幸いにして日本民族のすでに久しく実証したところである。妥協と忍耐もまた著しく具有する。従来、この価値を討論のない「無言の情緒的協調の形」によって表現したことは大きな欠点ではあるが、幸いにして旧幕期の村政・藩政の弊制は、討論自衛の経験を経て来た。明治以後は、村町の分、市分、府県の分にて一八九〇年以後は中央国分にて代形の討論を経験した。

ただその後、まず保守的官僚がその法外に汫るのをねじ曲げ、次に四〇年代に至って軍部が武力もて一切の討議と運動とを廃止したことは、その逆行と、これに屈従・妥協した自他の禍は悲しみに余りあるが、アメリカ人がこの現象のみを観て、「日本は古来自由を味わったことなし」と即断して、今日のわが「教育」によって初めて未曾有の労働者・婦人などの新運動を生じたとするのは、浅薄の極みである。

戦後活動においてはどうか。前線における経験を意識しない部分は多いとしても、やや探査すれば、かの経験を利用し、新事情下に形を変えて繰り返し、長所を反復し短所を改め新施策に加えることの莫大な事実をあらゆる側面に発見できるであろう。

これと同じく日本人は前六〇年に奮励した若い情熱を十余年軍部によって荒々しく独裁的に抑圧されたことに対する積怨が軍政の破滅とともに反発し、新しい形で作用している。これが今日の日本人の普遍的な開悟・超我の根底である。

すでに述べたように、この「国体こそは国民性」であり、加えて「君民みな妥協に偏し」、かつ

「君は専君的ならずして受動的主権を行う」ことが伝統であるゆえに、横暴の政策を強制施行することが政府の要略の獲得する件は、君も民も抗せず、意に反してこれに迎合する傾きがある。

この場合、専横者は必ず伝説の神祖授国、天皇神性を表面に振りかざし、これに順応しない者を逆賊の不臣として懲罰する。こうしていよいよ反抗が全く不可能になる。これこそがさる十余年、軍部の行ったところであり、この伝説が一般に尊重される間は、常に野望家がこれを利用して、君民を併せて駆り立てる危難を内包する。

これは「家族的国体」の過失ではない。この「国体」がすでに空虚の伝説となり、なお保守的に史的尊重を示す習慣の過失である。国体に当たっては、これに民の市民的自由権の法性を確実に想定すれば、この過失は洗浄できよう。

実に国体そのものを正視すれば、あらゆる帰属性の体現である天皇を軸に回転して、二〇〇〇年来活きて来た機関であり、同愛・共生をそのユニークな性格としてきたものは、いずれの王朝にも比較できないものである。

惜しむらくは、生活が古来法的権務の双務性と均衡を具有せず、ひとえに「君の父的恩恵」と「万民の感謝崇敬愛着」との抱き合わせによる家族面を活きて来たことである。

人類の自由化の今後の進むにしたがって、法制のこの面の勢力がますます伸長すべきを期待できるゆえんである。日本の「家族的国体」と自由法治との関係の決定的なことは（精神的根底には大きな差があるが）、法皇制と自由の関係と平行している。

このゆえに日本はすでに市民的権務を定義する近世的規定（codes）を採って法治面としている。一八八九年天皇自ら〔帝国〕憲法を民に授けて、代議立法の国たる新たな性質を加え、その後（軍による逆転強制までは）、実行的に政府は議会に通じて表白される民論に責任ある制度に進んだ。この新面を得て、「君の恩恵」がますます証明され、「民の感謝愛敬」がますます強まってきたことは、誰でも正視すれば認識できることである。

神祖授国・天皇現神の伝統に至っては（すでに数度示唆したように）、その古来恭しく唱えられ、誰も否定しないにもかかわらず、久しく万民の常識と理性とが静かに虚構と化したものであり、実はかえって家族的君臣互愛の国たる堅実の精神的基礎と変わり、ただ伝統的尊敬がこれを民主的に過ぎるゆえに、この神々しく、便利なフィクションを押し退けることを誰も唱えなかっただけである。

これを極度まで駆り立てて、利用し尽くした結果、かえって自縄自縛となり敗亡がもたらされ、尊崇する国家と君を、わが行為のために、極難の底に陥れたので、自己の不忠と伝説の空洞とが同時に国民に痛悟させ、直ちに天皇制廃止を唱える左派の台頭を直接に招来したからである。

天皇は歴代自ら神性を要求したことはないので、この度〔一九四六年元旦の人間宣言〕の否認は、放棄ではない。従来臣が天皇に寄せて、天皇が否定しなかったものを、いまや明示的に否定しただけである。

ここに至って国体は始めて公然、その真理に成熟したる情意の基石のみに築かれ、負わせられていた神話の虚偽から、自己救出を成就したものである。

このゆえに私は確信するが、始めて自主制の法治が共愛の国体の真に統合された帰属性となりえたのであり、自由の進歩と、天皇の情的地位の強化とが正しく並進するはずである。始めてこの国体を授与した摂理の深浅の従来吾人の悟らなかった面を表面に示現したものである。

天皇制の理想的な終焉とはなにか

果たして今後の摂理示現がさらに一進し、天皇の性質そのものをさえついにアナクロニズムに到ることの有無は、人の浅見をもって揣摩《しま》すべきではない。もし果たしてそのような到来があるとするならば、その時には、天皇制のきわめて価値のある歴史的使命が演じ終えた時というべきである。長く国民の感謝の対象として記憶に留めるべきであろう。そのときこそは、天皇制の存在が日本人の進化に貢献した量の深遠無辺なことを国民一般が感得するであろう。

しかも、このような進展が国民史の帰趨であろうと仮に想像するとしても、このような時期は、国民の自由な自治能力の充実したときにのみありうることは明らかであるから、それは遠い未来の現象とならざるをえない。

世界上、最も自由の先進国たる英帝国すらもなお、王制をもって統一の象徴として不可欠としているではないか。

いわんや、これよりは無限に深遠の情的淵源ある日本の天皇制においておや。これを英、ないし中国の帝政、ロシアのツァー、ギリシヤ・ベルギー等の王とは、決して同日に論ずべきではない。まことに日本左派の主張するごとく、忽然と天皇制を廃止した時の乱脈を想像すれば、想い半ばに過ぎるであろう。

左派自身が一面を代表して示現しつつあるような政治思考の訓育・低劣な日本人が史的に唯一枢要にして核心（heart）たる天皇制を失うならば、何を柱として統一を保ち、民の信頼を保ち、自由を保育できるであろうか。

例の日本特色の偏狭の「個人主義」が制限なくはびこり、極右極左の粗野な主義が紛然と簇出し、相争奪し完全な混乱となるのは必然である。

幸いにして、常識の異常に強健なる日本国民がこのような害を明らかに意識し、これを防止しようとする牢たる決心に満ちていることは、すでに今日左派に対する態度と、その選出したる新議会の人的組成とを観ても知ることができ、すこぶる人意を強からしめる。

これを要約するならば、日本国民は明快なビジョンをもって、天皇制を専らその真実の史的基盤の上に安置し、いよいよこれを敬愛し、これに感謝し、君民の同和蕩然《とうぜん》たる温情のために、法的自由を長養せんと決心し、この決心に無限の安固を得て、これに無量の希望をつなぎつつある。これまた実に僥倖にもマッカーサーの異常なビジョンと一致するところがあるためであり、日本人が彼の「教育」を忍耐するのみならず、これを天幸とし、これに感謝し、そのなお暫時在留してわが進行を監視する助手を与えようと望む所以である。その愛すべき態度が、すなわちその静かな決心の再保証である。ゆえに敢えて決断するが、日本国民の自由な出世（career）は希望に満ちたものである。

朝河の逝去を伝える『スターズ・アンド・ストライプス』紙（一九四八年八月一三日付）の報道

【コネティカット州ニューヘブン、八月一三日ＡＰ発】イェール大学名誉教授朝河貫一氏は、火曜日夜、休暇先のヴァーモントにて死去。享年七五。朝河は、イェール大学に三六年間勤務し一九四二年に退職、アメリカの大学で初めて教授に就任した日本人の一人で、日本史の権威であった。同大学副学部長のハートリー・シンプソン氏は語る。「朝河教授は、国の内外で、封建制の歴史の分野で傑出した研究者として広く認められてきた」。朝河博士の遺族は知られておらず、葬儀は未定。

あとがき

本書終章（補章「マッカーサー占領行政を叱る」）で憲法制定当時に朝河が「憲法九条」を批判していた事実を紹介した。「平和学のための歴史学」を生涯にわたって追求した朝河貫一が九条を批判していた事実に驚かれた読者も少なくないと思われるので、一言愚見を記しておきたい。

第二次世界大戦の直後、朝河貫一が「戦後への警告」として、戦後の二大国「ロシアとアメリカ」が国連の場で紛争を引き起こすことを予測していた。ロシア（ソ連）の場合は、ポーランドのルブリン政権のソ連単独承認問題やドイツにおける単独政権樹立の可能性であった。その後、ポーランドにもドイツ東部にも衛星政権が成立し、やがて崩壊したが、この崩壊までを朝河は予測していた。

アメリカの場合はどうか。戦後の植民地「信託統治」問題がその一つであった。アメリカは枢軸国側の植民地である朝鮮やエリトリアだけでなく、連合国側の植民地である蘭領印度や仏領印度支那もその範囲に含めようとしていた。日本帝国の解体に伴う周辺地域の信託統治に関しては、ロシアが「台湾、朝鮮、満洲を要求するかもしれない」との懸念を示していた（朝河、クラーク宛て書簡、一九四五年五月一三日）。戦後まもなく、冷戦体制へ向けて動き出す兆候を危惧する朝河貫一が憲法九条に懐疑的であったのは当然なのだ。

では、著者は半世紀昔の朝河の所説に追随して、憲法改正に与するのか。否である。それは「論語読みの論語知らず、朝河読みの朝河知らず」を絵に描いたマンガになろう。朝河の片言隻句ではなく、その精神の理解が肝要なのだ。

平和憲法に示された日本の「反軍国主義」精神は、批判を浴びながらも、半世紀を生き長らえ、日本社会に定着してきた。それを強引な「条文解釈扱い」で骨抜きにしようと図る蠢動を時の政権が強行しようとしているとき、これを容認するのは明らかに朝河の精神に学ぶ道ではない。何よりもまず「戦中戦後の朝河」の歴史分析を深く理解することが必要であり、その上で戦後半世紀の国際情勢の変化を徹底的に分析することが必要だ（それは本書の課題ではない。なお、ここでは優れた朝河研究の一つとして浅野豊美「戦中戦後の朝河貫一」（『甦る朝河貫一』一九九八年所収）を挙げるにとどめる）。

もう一つ重要な条件の変化がある。朝河貫一が生まれた二本松市、初等教育を受けた福島市郊外、そこに放射能が飛散した福島原発事故が暴露した真実である。

最も重大な事柄の一つは、核抑止戦略の事実上の破産である。原子炉とは、由来強固に設計され、人為的破壊は想定していないシロモノだが、これは原子炉の虚仮威しの姿にすぎないことが暴露された。物理的破壊とは無縁なるべく、智力を尽くして製造された強固な原子炉は、実は半面の姿にすぎなかった。無数のＩＣや無数の配電線、配管、そして計測器で結ばれた巨大精密機器のもつ極端な脆弱性がもう一つの姿であった。精密機器を破壊するには、武器も工作用具さえ不要だ。単に回路を理解して電源を遮断するだけで十分なことが誰の口にも明らかになった。

いまや原発は大地震と津波などの自然災害という敵だけではなく、テロリストにとって最も容易に破壊可能な標的に転化した。日本が五〇基を超える原発を持つことは、その数だけの時限原子爆弾をもつに等しい。これらをテロリストの破壊工作から防衛することはほとんど不可能だ（もう一つ、あえて括弧内に書く。原発で最末端の未熟練労働者および熟練労働者は、日々個人の累積被曝量の限界に近づきつつある。誰がこの作業の交代を引き受けるのか。テロリストの潜入を防げないことは明らかだといわざるをえない）。

核抑止力が失われたからには核兵器による防衛戦略は機能しない。こうして次の三段論法が成り立つ。「九条廃止」から「普通の国」へ、「普通の国」が「核兵器をもつ国」へ、という道筋は、一方での核拡散、他方でのテロリストによる核保有可能性という二つの条件によって、もはや出口なし、である。これを科学技術史に即していえば、核技術は「未完成」技術であり、マンハッタン計画後半世紀の試行錯誤史は、「未完成」技術が「永遠の未完成」にとどまるという限界を証明したと解すべきである。もはや核廃絶以外に「トイレなしマンション」から脱出の道はない。世界はいま、地球には核廃棄物を処理する余地がないことを誰の眼にも教えている。「トイレなしマンション」の造語者はノーベル平和賞に値する。

尖閣衝突の解決策は依然見えない。これは源をたどるとサンフランシスコ講和条約に始まる。この条約を結んだのは、吉田茂首相だ。左右を問わず、吉田エピゴーネンが論壇を横行し、対米従属の正当性を説き続けて久しい。

そして、世界銀行が購買力平価の推計で、中国経済が二〇一四年内に米国経済を追い抜くという見通しを発表した（二〇一四年四月二九日）前後、日中間の無用な対立は空前に高まっている。かつてジャパン・アズ・ナンバーワンとおだてられて舞い上がった日本人は、いま衰退の下り坂を転げ落ちる。この下り坂で国民の時代閉塞感を煽り、政権の私利私欲のために「敵国を作る」のは、最悪の政治である。そのような政治を不本意ながら許している国民の一人として、著者は朝河貫一から日夜叱責されている気分である。

「国民大衆の間にある盲目的な憎悪を煽動するのは卑しいことであります。というのは、非理性的な憎悪を吹き込むことほど、国民の意識を荒廃させるものはないからです」「民主主義はまさに各人の市民的道徳性を要求するがゆえに、最も高度な、かつ困難な政体です。各人の責任感が生きていないとき、民主主義は偽りの虚飾になる」「外交とは、相手の精神の理解を通して、自分の目的を達成することです」（朝河貫一）。

なお本書の編集過程では、前著『尖閣衝突は沖縄返還に始まる』同様、花伝社編集部の柴田章氏と大いに議論を交わし、私自身の論旨もずいぶんと鮮明になったように思う。本書が読みやすい本になったとすれば、それは柴田氏の貢献によるものであり、読みにくい箇所が残るとすれば、著者の注意力散漫のためである。一献傾ける日を楽しみにしつつ、擱筆する。

二〇一四年七月七日、日中戦争開戦（盧溝橋事件）から七七年目の日に

矢吹　晋

巻末資料

資料１　南シナ海をめぐる領土紛争

資料２　７原則――国務省・極東委員会討議資料（1950 年 11 月 24 日）

資料３　講和条約の主な議題一覧

資料４　「わが方見解」エス・ワイ（吉田茂）（1951 年１月 30 日午後６時 30 分）

資料1　南シナ海をめぐる領土紛争

Ⅰ　西沙諸島における中国とベトナムの衝突

（『チャイメリカ』74―80 ページ参照）

戦後吉田内閣時代に日本が台湾に亡命した蔣介石政府との間で結んだ日華平和条約第２条には、「日本国は、1951 年９月８日にアメリカ合衆国のサン・フランシスコ市で署名された日本国との平和条約」＝「サン・フランシスコ講和条約」第２条に基き、台湾及び澎湖諸島並びに新南群島及び西沙群島に対するすべての権利、権原および請求権を放棄したことが承認される」と書かれている。「新南群島」とは何か。この英訳を見ると、新南群島＝スプラトリー諸島である。南シナ海に位置するスプラトリー＝南沙諸島はいま大きな国際問題となっているが、原点は日華条約第２条にある。

ただし、日華条約第２条の根拠は、対日講和条約（サンフランシスコ条約）第２条であり、同条 f 項には「 f　日本国は、新南群島（スプラトリー諸島）及び西沙群島（パラセル諸島）に対するすべての権利、権原及び請求権を放棄する。」と書かれている。こうして日華条約第２条が典拠としたのは、対日講和条約第２条 f 項であった。

問題は、第２条で日本が「すべての権利、権原及び請求権」を放棄させられた諸地域について、「済州島、巨文島及び鬱陵島を含む朝鮮」が独立する朝鮮に帰属するとする規定を除いて、どこに帰属するかを示さなかったことである。

では日本が放棄した（放棄させられた）後、新南群島、西沙諸島は誰が支配したのか。

西沙諸島＝パラセル諸島（Paracel Islands）＝西沙群岛＝ Quần đảo Hoàng Sa は、日本が放棄し、旧宗主国のフランスが去ってから、

①南ベトナムが西沙諸島の西半分 Crescent Group ＝トリトン島（Triton Island）＝ Đảo Tri Tôn ＝中建島［北緯 15 度 47 分、東経 111 度 12 分］を占領した。

②中国が 1956 年に西沙諸島の東半分 Amphitrite Group ＝ウッディー島（Woody Island）＝ Đảo Phú Lâm ＝永興島［北緯 16 度 50 分、東経 112 度 20 分］および③ツリー島（Tree Island）＝ Đảo Cây ＝趙述島［北緯 16 度 59 分、東経 112 度 16 分］を占領し、以後 18 年間（1956 ～ 1974）にわたって、南ベトナム軍と中国軍の対峙が続いた。

ベトナム戦争（1965 ～ 75 年）末期の 1974 年１月 19 日、中国軍が西沙諸

島西半分に侵攻して、崩壊寸前の南ベトナム軍を排除して諸島全体を占領したので、西沙諸島は西半分 Crescent Group も、東半分 Amphitrite Group も 1974 年以後、中国の実効支配下にあった。

中国は、2002 年の南シナ海行動計画の採択以来、表面的には ASEAN 諸国との協調姿勢を採りつつ、中国による実効支配の既成事実化、すなわち海洋権益の保全を進めてきた。2010 年 10 月 29 日の ASEAN 関連首脳会議の場で温家宝首相が南シナ海を「友好と協力の海」と呼び、対話による問題解決を定めた南シナ海行動宣言の「履行に真剣に取り組む」と表明したが、実際にはその後も、中国の艦船がベトナム探査船のケーブルを切断するなど、ベトナムやフィリピンの船舶活動を妨害する事件が続発した。そして 2014 年 5 月、中国が実効支配を行う西沙諸島で中国海洋石油公司が油井掘削に着手し、これに抗議するベトナムとの間で船舶同士の衝突が繰り返されている。

II　スカボロー礁をめぐる中国とフィリピンの争い

スカボロー礁（Scarborough Shoal, Scarborough Reef）＝ Bajo de Masinloc、Kulumpolng Panatag、Karburo ＝黄岩島。スカボロー礁はフィリピンのルソン島の西 220km にあり、フィリピンの排他的経済水域（EEZ）内に位置する。水深 3500m の海盆上にあり、海底の山が水面に露出した部分にある環礁である。周囲 55km の三角形の環礁で、最高点は標高約 3m の岩礁である。地質構造上でみると大陸棚の自然延長にある。礁湖の面積は $130km^2$・水深 10 ～ 20m、礁湖を含む面積は $150km^2$ である。礁湖の南端には外海と繋がる長さ 400m、水深 9 ～ 11m、幅 360 ～ 400m の水路があって、小型中型の船が漁業活動を行ったり、風を避けることができる。

・主権の主張

フィリピンの主張――スカボロー礁は遅くとも 16 世紀には、すでにその付近海域はフィリピンの漁民の漁場だった。スペインがフィリピン諸島をアメリカに割譲した 1898 年のパリ条約、1900 年のワシントン条約、1930 年の英米条約では、東経 118 度をフィリピンの西限としており、スカボロー礁はこの範囲の外側にある。1935 年のフィリピン共和国憲法及び 1961 年の領海基線法にも同様の規定がある。しかし、フィリピン外務省は、スカボロー礁は「島」ではなく「岩」であって、これらの条約等の対象とされていないと主張している。そして、フィリピン外務省は、パルマス島事件を代表とする常設仲裁裁判所での国際公法上の判例を踏まえると、領有権は歴史的な主張や領有ではなく、管轄権の有効な行使に基づいて判断されるべきであるとしている。

中華民国（台湾）・中華人民共和国の主張――スカボロー礁は中国人が最も早く発見した。1279 年、天文学者郭守敬が「四海測験」を行なった時、南シ

ナ海ではこの島を測量地点とした。1935年1月、中華民国水陸地図審査委員会はスカボロー礁を中華民国の版図へ入れた。1947年末、中華民国内政部の正式に編纂出版した『南海諸島位置図』でスカボロー礁を「九断続国界線」内へ入れた。この線を法的効力のある歴史的境界線として、中華民国は線内の島、礁、浅瀬、砂州の主権を主張した。1983年、中華人民共和国地名委員会は「我国南海諸島部分標準地名」を公布して「黄岩島」を標準名称とした。

・主権争いの経過

1980年以後、フィリピン政府はスカボロー礁を200海里排他的経済水域内とした。1997年、フィリピンが軍艦と軍用機を出動して中華民国の民間組織のラジオ局による領海侵犯を追跡、監視する。1997年4月30日、フィリピンの2人の衆議院議員が軍艦に乗って上陸、旗と碑を立てる。1998年1月から、中華人民共和国海南省の4艘の漁船が2ヵ月の間に領海侵犯しフィリピン海軍に拿捕され、51名の漁民がフィリピンに半年間拘禁される。1999年5月23日、フィリピン軍と中華人民共和国の漁船が衝突。中華人民共和国外交部スポークスマンはフィリピンへ抗議し、交渉を呼びかけた。

1999年6月、フィリピン教育部は新しい地図の中で、スカボロー礁と南沙諸島を版図へ入れた。8月、フィリピン政府は「南沙諸島はフィリピン領土」である旨の憲法改正を行った。1999年11月3日、フィリピン海軍の1隻の艦船がスカボロー礁のパトロール中に座礁。フィリピンは艦船は救援参加時に故障が発生したと発表。中華人民共和国は座礁した艦船の撤去を求め、フィリピン側は撤去した。

島周囲の領海・経済水域は主にフィリピンの艦船が監視している。2000年、フィリピン海軍が領海侵犯した中華人民共和国の漁船船長を射殺した。2012年4月8日、フィリピン海軍がスカボロー礁近くに中華人民共和国の漁船8隻が停泊しているのを発見し拿捕した。中華人民共和国の監視船が現場に急行、フィリピン海軍の進行を阻止し、睨み合う状況となる。

4月17日、フィリピンのデル・ロサリオ外相は国際海洋裁判所に判断を仰ぐ提案をしたが、中華人民共和国外交部辺海局の鄧中華局長はこれに対し抗議した。2012年9月3日、人民日報（海外版）は、中国国家海洋局がスカボロー礁（黄岩島）、西沙諸島と尖閣諸島の周辺海域を人工衛星や航空機で遠隔監視する「海域動態監視観測管理システム」の範囲内に組み込んだと報じた。2013年9月3日、フィリピン国防省は、中国が約30個のコンクリートブロックを設置していることを発表した。

資料2　7原則――国務省・極東委員会討議資料（1950年11月24日）

吉田「わが方見解」でいう、いわゆる「7原則」。
出所）*FRUS*, 1950, VOL.Vl, pp.1296-1297.

1.　参加国、日本と交戦したすべての国。
2.　国連、日本の加盟問題を考慮する。
3.　領土、(a) 日本は朝鮮の独立を承認する。(b) 琉球諸島小笠原諸島を米国が施政権をもつ国連の信託統治下におくことに日本は同意する。(c) 台湾澎湖諸島、南樺太、千島諸島の地位に関して、米英ソ中との今後の協議結果を受諾する。条約発効後1年以内に国連総会で決定しない場合には、日本は中国における権益を放棄する。
4.　安全保障。国連が効果的に責任を負う満足すべき安全保障措置が取られない場合には、日本地区の国際平和と安全保障の維持のために、日本の施設と米国との協力的な責任により、他の勢力とともに、条約を考慮する。
5.　政治と通商の配置。日本は麻薬と漁業を扱う多角的条約に同意する。戦前の2国間協定を相互協定として復活する。新通商条約の結論を棚上げして、日本は通常の例外を認める最恵国協定を結ぶ。
6.　請求権。すべての参加国は1945年9月2日までに、戦争に起因する請求権を放棄する。(a) 連合国は概して、自国内に日本の財産をもち、(b) 日本は連合国の資産を回復する。回復できない場合には、失われた価値を円で補償する。
7.　請求権の争い。請求権の争いは国際司法裁判所の所長の設ける特別中立法廷で、解決する。他の争いは、外交的手段あるいは、国際司法裁判所で扱う。

資料3　講和条約の主な議題一覧

1951年1月26日ダレス特使から吉田首相に渡されたもの。日付なし。
出所）*FRUS*, 1951, VOL. VI, p.816.

1. 領土――「日本の主権は、われわれ〔戦勝国〕の決定する本州、北海道、九州、四国の諸島に限られる」という降伏条件をいかに遂行するか。
2. 安全保障――占領の終焉後の安全保障をどのように提供するか。
3. 再軍備――日本の将来の再軍備を制約するものはなにか。
4. 人権擁護等――日本はこの分野で、占領改革との関連で、どのような企画あるいは宣言を行うべきか。
5. 文化関係――この分野でいかなる継続的関係を発展できるか。
6. 国際福祉――日本は麻薬取引の廃絶や野生生物の保護等において、いかなる国際協定を支持するのか。
7. 経済―― たとえば造船工業のような特定の産業分野で日本の経済活動はいかなる制約を受けるべきか。
8. 貿易――戦後日本と諸外国との貿易の基礎は、たとえば最恵国待遇のような面で、何を基礎とすべきか。
9. 漁業――米国の保護する漁業資源の利用について日本はいかに自発的に自主規制するか。
10. 賠償と請求権――この分野で条約上の準備として何を用意するか。日本の金準備。
11. 戦後の請求権―― 日本はガリオアの債務をどのように扱うか。
12. 戦犯――戦争裁判の被告たちを将来どこに住まわせるか。
13. 手続き――ソ連に対する態度と中国の地位に関して、今後の手続きをどうするか。

資料4　「わが方見解」エス・ワイ（吉田茂）

1951年1月30日午後6時30分、松井秘書官からシーボルド大使、井口次官からバンカー大佐へ手交したもの。以下の和文が原文。米側に手交したのは、英文のみ（*FRUS*, 1951, VOL.VI, pp. 827- 830)。
出所）『日本外交主要文書』・年表（1）、385-387ページ、外務省および外交史料館所蔵文書。

以下に私見を開陳する。

提案議題

一　領土
1、琉球及び小笠原諸島は、合衆国を施政権者とする国際連合の信託統治の下におかれることが、7原則の第3で提案されている。日本は、米国の軍事上の要求についていかようにでも応じ、バーミュダ方式による租借をも辞さない用意がある。われわれは、日米両国間の永遠の友好関係のため、この提案を再考されんことを切に望みたい。
2、信託統治がどうしても必要であるならば、われわれは、次の点を考慮されるよう願いたい。
(a) 信託統治の必要が解消した暁には、これらの諸島を日本に返還されるよう希望する。
(b) 住民は、日本の国籍を保有することを許される。
(c) 日本は、合衆国と並んで共同施政権者にされる。
(d) 小笠原諸島及び硫黄島の住民であって、戦争中日本の官憲により又は終戦後米国の官憲によって日本本土に引揚げさせられたもの約八千名は各原島へ復帰することを許される。
二　安全保障
安全保障に関する日本政府の見解は、次のとおりである。
1、日本、国内の安全を自力で確保する。
2、対外的安全保障に関しては、適当な方法によって、国際連合、とくに合衆国の協力を希望する。
3、このための取極は、平等の協同者としての日米両国間における相互の安全保障のための協力を規定するものとして、平和条約とは別個に作成されるべきである。

三　再軍備

1、当面の問題として、再軍備は、日本にとって不可能である。

(a) 再軍備を唱道する日本人はいる。しかし、その議論は、問題を徹底的に究明した上でのものとは思われないし、また、必ずしも大衆の感情を代表するものでもない。

(b) 日本は、近代的軍備に必要な基礎資源を欠いている。再軍備の負担が加えられたならば、わが国民経済は立ちどころに崩壊し、民生は貧究《ママ》化し、共産陣営が正しく待ち望んでいる社会不安が醸成されよう。安全保障のための再軍備は、実は逆に、国の安全を内部から危殆におとしいれよう。今日、日本の安全は、軍備よりも民生の安定にかかることはるかに大である。

(c) わが近隣諸国が日本からの侵略の再現を恐れていることは、厳たる事実である。国内的には、旧軍国主義の再現の可能性に対して警戒する理由がある。さしあたって、われわれは、国の安全維持を再軍備以外の方途に求めなければならない。

２、今日、国際の平和は、国内の治安と直接に結ばれている。この意味において、われわれは、国内の治安を維持しなければならず、そのためには、われわれは独力で完全な責任をとる決心をしている。これがため、わが警察及び海上保安の人員を直ちに増加し、また、その装備を強化する必要がある。

３、われわれは、その中にあって積極的な役割を演ずることを熱望している自由世界の共同の防衛に対する日本の特定の貢献の問題について協議することを希望する。

四　人権等

１、日本は、世界人権宣言に全面的に賛成する。この宣言に掲げられた諸原則は、わが新憲法に完全に取り入れられている。日本がこの事項について宣言をする必要があると考えられるならば、われわれとしては異存はない。

２、占領下に樹立された諸法令及び諸制度をそのまま恒久下することを意図するような規定を平和条約に設けることは、避けられたい。連合国は、もっぱら占領管理の目的のためにのみ執られた諸措置又は日本の実情にそわなくなった諸措置の廃止又は修正について、占領の終了前に考慮されたい。こうすることが、占領管理から平常の統治への移行を円滑ならしめ、また、日米間の友好関係の増進に資するゆえんであろう。

五　文化関係

われわれは、国際の文化の交流に積極的に参加することを許されるよう熱望する。日米間の文化の連帯の緊密化は、日米の親善関係に関する根本問題である。われわれは、両国間の文化的協力を増進するようあらゆる措置を執りたい。

六　国際福祉

日本は、従来から当時国であるこの分野のすべての戦前の国際協定を忠実に遵

守する。われわれは、また、戦争中及び戦後締結された他の協定、たとえば、世界保健機関憲章、国際衛生条約等に加入する用意がある。

矢吹 晋（やぶき・すすむ）

1938年生まれ。東京大学経済学部卒。東洋経済新報社記者、アジア経済研究所研究員、横浜市立大学教授を経て、横浜市立大学名誉教授。(財)東洋文庫研究員、21世紀中国総研ディレクター、朝河貫一博士顕彰協会代表理事。

著書

『二〇〇〇年の中国』（論創社 1984）『チャイナ・ウオッチング――経済改革から政治改革へ』（蒼蒼社 1986）『「図説」中国の経済水準』（蒼蒼社 1986）『チャイナ・シンドローム』（蒼蒼社 1986）『中国開放のブレーン・トラスト』（蒼蒼社 1987）『ポスト鄧小平――改革と開放の行方』（蒼蒼社 1988）『中国のペレストロイカ』（蒼蒼社 1988）『文化大革命』（講談社現代新書 1989）『ペキノロジー』（蒼蒼社 1991）『毛沢東と周恩来』（講談社現代新書 1991）『保守派 vs. 改革派』（蒼蒼社 1991）『〈図説〉中国の経済』（蒼蒼社 1992）『鄧小平』（講談社現代新書 1993）『〈図説〉中国の経済』〈増補改定版〉（蒼蒼社 1994）『鄧小平なき中国経済』（蒼蒼社 1995）『巨大国家中国のゆくえ』（東方書店 1996）『中国人民解放軍』（講談社選書メチエ 1996）『〈図説〉中国の経済』〈第２版〉（蒼蒼社 1998）『中国の権力システム』（平凡社新書 2000）『中国から日本が見える』（That's Japan002、ウェイツ 2002）『鄧小平』（講談社学術文庫 2003）『日中の風穴』（智慧の海叢書、勉誠出版 2004）『激辛書評で知る中国の政治・経済の虚実』（日経 BP 社 2007）『朝河貫一とその時代』（花伝社 2007）『日本の発見――朝河貫一と歴史学』（花伝社 2008）『〈図説〉中国力（チャイナ・パワー）』（蒼蒼社 2010）『チャイメリカ』（花伝社 2012）『尖閣問題の核心』（花伝社 2013）『尖閣衝突は沖縄に始まる――日米中三角関係の頂点としての尖閣』（花伝社 2013）

共著・編著

『天安門事件の真相』〈上巻〉（編著、蒼蒼社 1990）『天安門事件の真相』〈下巻〉（編著、蒼蒼社 1990）『中国情報用語事典―― 1999-2000 年版』（共編、蒼蒼社 1999）『周恩来「十九歳の東京日記」』（解説、小学館文庫 1999）『一目でわかる中国経済地図』（編著、蒼蒼社 2010）『客家と中国革命』（共著、東方書店 2010）『劉暁波と中国民主化のゆくえ』（共著、花伝社 2011）

訳書

『毛沢東政治経済学を語る――ソ連政治経済学読書ノート』（現代評論社 1974）『毛沢東社会主義建設を語る』（現代評論社 1975）『中国社会主義経済の理論』（竜渓書舎 1975）『毛沢東社会主義建設を語る』（編訳、現代評論社 1975）『中国石油』（編訳、竜渓書舎 1976）金思愷『思想の積木』（竜渓書舎 1977）J・ガーリー『中国経済と毛沢東戦略』（共訳、岩波現代選書 1978）王凡西『中国トロツキスト回想録』（アジア叢書、柘植書房 1979）S・シュラム『改革期中国のイデオロギーと政策』（蒼蒼社 1987）『チャイナ・クライシス重要文献』〈第１巻〉（編訳、蒼蒼社 1989）『チャイナ・クライシス重要文献』〈第２巻〉（編訳、蒼蒼社 1989）『チャイナ・クライシス重要文献』〈第３巻〉（編訳、蒼蒼社 1989）アムネスティ・インターナショナル『中国における人権侵害』（共訳、蒼蒼社 1991）『ポーツマスから消された男――朝河貫一の日露戦争論』（編訳、横浜市立大学叢書４、東信堂 2002）朝河貫一『入来文書』（柏書房 2005）朝河貫一『大化改新』（柏書房 2006）『朝河貫一比較封建制論集』（柏書房 2007）

敗戦・沖縄・天皇——尖閣衝突の遠景
2014年8月20日　初版第1刷発行

著者 ——矢吹　晋
発行者 —平田　勝
発行 ——花伝社
発売 ——共栄書房
〒101-0065　東京都千代田区西神田2-5-11出版輸送ビル2F
電話　03-3263-3813
FAX　03-3239-8272
E-mail　kadensha@muf.biglobe.ne.jp
URL　http://kadensha.net
振替 ——00140-6-59661
装幀 ——水橋真奈美（ヒロ工房）
印刷・製本— 中央精版印刷株式会社

ISBN978-4-7634-0709-2 C0036